Creativity Education For Young Children

영유아 창의성 교육

| 정서연 · 김이영 · 문가영 · 이인원 · 최윤지 · 한은숙 공저 |

양 성 원

머리말

세계는 급격한 변화에 직면했으며 미래에 대한 불확실성은 더욱 높아지고 있다. 즉, 4차 산업혁명 시대의 도래로 직업이 변화하고 있으며, 그에 따라 인재상도 변하하면서 예측 불가능한 혁신이 가속화되고 있다. 이러한 미래에 대한 불확실성으로 인해 변화에 빠르게 적응하고 새로운 것을 만들어 낼 수 있는 창의적 인재가 중요한 시대가 되었다.

영유아기는 창의성을 계발하기에 최적의 시기이다. 왜냐하면 영유아기는 창의성 발달에 민감한 시기이며, 또한 영유아기에 창의성 교육을 받지 못할 경우 성인이 되어서 창의성을 증진시키기 어렵고, 성인이 되어 창의성 교육을 받는다 하더라도 영유아기에 이루어지는 창의성 교육만큼의 효과를 발휘하기 어렵기 때문이다.

이런 이유로 우리 교육은 변화하는 사회에 대비하고 창의성을 갖춘 시민을 양성하기 위한 다양한 노력을 기울이고 있다. 구체적으로 2019년에 개정된 유치원 교육과정은 창의적인 사람을 추구하며 유아가 호기심과 탐구심을 가지고 상상력과 창의력을 기르는 것을 목표로 하고 있으며, 2015년에 개정된 초·중등학교 교육과정은 학습자의 자율성과 창의성을 신장하기 위한 교육과정이며 바른 인성을 갖춘 창의융합형 인재를 양성하는 데 중점을 두고 있다.

따라서 예비영유아교사는 시대가 요구하는 창의적인 인재를 육성하기 위해 창의성에 대한 정확한 이해를 바탕으로 영유아의 창의성 향상을 위한 구체적인 방법과 기술을 응용할 수 있는 능력을 함양해야 한다. 이를 위해 본 책은 예비영유아교사에게 창의성에 대해 기본적으로 이해하는 데 도움을 주는 것에 목적을 두고, 총 8장으로 구성하였다.

구체적으로 1장 영유아 창의성 교육의 이해에서는 창의성 교육의 필요성, 창의성의 개념, 창의성의 구성요소 및 교육과정과 영유아 창의성 교육에 대해 소개하였고, 2장 창의성 이론에서는 인지적 접근, 정의적 접근 및 다원적 접근에 대해 기술하였으며, 3장 영유아 창의성 발달과 환경에서는 영아의 창의성 발달, 유아의 창의성 발달, 영유아 창의성에 영향을 미치는 요인 및 영유아 창의성 증진 프로그램을 소개하였고, 4장 유아놀이와 창의성에서는 유아의 놀이, 유아의 놀이와 창의성에 대해 기술하였다. 5장 창의성과 융합에서는 창의융합인재, 창의융합교육의 개념, 창의융합교육의 교수학습방법 및 창의융합교육의 사례에 대해 소개하였고, 6장 유아의 창의성 측정과 평가에서는 확산적 사고의 측정 및 평가, 수렴적 사고의 측정 및 평가, 창의적 성향 및 환경의 측정과 평가에 대해 구체적으로 기술하였으며, 7장 창의성 사고 기법에서는 확산적 사고를 위한 창의성 사고 기법과 수렴적 사고를 위한 창의성 사고 기법을 소개하였으며, 8장 영유아 창의성 교육의 활동 및 지원 사례에서는 영유아 창의성 증진의 사례: 새롭게 만들어 가기, 예술경험을 통한 영유아 창의성 교육: 예술로 생각하기를 통해 현장에서 영유아들에게 적용 가능한 창의성 향상 기법들을 구체적으로 제시하였다.

본 책을 학습함으로써 영유아의 창의성 교육에 대한 이론과 지식을 얻는 데 도움이 되기를 기대하며, 아울러 영유아의 전인적이고 창의적인 발달을 견인하는 영유아교사가 되기를 희망해 본다.

끝으로 이 책의 출판을 허락해 주시고 좋은 책이 될 수 있도록 편집에 힘을 써 주신 양성원 출판사의 강철원 사장님을 비롯해 임직원 여러분들께도 깊은 감사의 마음을 전한다.

2023년 2월

저자 일동

차례

Chapter 01

영유아 창의성 교육의 이해

배울내용

1. 창의성 교육의 필요성
2. 창의성의 개념
3. 창의성의 구성요소
4. 교육과정과 영유아 창의성 교육

학습목표

1. 창의성 교육의 필요성을 파악한다.
2. 창의성의 개념을 숙지한다.
3. 창의성의 구성요소를 파악한다.
4. 교육과정과 영유아 창의성 교육을 이해하고 활용방안을 모색해 본다.

Chapter 01

영유아 창의성 교육의 이해

1. 창의성 교육의 필요성

세계는 급격한 변화에 직면했으며 미래에 대한 불확실성은 더욱 높아지고 있다. 즉, 인간이 개발한 기술이 인간의 삶을 변화시키고 수많은 일자리는 인간이 아닌 로봇으로 대체되기 시작했으며 자율주행 자동차, 드론, 번역 소프트웨어, 가상 비서 등 인공지능은 우리 일상 어디에서나 찾아볼 수 있게 되었다. 이러한 변화는 4차 산업혁명 시대로 불리며 로봇, 인공지능, 빅데이터, 가상현실 등과 같은 기술을 기반으로 한다. 4차 산업혁명 용어는 2016년 스위스에서 열린 세계경제포럼(World Economic Forum, 다보스포럼)의 회장인 클라우스 슈밥(Klaus Schwab)에 의해 처음 등장하였다. 슈밥은 4차 산업혁명을 디지털 혁명을 기반으로 하여 물리학, 생물학, 디지털 분야가 상호교류하는 융합 기술 혁명으로 정의했으며 유비쿼터스 모바일 인터넷, 인공지능, 기계학습 등을 4차 산업혁명의 특징으로 제시하였다(Schwab, 2016).

클라우스 슈밥

4차 산업혁명의 도래로 인한 사회 변화 중 하나는 직업의 변화를 들 수 있다. 이미 미래학자 토마스 프레이(Thomas Frey)는 지구상의 약 20억 개의 일자리는 2030년까지 사라질 것으로 예측한 바 있다. 직업의 변화에 따라 인재상도 변화하며 예측 불가능한 혁신이 가속화되고 미래에 대한 불확실성으로 인해 변화에 빠르게 적응하고 새로운 것을 만들어 낼 수 있는 창의적 인재가 중요한 시대가 되었다(문정화 외, 2019). 따라서 미래창조과학부(2017)는 그림 1-1과 같이 미래 사회의 창의적 인재가 되기 위해 필요한 역량을 세 가지(문제 인식 역량, 대안 도출 역량, 기계와의 협력적 소통 역량)로 제시하고 있다.

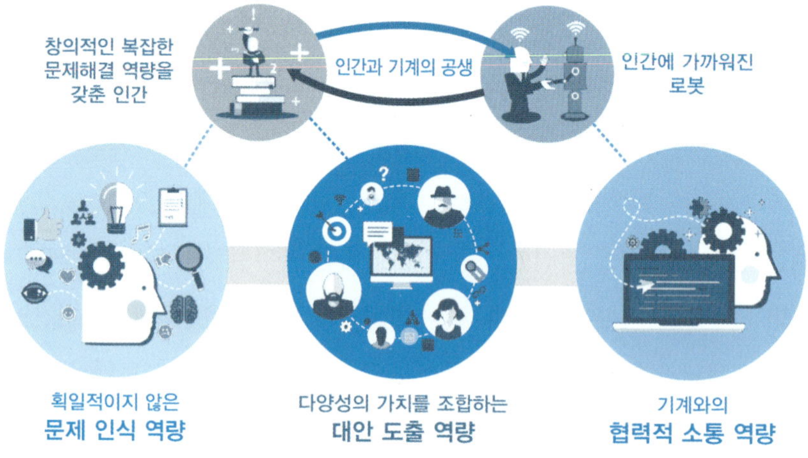

그림 1-1. 미래 창의적 인재의 역량

출처: 미래창조과학부(2017). 10년 후 대한민국 미래 일자리의 길을 찾다. 지식공감.

첫째, 문제 인식 역량은 기계와 달리 획일적이지 않은 차별화된 역량이다. 이 역량을 통해 직면한 문제를 해석하고 고정관념에서 벗어난 새로운 관점으로 문제를 인식하고 해결방안을 제시할 수 있다. 둘째, 대안 도출 역량은 개인이 가진 다양성의 가치를 조합하여 문제에 대한 대안을 찾을 수 있는 역량이다. 이 역량을 통해 여러 사람과의 의견을 공유하고 적절히 역할을 분담하여 창의적이고 종합적인 대안을 찾을 수 있다. 셋째, 기계와의 협력적 소통 역량은 인간이 기계와 함께 살아가기 위해 필요한 역량이다. 디지털 정보와 기술을 잘 활용하는 사람은 그렇지 않은 사람에 비해 문제에 대한 적절한 해결방안을 제시할 가능성이 높다. 이 세 가지 역량은 미래 사회에서 인간이 기계와 공생하는 데 필요한 역량으로 미래에 필요한 인재는 지식의 양보다 새로운 문제를 정확하게 이해하고 창의적인 시각에서 분석하는 능력을 갖추어야 하는 것이다.

시대가 변하면서 미래 사회가 필요로 하는 인재상도 변화해 가고 있다. 미국의 Battelle for Kids가 구성한 21세기 스킬을 위한 파트너십(Partnership for 21st Century Skills, P21)은 미래 사회의 인재가 갖추어야 할 핵심적인 학습 역량(4Cs)으로 비판적 사고력(Critical Thinking), 의사소통능력(Communication), 협업능력(Collaboration), 창의력(Creativity)을 제시하고 있으며, 우리나라 대한상공회의소에서 발표한 100대 기업이 원하는 인재상에서도 소통과 협력에 이어 전문성, 원칙과 신뢰, 창의성 등을 제시하고 있다. 그리고 오은순과 김윤희(2019)는 4차 산업혁명 시대에 유아에게 필요한 핵심 역량을 창의적 문제해결 역량, 윤리적 인성 역량, 협업 및 소통 역량, 자기주도적 역량, 테크놀로지 활용 능력, 신체 역량으로 제시하였는데, 구체적으로 창의적 문제해결 역량은 기존과 다른 새로운 방식에서의 문제해결 능력을 의미하며, 윤리적 인성 역량은 자신과 사회에 대한 긍정적 시각을 가지고 도덕적 판단을 내릴 수 있는 능력을 의미한다. 협업 및 소통 역량은 공동의 목적을 달성할 수 있도록 사람들과 원만하게 상호작용할 수 있는 능력을 의미하며, 자기주도적 역량은 스스로 목표를 정하고 활동, 평가할 수 있는 능력을 의미한다. 테크놀로지 활용 능력은 스마트 기기, 인공지능 등이 일상화된 디지털 세대에게 익숙한 능력이며, 신체 역량은 신체 활동이 부족한 현대인들에게 더욱 중요한 역량이다.

가드너(Gardner, 2008)는 예측할 수 없는 미래 사회를 살아가기 위해서는 예전과 다른 능력이 필요함을 강조하며 미래 마인드를 제시하였다. 미래 마인드는 훈련된 마음(disciplined mind), 종합하는 마음(synthesizing mind), 창조하는 마음(creating mind), 존중하는 마음(respectful mind), 윤리적인 마음(ethical mind)으로 요약할 수 있다. 구체적으로 훈련된 마음은 미래 사회에서 직면할 여러 기술과 정보를 익히기 위한 인지 양식을 갖는 것을 의미하며, 종합하는 마음은 자신에게 필요한 정보를 찾고 정보 간의 관계를 파악하여 재구성하는 것을 의미한다. 현대 사회에서 이미 수많은 정보가 넘쳐 나고 있으므로 많은 정보를 습득하기보다 정보에 대한 이해와 평가, 재구성이 필요하기 때문이다. 창조하는 마음은 훈련된 마음과 종합하는 마음을 가지고 새로운 질문을 하거나 새로운 해결책을 제시하는 것을 의미하는데, 미래 사회에서 창조하는 마음은 반드시 필요한 능력이다. 존중하는 마음은 개인이나 집단의 차이를 인정하고 다양성을 수용하는 것을 의미하는데, 서로의 차이를 인정하고 다양성을 수용하는 마음을 가지고 함께 일하려고 노력하는 마음으로서 미래 사회에서 서로에 대한 존중이 필요함을 의미한다. 마지막으로 윤리적인 마음은 사회의 다양한 욕구와 노동의 본질에 대해 생각해 보며, 각 개인이 사회의 이익 증진을 위해 노력할 수 있는지를 개념화한 것을 의미한다.

미래 사회에 필요한 역량에 공통적으로 창의성이 포함된다. 미래 사회의 인재는 이전에 경험조차 하지 못했던 문제를 파악하고 해결할 수 있는 창의성을 갖추어야 한다. 이미 도서, 인터넷, 휴대전화 등을 통해 수많은 지식을 쉽게 접할 수 있으므로 지식의 양보다 자신에게 필요한 지식을 선택하여 활용할 수 있는 능력이 더욱 강조된다. 현재 교육과정에서 배운 지식만으로는 변화하는 사회에 대비하기가 어렵다. 다가올 미래 사회에는 예측 불가능한 요소가 더욱 많아질 수 있으므로 기존의 지식만으로는 직면한 문제를 해결하기 어려우며, 이 흐름은 미래 사회에서 더욱 가속화될 것이다. 즉, 미래 사회의 문제에 대처하기 위해서는 창의성이 필수적이며 판단력, 문제해결력 그리고 창의력을 갖춘 사람이 새로운 시대의 인재가 되고 있다.

변화하는 사회에 따라 우리는 더욱 복합적인 능력을 요구받음에도 불구하고 인공지능과 달리 인간은 통찰력, 직관력을 갖고 있다는 점을 인식해야 한다. 따라서 교육 현장에서 우리는 인간만의 고유한 능력에 기반하여 빠르게 변화하는 사회에 대비하기 위해 영유아들이 생각하는 힘을 기를 수 있도록 지원할 필요가 있다(곽영숙 외, 2020). 즉, 많은 지식의 습득에 초점을 맞추기보다 여러 지식을 융합하여 새롭게 생각하는 힘을 가진 사람이 미래 사회의 인재상에 부합될 수 있다는 점은 창의성 교육의 필요성을 보여 준다.

창의성 교육은 길포드(Guilford)의 미국 심리학회 회장 취임 연설에서부터 주목되기 시작하였다. 이제까지의 창의성은 선택받은 소수에게만 나타나는 능력으로 여겨졌으나 길포드의 연설을 계기로 창의성 교육이 모든 사람들에게 반드시 이루어져야 하는 당위성을 갖게 된 것이다(Cropley, 2001).

영유아기는 창의성을 계발하기에 최적의 시기이다(박은선, 2018; 이양숙 외, 2021; Torrance, 1981). 왜냐하면 영유아기는 창의성 발달에 민감한 시기이므로 이 시기에 적절한 창의성 교육이 이루어져야 하기 때문이다. 또한 영유아기에 창의성 교육을 받지 못할 경우 성인이 되어서 창의성을 증진시키기 어렵고, 성인이 되어 창의성 교육을 받는다 하더라도 영유아기에 이루어지는 창의성 교육만큼의 효과를 발휘하기 어렵기 때문이다(전경원 외, 2020).

조이 폴 길포드

이런 이유로 우리 교육은 변화하는 사회에 대비하고 창의성을 갖춘 시민을 양성하기 위한 다양한 노력을 기울이고 있다. 구체적으로 2019년에 개정된 유치원 교육과정은 창의적인 사람을 추구하며 유아가 호기심과 탐구심을 가지고 상상력과 창의력을 기르는 것을 목표로 하고 있으며, 2015년에 개정된 초·중등학교 교육과정은 학습자의 자율성과 창의성을 신장하기 위한 교육과정으로서 바른 인성을 갖춘 창의융합형 인재를 양성하는 데 중점을 두고 있다.

이처럼 급속하게 변화하는 현대 사회에서 영유아 창의성 교육을 위한 방향은 다음과 같다. 첫째, 일상에서의 창의성 교육이 이루어져야 한다. 영유아들에게 정해진 창의성 교육을 강요할 경우 오히려 창의성은 발휘되지 못할 수 있다. 특정한 날이 아닌 일상에서 지속적으로 창의성 교육이 이루어지도록 해야 한다. 창의성을 위해 무언가를 계획하기보다 일상에서 조금씩 변화를 시도할 수 있는 환경을 마련하는 것이 창의성 교육의 시작이다.

둘째, 영유아 창의성 발달에 적극적인 교사의 역할이 요구된다. 먼저 교사는 영유아들의 잠재력을 볼 수 있는 시각을 가져야 하며, 영유아 특성에 적합한 활동을 제시할 수 있어야 한다. 영유아들은 주변에 호기심을 갖고 있으며 끊임없이 "왜요?", "왜 그래요?"라고 질문한다. 교사는 영유아들의 질문에 귀 기울이고 수용하는 자세를 가져야 한다. 뿐만 아니라 교사의 질문에 대해 교사가 예상하지 못한 엉뚱한 대답을 하는 영유아들도 있을 것이다. 질문에 대한 답이 아니라는 이유로 영유아들의 의견을 수정하거나 다른 답을 찾는 것보다 이들의 다양한 아이디어와 유머를 격려할 필요가 있다. 다음으로 교사가 창의적이어야 한다. 영유아들은 하루 대부분을 영유아교육기관에 머무르기 때문에 교사는 이들의 중요한 모델이 된다. 교사의 행동, 표정, 질문 등 언어적, 비언어적 요소는 영유아들의 창의성을 계발할 수도 있으며 억제할 수도 있다.

셋째, 영유아교육기관의 환경을 창의적으로 변화시켜야 한다. 물리적 환경 변화의 한 예로, 기존의 획일화된 공간의 틀에서 벗어나 미래 교육에 필요한 유치원 공간으로의 재구조화가 이루어지고 있다. 교육부는 2019년부터 학교공간혁신사업을 주요 정책사업으로 채택, 추진했으며 각 교육청에서는 학교공간혁신촉진자와 사용자(학생, 교사 등)가 함께하는 설계 과정을 통해 미래 교육과정과 연계되는 학교 공간을 조성하기 위해 노력하고 있다. 그리고 물리적 환경뿐 아니라 심리적 환경 또한 중요하다. 영유아 창의성 계발을 위해 영유아교육기관에서 영유아가 수용될 수 있는 분위기가 매우 중요하다. 영유아들의 다양성과 독창적인 생각들이 구성원들에 의해 인정되고 수용될 수 있는가는 영유아들이 창의성을 발휘할 수 있는 환경의 척도가 될 수 있다. 2021년 서울특별시 은평구 '내가 그린 공감학교' 사업에서 제시된 창의적 환경 구성의 사례를 살펴보면 표 1-1과 같다.

표 1-1. 서울특별시 은평구 은진초등학교 물리적 환경 변화의 사례

교내 유휴 공간인 4층 외부 공간을 놀이, 수업, 휴게 등 자유롭게 사용할 수 있는 공간으로 마련하여, 학생들의 상상력을 자극하면서도 자유롭게 이용할 수 있는 공간으로 설계하였다.

사전계획	• 설문조사: 학생 대상 유휴 공간에 대한 의견 수렴 • TF구성: 학생위원, 학부모위원, 교직원, 디자인디렉터 등으로 구성
진행과정	• 뜯어보기: 대상공간 현황 조사, 구성원 의견 교류 • 상상하기: 3D도면 작성, 각자 구상한 공간, 이미지 및 색상에 대한 의견 교류 • 그려보기: 공간 구상 방향 결정, 각자 원하는 공간에 대한 발표, 스케치 • 검토하기: 결과물 생성, 이용 편의 및 학생 안전에 관한 내용 검토 • 결정하기: 최종 검토, 디자인 확정

출처: 은평구청(2022). (학생 · 학부모 · 교사가 함께 만드는) 내가 그린 공감학교 2021.

그러나 교사들이 창의성 교육의 중요성을 인식하고 있더라도 창의성 교육의 필요성 및 취지에 대한 이해가 부족한 상태에서 유아교육현장에 적용할 경우 창의성 교육에 대한 부정적 인식을 가질 가능성이 높다(홍혜정, 2012). 따라서 교사들은 창의성 교육의 필요성을 이해할 뿐만 아니라 창의성 교육을 실천하고자 하는 의지를 가져야 한다.

2. 창의성의 개념

1) 다양한 창의성의 개념

창의성(creativity)은 다양한 분야에서 지속적으로 연구되고 있으며, 개념 또한 다양하다. 창의성을 의미하는 'creativity'는 라틴어 'creatus'에서 유래되었으며 '성장하는 것(to have grown)'을 의미한다. 이 외에도 '만들다(to make)', '생산하다(produce)' 등을 의미하기도 한다. 정리하면 창의성은 새로운 산출물을 만들어 내거나 기존의 지식을 재구성하여 성장하는 것을 뜻하기도 한다.

창의성은 '새로운 것을 생각해 내는 특성'이라는 의미로 사용되며 유의어로는 독창성, 창조성이 있다(국립국어원 표준국어대사전, 2022). 창의성에서 '창(創)'은 '비롯하다, 시작하다' 등의 의미를 담고 있으며 풀이하면 倉(곳집 창)과 刀(칼 도)로 구성되어 있다. 곳집을 짓기 위해 목재를 칼로 다듬어야 하므로 무엇인가를 새롭게 시작하는 뜻을 가지고 있다. '의(意)'는 뜻, 의미, 생각 등의 의미를 담고 있으며 풀이하면 音(소리 음)과 心(마음 심)으로 구성되어 있다. 사람의 마음에 생각하는 일, 마음의 소리를 뜻한다. 즉, 창의성은 고정관념을 깨고 이전에 없던 참신한 생각을 하는 것을 의미한다.

토랜스(Torrance, 1957)는 창의성을 새로운 아이디어, 문제를 새로운 시각으로 보는 것으로 정의하였다. 특히 그는 문제 상황을 이해하고 가설을 세우고 평가, 검증하는 과정을 통해 결과를 알리는 과정을 중요하게 여겼다. 또한 창의성을 연구 정의(research definition), 예술 정의(artistic definition), 생존 정의(survival definition)의 세 가지 유형으로 정의하였으며, 구체적인 내용은 표 1-2와 같다.

엘리스 폴 토랜스

표 1-2. 토랜스의 창의성 정의

구분	내용
연구 정의	연구 정의는 창의적인 사고의 '과정(process)'에 초점을 둔다. 어려움이나 문제를 파악하고 추측하거나 가설을 만든 후, 가설을 검증 및 재검증하여 결과를 커뮤니케이션하는 과정을 의미한다.
예술 정의	예술 정의는 창의성을 쉽게 이해하기 위해 표현된 그림을 의미한다. 토랜스는 18개의 그림으로 창의성을 표현했으며, 각 그림은 '창의성은 ~과 같다'와 같이 비유적으로 표현되어 있다. 예를 들어, 두 번 쳐다보는 것, 고양이의 말을 듣는 것, 내일과 악수하는 것 등으로 창의성을 정의하고 있다. 
생존 정의	생존 정의는 일상에서 직면하는 여러 상황에서 문제를 해결하는 것을 의미한다. 토랜스는 문제를 해결하기 위해서는 이미 습득된 지식을 활용해야 한다고 강조하였고, 미 공군 생존 훈련 프로그램 연구를 통해 생존에 가장 결정적인 요인 중 하나는 창의성임을 발견하였다. 미 공군 조종사, 승무원 등이 주기적인 모의 훈련에 참여했더라도 실제 상황에서는 이들이 예상하지 못한 상황에 직면하게 되고 적절히 대처할 수 있어야 하기 때문이다. 이들은 훈련에서 배우지 않았던 것을 새롭게 생각해 낼 수 있어야 하고, 훈련이 아닌 일상에서 경험한 것을 조합하여 새로운 아이디어를 낼 수도 있어야 했다. 기존 훈련에서는 배우지 않았던 새로운 생존 방법을 고안해 내기 위해 창의성을 활용한 것이다.

출처: 김영채(2004). 창의적 문제해결. 교육과학사.

길포드(1970)는 창의성을 '새롭고 신기한 것을 낳는 힘'이라고 했으며 인간의 사고를 수렴적 사고와 확산적 사고로 구분하였다. 특히 지적 구조모형 이론의 여러 하위 능력 중 확산적 사고를 창의성의 핵심 요인으로 제시하고, 확산적 사고 하위 영역으로 유창성, 민감성, 융통성, 독창성, 정교성 등을 제시하였다. 이러한 결과로 창의성을 사고의 차원으로 보게 되었다. 송인섭과 한윤영(2014)은 창의성 발휘를 위해 우리의 인지기능을 낯설게 해야 하며 인지와 인성구조 변화가 창의적 사고의 출발이라고 강조하였다. 이들은 문제에 부딪혔을 때 문제를 해결하겠다는 도전의식과 노력의 과정에서 특별한 것을 만들어 내고 문제를 해결하는 인간 고유의 '복합적 자아 결정적 특성이며 행동'을 창의성으로 정의하였다.

카우프만과 베게토(Kaufman & Beghetto, 2009)는 4C모델을 제시하여 창의성을 정의하고 있는데, 4C모델에 따르면 창의성은 잠재적 창의성(mini-c), 개인적 창의성(little-c), 전문적 창의성(pro-c), 혁신적 창의성(big-c)의 4가지로 구분된다. 잠재적 창의성은 무언가를 시도했을 때 생기는 창의성이다. 수준이 매우 높다고 할 수는 없지만 개인에게 의미 있는 창의성이라고 할 수 있다. 유치원에서 유아가 그림을 그렸거나 처음으로 새로운 재료로 작품을 만드는 것을 예로 들 수 있다. 개인적 창의성은 일상에서 드러나는 창의성으로써 잠재적 창의성을 보였을 때 피드백을 받고 산출물의 수준이 더 높아지는 것을 의미한다. 예를 들어, 유아가 만든 작품을 가정에 가져갔을 때 부모가 작품을 전시하고 함께 감상한다면 이때 유아의 작품은 하나의 예술로써 수용되는 것이다. 전문적 창의성은 차별적인 창의성으로써 관련 분야에서 교육을 받게 되고 전문성을 갖는 수준을 의미한다. 예를 들어, 미술에 관심 있는 학생이 관련 대학에 진학하고 자신의 작품으로 전시회를 하는 과정 등이 해당된다. 혁신적 창의성은 해당 분야에서 뛰어난 수준의 창의성을 의미한다. 인류 역사에 기여할 수준의 창의성으로 화가의 작품이 전시되고 사람들의 관심을 받으며 역사적으로 유명한 화가로 남는 것을 예로 들 수 있다.

로빈슨과 아로니카(Robinson & Aronica, 2015)는 창의성을 새로운 아이디어를 떠올리고 실제로 적용하는 능력으로 설명하였다. 그는 가치 있고 독창적인 아이디어를 착상하는 과정을 강조하였으며 상상력과 혁신이 창의성에서 매우 중요한 개념이라고 강조하였다. 상상력은 창의성의 근본으로서 무언가를 생각해 내는 능력이며 혁신은 아이디어를 실천하는 것이다. 이들과 비슷하게 박웅현과 강창래(2009)는 창의성을 발휘하기 위해 상상력이 중요한 시작점이기는 하나 상상력에 그쳐서는 안 되며, 뒤집어 생각하고 나아가 선택과 집중을 통한 생각이 창의성이라고 강조하였다.

이 외에도 창의성의 개념에 대한 다양한 의견이 있지만 정리하여 공통점을 찾아보면 일반적으로 창의성이란 사회·문화적으로 가치를 부여할 수 있는 아이디어를 만들어 내는 것 뿐만 아니라 문제를 해결하기 위해 새롭고 적절한 것을 생성해 낼 수 있는 능력을 의미한다고 볼 수 있다(양유진 외, 2021; 전경원, 2021).

2) 창의성에 대한 오해

창의성은 소수 천재에게만 나타나는 것인가? 이처럼 창의성에 대해 많은 오해가 있다. 창의성에 대해 보다 명확하게 이해하기 위해서는 창의성에 대한 오해를 먼저 살펴볼 필요가 있다. 일반적인 창의성에 대한 오해는 다음과 같다(문정화 외, 2019; 이신동 외, 2016; 정미경 외, 2022).

(1) 창의성은 소수의 사람에게만 나타나는 것인가?

에디슨(Edison), 피카소(Picasso), 아인슈타인(Einstein) 등 위인들의 뛰어난 업적에서만 창의성을 찾을 수 있는 것은 아니다. 창의성이 영재성의 구성 요소 중 하나라는 점으로 인해 소수 영재에게만 창의성이 나타난다는 오해를 가질 수 있다. 그러나 창의성은 모든 사람에게 나타나는 심리 구성 요소의 하나에 해당한다. 따라서 모든 사람이 창의성을 갖고 있다는 사실을 이해하고 개인의 잠재력을 인정하는 태도가 필요하다.

에디슨

피카소

아인슈타인

(2) 창의성은 지능 및 영재성과 동일한 것인가?

지능이 높은 집단일수록 발휘하는 창의성의 범위가 넓을 수 있고 상대적으로 지능이 낮은 집단일수록 발휘하는 창의성의 범위가 좁을 수 있다. 따라서 지능이 높다고 해서 무조건 창의성이 높거나, 반대로 지능이 낮다고 해서 창의성이 낮은 것은 아니다. 또한 영재성이 발휘되기 위해 창의성이 필요하지만 창의성 자체로 영재성이 될 수는 없다.

(3) 창의성은 배울 수 없는가?

창의성은 소수의 사람만 갖는 신비한 것이므로 배울 수 없다고 생각하기도 한다. 그러나 많은 창의성 연구자들의 주장처럼 어느 정도의 창의성은 배울 수 있다. 다만 영유아 창의성 교육을 위해서는 영유아교육기관에서의 창의성을 위한 환경, 방법 등에 대한 고민이 필요하다. 영유아교육기관에서의 다양한 활동을 보완하기 위한 수단이나 영유아들의 주의를 집중하기 위한 방법으로 창의성 교육이 이루어지는 것은 바람직하지 않다. 단순한 활동 방법을 반복적으로 적용하기보다 창의성을 교육과정에 통합할 수 있는 방법을 모색하고 영유아의 일과에 자연스럽게 녹아들 수 있도록 하는 것이 중요하다.

(4) 창의성은 무제한 자유를 주는 것인가?

창의성을 규칙이 없고 특정 경계를 초월하는 자유를 뜻한다고 생각하기도 한다. 이러한 오해는 창의성을 발휘하기 위해 자유롭게 사고하는 것이 중요하다는 생각에서 비롯된 것으로 보인다. 물론 창의성에 있어 자유의 허용은 매우 중요한 부분이지만 때로 창의적인 활동을 할 때 지침을 제공하는 것이 창의적인 에너지를 한 부분에 집중하는 데 도움이 되기도 한다. 따라서 영유아교육기관에서는 정답만 요구하는 분위기가 아닌 다양성을 인정할 수 있는 분위기가 마련되어야 하며 영유아의 자유로운 사고가 중요하지만 안전, 기본생활습관에 대한 고려가 무엇보다 필요하다고 할 수 있다.

3. 창의성의 구성요소

창의성은 복잡한 특성을 갖고 있으므로 한 가지로 정의하기 어렵지만, 우연히 생기는 것이 아니라 사람들의 다양한 아이디어와 그들이 처한 사회·문화적 배경과의 상호작용으로부터 생겨난다(양유진 외, 2021). 즉, 창의성은 개인이 우연히 떠올린 아이디어를 넘어선 하나의 체계로 볼 수 있다. 연구자마다 창의성의 구성요소를 다르게 구분하지만 대표적으로 로도스(Rhodes, 1961)가 구분한 4P를 들 수 있다. 4P는 창의적인 사람(The creative person), 창의적인 과정(The creative process), 창의적인 산출물(The creative product), 창의적인 환경(The creative place, press)을 의미한다.

1) 창의적인 사람

창의성 발현의 시작점은 개인으로 볼 수 있으며, 개인의 측면에서 창의성은 인지적 요인과 정의적 요인으로 구분할 수 있다.

(1) 창의성의 인지적 요인

창의성의 인지적 요인은 창의적인 사고력(creative thinking ability)으로 볼 수 있으며, 표 1-3과 같이 유창성, 융통성, 독창성, 정교성 등이 포함된다.

표 1-3. 창의성의 인지적 요인

구분	내용
유창성	유창성(fluency)은 문제 상황에서 최대한 많은 아이디어를 산출해 내는 능력으로써, 양적인 사고능력을 의미한다. 문제를 해결하기 위해 초기에 많은 아이디어를 산출하는 것이 추후 우수한 아이디어를 얻게 될 가능성을 높일 수 있다. 다만 아이디어가 많다고 해서 무조건 좋은 아이디어가 나온다고 볼 수 없으므로 유창성은 주로 창의적 사고과정 중 초기 단계에 요구된다. 유창성 관련 활동으로는 주제나 상황에 관한 많은 아이디어 생각해 보기, 주제에 관한 여러 생각을 최대한 제시하기 등이 있다.
융통성	융통성(flexibility)은 고정된 사고방식을 벗어나 여러 각도에서 상황을 보고 다양한 해결책을 제시하는 능력을 의미한다. 하나의 시각이 아닌 다양한 시각을 가지고 기존 사고의 틀을 벗어나 다양하게 사고할 수 있는 능력이므로 창의성에 반드시 필요한 요인이다. 융통성 관련 활동으로는 관계 없는 사물이나 현상 간 관련성 찾기, 기존 결과와는 다르게 생각하기, 발상 전환을 통한 다양한 시각 적용하기 등이 있다.
독창성	독창성(originality)은 기존 아이디어와 다른 독특하고 새로운 아이디어를 산출해 내는 능력을 의미한다. 창의적 사고에 있어 중요한 요인 중 하나는 다른 사람들이 생각해 내지 못한 참신한 아이디어를 생각해 내는 것이다. 직면한 문제 상황을 효율적으로 해결하기 위한 아이디어를 제시하고 나아가 인간의 삶을 윤택하게 할 수 있다는 점을 볼 때 창의적 사고에서 독창성은 매우 중요하다. 독창성은 기존 아이디어와 다른 참신한 아이디어를 도출하기 위한 개인의 노력에서 비롯된다. 독창성 관련 활동으로는 다른 사람들의 생각과 다른 생각하기, 기존의 생각을 부정하고 생각하기, 기존 아이디어를 새로운 문제 상황에 적용하여 재구성하기 등이 있다.

구분	내용
정교성	정교성(elaborativeness)은 기존 아이디어를 가치 있고 효율적으로 발전시키는 능력을 의미한다. 다듬어지지 않은 기존 아이디어를 면밀하게 관찰하여 문제를 해결하는 과정에서 아이디어를 정교하게 다듬는 능력을 말한다. 처음 떠올린 아이디어가 정교하지 않을 수 있지만 이를 발전시키고 다듬어 가는 과정을 통해 유익한 아이디어로 발전할 수 있으므로 정교성은 주로 창의적 사고과정 중 마지막 단계에 요구된다. 정교성 관련 활동으로는 은연중에 떠오른 다양한 아이디어 수용하기, 혼잣말하기, 다듬어지지 않은 아이디어의 실제성 고려하기 등이 있다.

(2) 창의성의 정의적 요인

창의성의 정의적 요인은 창의적인 성격(creative personality)으로 볼 수 있으며, 표 1-4와 같이 민감성, 호기심, 개방성 등이 포함된다.

표 1-4. 창의성의 정의적 요인

구분	내용
민감성	민감성(sensitivity)은 주변에 대해 민감한 관심을 나타내고 이를 통해 새로운 탐색을 해 나가는 성향을 의미한다. 개인마다 인식체계가 다르므로 똑같은 대상을 보더라도 각자 다르게 생각한다. 인식체계가 같다면 그 차이는 민감성에서 비롯되며 민감성의 정도에 따라 사고 내용의 양과 질에 차이가 있다. 민감성 관련 활동으로는 익숙한 것을 새롭게 바라보기, 새로운 것을 익숙하게 바라보기, 익숙한 상황에서 문제 찾아내기 등이 있다.
호기심	호기심(curiosity)은 주변 상황, 대상 등에 대해 끊임없이 질문을 제기하려는 성향을 의미한다. 호기심은 대상을 새롭게 바라보고 의문을 가지며 실패할 가능성이 있더라도 도전 의식을 갖게 하는 원동력이 된다. 따라서 호기심은 창의적으로 사고할 수 있는 기회를 높인다는 점에서 도움이 된다. 호기심 관련 활동으로는 주변 상황, 대상에 대해 "왜 그럴까?" 등의 질문하기, 익숙한 것의 이면에 대한 의문 갖기 등이 있다.
개방성	개방성(openness)은 새로운 경험을 하거나 다양한 상황을 마주할 때 항상 열린 마음을 갖고 모든 가능성을 수용하려는 성향을 의미한다. 개방성이 높은 사람은 여러 대상을 접할 때 고정관념에 빠지지 않고 다양한 관점에서 보는 능력을 갖고 있다. 개방성 관련 활동으로는 타인의 관점에서 대상을 바라보기, 한계에서 벗어나기, 다양한 경험 받아들이기 등이 있다.

2) 창의적인 과정

창의적인 과정에 관한 연구는 주로 창의성의 발생에 초점이 맞추어져 있다. 창의성은 모든 사람이 갖고 있으며 교육 및 훈련을 통해 창의성이 계발될 수 있다는 관점에서 볼 때 창의적인 과정은 매우 중요하다.

(1) 월러스의 창의적 사고과정

월러스(Wallas)는 창의적 사고과정을 준비, 부화, 발현, 검증의 4가지 단계로 제시하였다. 첫째, 준비 단계(Preparation stage)는 문제를 해결하기 위해 준비하는 단계를 의미한다. 이 단계에서는 문제를 지각하고 다양한 관점에서 생각하며 자료를 수집하는 과정이 이루어진다. 둘째, 부화 단계(Incubation stage)는 문제에 대해 항상 생각하는 단계를 의미한다. 셋째, 발현 단계(Illumination stage)는 새로운 아이디어가 떠오르며 문제에 대한 해결책을 찾아내는 단계를 의미한다. 넷째, 검증 단계(Verification stage)는 최종 아이디어를 검증하는 단계를 의미한다.

아르키메데스

고대 그리스 학자인 아르키메데스(Archimedes)의 예시(표 1-5)를 통해 월러스의 창의적 사고과정을 이해해 볼 수 있다(하주현, 2015).

표 1-5. 월러스의 창의적 사고과정

단계	구분	내용
준비 단계	문제를 해결하기 위해 준비하는 단계	왕이 아르키메데스에게 왕관이 순금인지 아닌지 알아보도록 하였고, 그는 여러 방법을 통해 자료를 찾고 연구를 하였다. 아르키메데스는 밀도가 이 문제에 대한 답을 줄 수 있을 것이라고 생각하였다.

단계	구분	내용
부화 단계	문제에 대해 항상 생각하는 단계	아르키메데스는 왕관이 순금인지 아닌지 알아내기 위해 밀도를 비교하기로 했고, 먼저 왕관의 무게를 쟀다. 왕관의 무게는 왕이 준 덩어리의 무게와 같았다. 이에 아르키메데스는 부피를 비교하기로 하였다. 그러나 왕관처럼 복잡한 모양의 물건의 부피를 재기는 어려웠다. 그러던 중 아르키메데스는 머리를 식히기 위해 목욕을 하게 되었다.
발현 단계	새로운 아이디어가 떠오르며 문제에 대한 해결책을 찾아내는 단계	아르키메데스는 자신이 목욕통에 들어갔을 때 물이 넘치게 된 것을 보고 새로운 원리를 깨닫게 된다. 물이 가득 차 있는 통에 물체를 넣었을 때, 넘친 물의 부피가 통에 넣은 물체의 부피와 같다는 것을 알게 된 것이다.
검증 단계	최종 아이디어를 검증하는 단계	아르키메데스는 물 속에 저울대를 넣어 왕관과 같은 양의 순금 덩어리를 넣어 달아 보았다. 저울대는 순금 덩어리 쪽으로 기울어졌고 아르키메데스는 왕관에 다른 물질이 섞여 있다는 것을 알게 되었다.

(2) 오스본과 판즈의 창의적 문제해결 5단계

오스본과 판즈(Osborn & Parnes)의 창의적 문제해결 5단계는 오스본이 고안한 창의적 문제해결의 3단계(문제 이해, 문제에 대한 아이디어 생성, 행동 계획 및 실행)에서 시작되었으며 이후 판즈는 이 3단계를 확장했다. 창의적 문제해결 5단계는 사실 발견, 문제 발견, 아이디어 발견, 해결책 발견, 수용의 5단계로 이루어져 있다. 다음 사례로 각 단계를 살펴보고 창의적 문제해결에 적용해 볼 수 있다(Noller, Parnes, & Biondi, 1976).

표 1-6. 창의적 문제해결 적용을 위한 사례

스쿨버스에서 지나친 행동(뛰어다니거나 큰 소리를 내거나)으로 타인에게 피해를 주는 학생이 있다.

① 사실 발견(Fact Finding)

창의적으로 문제를 해결하기 위해 문제를 인지하는 과정이 사실 발견에 해당한다. 즉, 어떤 일이 일어났는지, 언제 일어났는지, 어떻게 일어났는지 등 문제와 관련된 사실을 파악하는 과정이다. 문제에 처한 개인은 문제를 인지한 다음 이 문제를 해결해야 한다는 책임감을 느끼게 된다.

표 1-7. 사실 발견 단계

- 해당 학생과 같이 떠드는 다른 학생이 있는가?
- 이 일이 발생하기 전(또는 발생한 후) 어떤 일이 있었는가?
- 버스 앞쪽에서 발생했는가? 뒤쪽에서 발생했는가?
- 학생은 왜 떠드는가?

② 문제 발견(Problems Finding)

이전 단계에서 발견한 사실을 다시 살펴보고, 문제를 다양한 관점에서 본다. 또한 자신이 알고 있는 정보를 검토하고 하위 문제를 찾아본다. 하위 문제를 명확하게 진술할 경우 다음 단계에서 아이디어를 발견할 때 도움을 받을 수 있다. 하위 문제를 진술하기 위해서는 실질적인 문제가 무엇인지 먼저 이해해야 한다. 하위 문제를 결정할 때까지는 열린 마음으로 다양한 가능성을 직면할 필요가 있다. 하위 문제는 직면한 문제를 해결할 수 있도록 질문 형태로 진술하는 것이 좋다. 하위 문제 진술 방식은 문제를 해결하는 방법에 영향을 미친다. 예를 들어, '어떻게 하면 규칙을 지키지 않는 학생을 혼낼까?'의 문제 진술은 선택권이 제한될 수밖에 없는 진술이다. '어떻게 하면 그 학생의 피해를 받지 않을 수 있을까?'라고 진술한다면 학생이 좋아하는 놀이를 제시하거나 통학시간을 변경하는 등 다양한 문제해결 방법을 생각하게 될 것이다. '어떻게 하면 모두 규칙을 지키면서 기분 나쁘지 않게 할 수 있을까?'의 진술은 범위를 제한하지 않고 문제 학생과 그 외 다른 학생들의 의견을 들어 보는 관점을 제시한다.

표 1-8. 문제 발견 단계

- 어떻게 하면 규칙을 지키지 않는 학생을 혼낼까?
- 어떻게 하면 그 학생의 피해를 받지 않을 수 있을까?
- 어떻게 하면 모두 규칙을 지키면서 기분 나쁘지 않게 할 수 있을까?

③ 아이디어 발견(Idea Finding)

이전 단계를 통해 문제가 무엇인지 파악했으므로 많은 아이디어를 내도록 한다. 이 단계에서는 창의적인 사고를 방해하는 요인들을 제거하는 것이 중요하다.

표 1-9. 아이디어 발견 단계

- 버스에서 규칙을 지키는 학생에게 그가 원하는 상을 준다.
- 버스에서 규칙을 지키지 않는 학생에게 벌점을 준다.
- 학생들이 좋아하는 음악이나 영상을 틀어 준다.
- 버스 내 '오늘의 최우수학생' 상 제도를 만든다.

④ 해결책 발견(Solution Finding)

제시된 아이디어 중 문제를 해결할 수 있는 최선의 해결책을 결정한다. 앞의 단계에서 제시된 여러 아이디어를 평가하여 문제를 해결하기에 가장 적합한 해결책을 선택한다. 아이디어를 평가하기 위해 판단의 기준, 점수 등을 포함한 점수표를 만든다. 판단의 기준에는 실용성, 비용, 시간 등의 준거가 있으며 판단의 기준에 따라 1점(아주 나쁨), 2점(나쁨), 3점(보통), 4점(좋음), 5점(아주 좋음) 등의 5점 척도 또는 3점 척도의 점수를 부여한다. 평가 결과에 따라 가장 높은 점수를 받은 아이디어는 사용하며, 유지에 해당하는 아이디어는 추후 개선하여 적용할 수 있다.

표 1-10. 해결책 발견 단계

- 어느 정도의 비용이 드는가?
- 사용하기에 용이한가?
- 결과가 만족스러운가?
- 바로 시행할 수 있는가?

표 1-11. 해결책에 대한 평가

아이디어	평가 준거					사용	유지	거부
	비용	편리	만족도	효과	합계			
1. 규칙을 지키지 않는 학생에게 벌점을 준다.	1	4	1	1	7			●
2. 학생들이 좋아하는 음악이나 영상을 틀어 준다.	3	4	4	4	15	●		
3. '오늘의 최우수학생' 상 제도를 만든다.	4	4	4	1	13		●	

⑤ 수용(Acceptance)

결정된 해결안에 대한 실천 계획을 발전시킬 수 있는 방법을 찾는다. 선택된 해결안을 실천할 때 도움이 될 수 있는 요인을 찾고 방해요인을 제거하거나, 제거할 수 없을 경우 극복할 수 있는 방안을 찾는다. 다음으로 선택된 해결안을 실행할 수 있는 구체적인 계획을 수립한다. 즉, 수용 단계는 선택된 아이디어의 유용성을 높이기 위해 검토하는 단계로 볼 수 있다.

표 1-12. 수용 단계

도움이 되는 요인	방해되는 요인
구체적인 실행 계획	

3) 창의적인 산출물

창의적인 산출물을 중요하게 보는 입장에서는 창의성이란 궁극적으로 창의적인 산출물이 만들어지는 데 의의가 있다고 여긴다. 창의적인 산출물은 형체의 여부에 따라 유형 산출물과 무형 산출물로 구분할 수 있다. 유형 산출물은 형체가 있는 산출물로 그림, 책, 조각, 공예품 등을 뜻한다. 무형 산출물은 형체가 없는 산출물로 무용, 음악, 기술, 연극, 독창적인 디자인, 캠페인 문구, 유머 감각, 리더십 등을 뜻한다. 무형 산출물 중에서 가장 넓은 범위를 차지하는 것은 문화로서 법, 규범, 도덕까지도 포함된다고 볼 수 있다. 산출물의 창의성을 평가하기 위한 기준으로는 표 1-13과 같이 신기성(novelty), 적절성(appropriateness), 대중성(popularity) 등이 있으며, 이들의 정도에 따라 산출물의 창의성 여부를 결정한다.

표 1-13. 창의적인 산출물의 구분과 내용

구분	내용
신기성	신기성(novelty)은 특정 대상을 창의적이라고 볼 때 가장 먼저 보게 되는 기준이다. 지금까지 볼 수 없었던 새로움이나 참신함이 있어야 창의적이라고 할 수 있다. 우리가 특정 대상에게 끌리는 이유 중 하나는 이전의 것과는 다른 참신함을 갖고 있기 때문일 것이다. 이러한 신기성은 사적인 신기성과 공적인 신기성으로 나눌 수 있으며, 사적인 신기성은 개인에게 새롭고 참신하며 공적인 신기성은 모든 사람에게 새롭고 참신한 것을 뜻한다.
적절성	적절성(appropriateness)은 유용성이라고 불리기도 한다. 산출물이 신기성을 가지는 것도 중요하지만 초기 목적에 적합한지, 초기 목적에 부합하지 않는다면 실제 우리에게 유용하게 활용될 수 있는지에 대한 적절성도 고려되어야 한다. 예를 들어, 점묘법을 창안한 화가 조르주 쇠라(Georges Pierre Seurat)의 작품이 점묘법이라는 새로운 특징만 있고 사람들에게 감동을 주거나 예술품으로 가치를 갖지 않는다면 온전히 창의적인 산출물이라고 평가하기 어려울 수 있다. 당대의 사람들에게 쇠라의 작품은 새로움과 동시에 감동, 아름다움을 주었기에 창의적인 예술품으로 여겨지게 된 것이다. 다만 창의적인 산출물의 기준으로 적절성에 대한 논란은 창의성 연구자들에 의해 지금까지 이어 오고 있다. 예를 들어, 예술가의 작품이 당대에는 인정받지 못했으나 후대에서 인정받는 경우가 있기 때문이다. 당대에는 그 작품이 시대에 너무 앞서 있어 적절성을 인정받지 못하기 때문이다.

구분	내용
대중성	대중이 친근하게 느끼고 공감할 수 있어야 산출물은 널리 활용될 수 있다. 대중가요, 영화, 대중오락 등 여러 사람이 즐기고 친숙하게 느끼는 창의적인 산출물은 사회와 문화에 자리 잡게 된다. 창의적인 산출물을 처음 접할 때 사람들은 신기성을 기준으로 평가하겠지만 이 산출물이 역사적으로 오래 남기 위해서는 대중성(popularity)이 있어야만 한다. 매우 참신하고 유용한 산출물이더라도 대중에게 어렵고 쉽게 접할 수 없다면 창의적인 산출물로써의 진가를 발휘하기 어렵다.

4) 창의적인 환경

환경 조성에 따라 창의성 발휘에 영향을 받는다는 연구는 지속적으로 이루어져 왔다. 창의성의 구성요소 4P 중 창의적인 환경은 Place(장소), Press 또는 Environment (환경)으로 사용되기도 하였다. 로도스(1961)는 4P 중 창의적인 환경으로 'Press'를 사용하며 '인간과 그들 환경 간의 관계(the relationship between human being and their environment)'로 표현하였다. 다시 말해, 창의성은 개인이 가진 능력만이 아니라 그를 둘러싼 환경을 바탕으로 발휘되는 것으로 볼 수 있다. 영유아의 창의성 발휘에 영향을 주고받을 수 있는 환경으로는 가정 환경, 영유아교육기관 환경 및 사회 환경 등을 들 수 있다. 창의적인 환경에는 개인이 속해 있는 물리적 환경뿐 아니라 총체적인 환경으로서 심리적 환경, 교수 매체까지도 포함된다. 정리하면 창의적인 환경은 새로운 아이디어가 발휘될 수 있도록 자극하는 기회, 다양한 교수매체, 감정적이거나 사회적인 분위기 등을 포함하는 가정, 학교, 직장, 문화 등을 포함하는 총체적 환경으로 정의할 수 있다(전경원, 2021).

(1) 물리적 환경

창의적인 환경으로서 물리적 환경에는 편안하고 안전한 환경, 음악, 적절한 온도와 조명, 창의성을 자극할 수 있는 물건 등이 있다. 최근 각 기업은 업무 공간의 변화를 통한 직원의 창의성 증진을 위해 노력한다. 창의적인 업무 환경이라고 할 때 우리는 일반적으로 정형화된 공간, 사각형의 반듯하고 무채색인 공간이 아닌 넓고 다양한 모양과 색깔로 구성된 공간을 떠올린다. 실제로 자렛(Jarrett)과 다즈키르(Dazkir)에 따르면, 사람들은 직선형 가구보다 곡선형 가구에 더욱 친밀감과 편안함 그리고 즐거움을 느낀다. 또한 메이어스 레비(Meyers-Levy) 교수는 천장의 높이와 사고의 관계를 연구하였는데, 천장 높이가 각 3m, 2.4m로 다르고 구조가 같은 두 개의 방에서 사람들이 같은 문제와 퍼즐을 풀도록 하였다. 연구 결과, 천장이 높은 곳에서 사람들은 자유롭게 창의적으로 생각했으며 천장이 낮은 곳에서 사람들은 정해진 범위의 일을 하는 모습을 보였다. 이러한 연구 결과를 통해 알 수 있듯이 물리적 환경의 변화는 개인의 창의성 증진에 영향을 미친다.

창의성을 발휘할 수 있도록 만들어진 업무 공간은 과거의 기준으로 볼 때 비효율적일 수 있다. 톰 피터스(Tom Peters)는 기업을 움직이는 것은 사람이며 기업의 생명력이 창조성, 상상력, 도전 정신에서 나온다고 강조하였다. 즉, 창조성이 강조되는 현재 사회에서는 공간 구성 시 효율성만을 목적으로 해서는 안 되며 직원들에게 영감을 불어넣을 수 있는 요인을 고려할 필요가 있다. 같은 맥락으로 영유아들이 지내는 공간에 이들의 창의성 발휘를 위한 놀잇감, 그림책, 일상의 다양한 물건 등을 제공할 수도 있다. 예를 들어, 비구조적 놀잇감을 활용한 놀이의 경우 유아의 융통성, 유창성, 독창성, 상상력에 긍정적인 영향을 미친다(김지윤, 장영숙, 2015). 따라서 영유아교육기관에서는 구조적 놀잇감보다 유아의 주변에서 쉽게 접할 수 있는 물건을 활용하거나 비구조적 놀잇감을 제공하여 유아의 창의성을 자극할 수 있어야 한다.

(2) 심리적 환경

심리적 환경은 창의적으로 생각할 수 있고 자유롭게 아이디어를 내며, 아이디어가 창의적인 산출물로 이어질 수 있는 심리 상태를 뜻한다. 영유아가 속한 공간의 분위기, 주변 사람의 역할모델 등은 영유아 창의성에 영향을 미칠 수 있다. 창의적인 환경으로서 심리적 환경에는 도전심, 자유, 모험심, 안정감 등이 해당된다(전경원, 2021; Kanter, 1995). 영유아의 창의적 사고 촉진을 위해 고려해야 할 요소는 표 1-14와 같다(Fumoto et al., 2012).

표 1-14. 영유아의 창의적 사고 촉진을 위해 고려해야 할 요소

- 영유아가 자료를 탐색하고 스스로 활동을 선택할 수 있는 기회 제공
- 영유아가 혼자 또는 또래와 생각하고 분석하며 상상력을 활용할 수 있는 기회 제공
- 영유아 스스로 도전하는 모험을 격려하는 분위기
- 적절하게 도움 주고 질문하여 영유아가 구체적으로 생각할 수 있는 인지적 연습의 기회를 제공하는 성인
- 영유아가 자신의 생각을 말하고 자신의 활동에 대해 다양하게 생각할 수 있는 격려
- 말로 표현하고 상호작용 하는 것을 강조하는 환경

영유아의 창의적 사고를 촉진하기 위해서는 억압된 환경에서 벗어나 자유롭고 따뜻하며 수용적인 분위기가 마련되어야 한다. 수용적인 분위기에서 떠오르는 아이디어를 자유롭게 말할 수 있는 기회는 영유아 창의성 발달에 매우 중요하다. 수용적인 분위기의 영유아교육기관에서 영유아는 새로운 시도를 마음껏 할 수 있다. 카우프만(2013)은 '창의성을 위해 교사가 따로 시간을 내서 창의성을 가르치는 것보다 학생들에게 시간을 주고, 자기에게 조그만 변화를 시도하도록 하는 것이 창의성 교육이다'라고 강조한 바 있다. 영유아교육기관에서 유아들의 창의적 사고를 위하여 교사가 정서적으로 지지할 수 있는 구체적인 방법은 표 1-15와 같다(Sarsani, 2008).

표 1-15. 교사의 정서적 지지 방법

- 모험을 감수하려는 생각을 격려하기
- 창의적 사고의 가치를 지원하는 환경 제공하기
- 아동이 자기 확신을 가질 수 있도록 지원하기
- 수행에 대한 스트레스와 압력의 결과는 창의적 사고 발휘를 방해하는 요인이므로 수행에 대한 스트레스와 압력을 주지 않기

4. 교육과정과 영유아 창의성 교육

1) 표준보육과정

표준보육과정은 0~5세 영유아를 위한 국가 수준 보육과정으로 0~1세 보육과정, 2세 보육과정, 3~5세 보육과정(누리과정)으로 구성된다. 2019 개정 누리과정 고시 및 실행에 따라 영유아 연령 간 발달 연계, 경험의 연결 등을 위해 2020년 제4차 표준보육과정이 고시되었다. 제4차 표준보육과정(이하 표준보육과정)의 성격은 다음과 같다(보건복지부, 2020).

첫째, 국가 수준의 공통성과 지역, 기관 및 개인 수준의 다양성을 동시에 추구한다. 표준보육과정은 국가 수준에서 보육과정에 대한 공통적 기준을 제시하고 지역, 기관 및 개인 수준의 특성이 반영된 다양한 보육과정 운영을 추구한다.

둘째, 영유아의 전인적 발달과 행복을 추구한다. 영유아의 전인적 발달은 몸과 마음이 건강하고 자주적, 창의적이며 감성이 풍부하고 더불어 사는 사람으로의 성장을 의미한다. 영유아의 전인적 발달과 행복 추구를 지원하기 위해 어린이집에서는 영유아가 자유롭고 충분하게 놀이할 수 있도록 보육과정을 구성, 운영해야 한다.

셋째, 영유아중심과 놀이중심을 추구한다. 표준보육과정이 영유아중심을 추구하는 것은 보육과정 운영 시 영유아의 건강, 행복, 놀이를 통한 배움의 가치를 최대한 존중하여 반영하는 것을 의미한다. 놀이중심을 추구하는 것은 영유아가 주도하는 놀이를 중심으로 보육과정을 구성하고 운영하는 것을 의미한다.

넷째, 영유아의 자율성과 창의성 신장을 추구한다. 영유아는 자신이 할 수 있는 일을 스스로 하고, 하고 싶은 일을 선택하며, 자신의 선택과 결정에 대해 책임을 지는 경험을 통해 자율성을 기른다. 교사는 영유아가 스스로 어려움을 해결해 나가는 모습을 격려하고 자신의 경험과 생각을 자유롭게 표현할 수 있도록 지원한다.

다섯째, 영유아, 교사, 원장, 부모 및 지역사회가 함께 실현해 가는 것을 추구한다. 표준보육과정은 국가 수준 보육과정에서 제시하는 일반적인 기준을 바탕으로 교사가 자율성을 가지고 영유아와 함께 보육과정을 만들어 나가는 것을 강조한다.

표준보육과정에서 추구하는 인간상은 '건강한 사람, 자주적인 사람, 창의적인 사람, 감성이 풍부한 사람, 더불어 사는 사람'이며 2019 개정 누리과정의 인간상과 같다. 영유아가 추구하는 인간상으로 성장하기 위한 표준보육과정의 목적과 목표는 표 1-16과 같다.

표 1-16. 표준보육과정의 목적과 목표

구분	내용
목적	영유아가 놀이를 통해 심신의 건강과 조화로운 발달을 이루고, 바른 인성과 민주 시민의 기초를 형성하는 데에 있다.
0~2세 보육과정 목표	1) 자신의 소중함을 알고, 건강하고 안전한 환경에서 즐겁게 생활한다. 2) 자신의 일을 스스로 하고자 한다. 3) 호기심을 가지고 탐색하며 상상력을 기른다. 4) 일상에서 아름다움에 관심을 가지고 감성을 기른다. 5) 사람과 자연을 존중하고 소통하는 데 관심을 가진다.

0~1세 표준보육과정과 2세 표준보육과정은 기본생활, 신체운동, 의사소통, 사회관계, 예술경험, 자연탐구의 6개 영역을 중심으로 구성되며 3~5세 표준보육과정(누리과정)은 신체운동·건강, 의사소통, 사회관계, 예술경험, 자연탐구의 5개 영역으로 구성된다.

2) 누리과정

2019 개정 누리과정은 3~5세 유아를 위한 국가 수준의 공통 교육과정으로 2015 개정 초·중등학교 교육과정 성격의 구성 체계와 연계하고, 유아기의 고유한 특징을 반영하여 '유아중심, 놀이중심'을 강조한다. 국가 수준의 공통 교육과정에서 '공통'은 유치원과 어린이집을 모두 지칭한다는 의미로서 누리과정은 유아가 다니는 유치원과 어린이집에서 누리과정을 운영할 때 우선적으로 고려해야 하는 공통적이고 일반적인 기준을 국가가 고시한 것이다(교육부, 보건복지부, 2019).

누리과정은 국가 수준의 교육과정으로서 주요 개정 내용은 구성 체계 확립, 유아·놀이중심 교육과정 재정립, 5개 영역의 내용 간략화, 교사 자율성 강조를 들 수 있다. 개정 누리과정은 '유아와 놀이'를 최우선으로 존중하는 교육과정이다. 다시 말해, 교사가 계획한 활동을 중심으로 진행되는 '교사중심' 교육과정에서 유아 주도 놀이가 중심으로 진행되는 '유아·놀이중심' 교육과정으로의 변화를 추구하는 교육과정이다. 유아·놀이중심 교육과정을 위해 충분한 놀이시간을 확보하여 일과를 운영하며 유아의 안전을 고려하되 최대한 유아의 놀이가 활성화되도록 누리과정 운영 방식을 개선해 가는 것을 강조한다.

누리과정에서 추구하는 인간상은 '건강한 사람, 자주적인 사람, 창의적인 사람, 감성이 풍부한 사람, 더불어 사는 사람'이며 이는 미래 핵심역량을 반영한 초·중등학교 교육과정의 인간상과 연계되어 있다. 특히, 추구하는 인간상 중 '건강한 사람'은 누리과정에서만 제시된 인간상으로 신체와 정신건강의 기초를 형성하는 유아기의 기초를 고려한 내용으로 볼 수 있다. 영유아가 추구하는 인간상으로 성장하기 위한 누리과정의 목적과 목표는 표 1-17과 같다.

표 1-17. 누리과정의 목적과 목표

구분	내용
목적	유아가 놀이를 통해 심신의 건강과 조화로운 발달을 이루고, 바른 인성과 민주 시민의 기초를 형성하는 데에 있다.
목표	1) 자신의 소중함을 알고, 건강하고 안전한 생활 습관을 기른다. 2) 자신의 일을 스스로 해결하는 기초능력을 기른다. 3) 호기심과 탐구심을 가지고 상상력과 창의력을 기른다. 4) 일상에서 아름다움을 느끼고 문화적 감수성을 기른다. 5) 사람과 자연을 존중하고 배려하며 소통하는 태도를 기른다.

누리과정은 신체운동·건강, 의사소통, 사회관계, 예술경험, 자연탐구의 5개 영역으로 구성되며, 각 영역은 3개의 내용범주를 두어 총 15개의 내용범주로 구성된다. 각 영역에 포함된 내용은 총 59개로서 연령이 구분되어 있지 않고 3~5세 모든 유아가 경험해야 할 내용으로 구성된다. 따라서 교사는 59개 내용을 유아의 놀이 특성과 연계하여 융통성 있게 이해하고 유아·놀이중심의 교육과정을 지원해야 한다. 제시된 59개 내용은 유아가 경험해야 할 내용으로서 교사가 가르쳐야 할 내용이 아니라 유아가 놀이하며 자연스럽게 배우는 경험으로 볼 수 있다. 따라서 누리과정의 각 목표는 5개 영역과 일대일 대응 관계가 아니며, 유아는 5개 영역의 내용을 통합적으로 경험하며 추구하는 인간상을 향해 성장해 간다.

3) 교육과정에서의 영유아 창의성 교육

유아·놀이중심을 강조하는 2019 개정 누리과정에는 5개 모든 영역에 창의적인 놀이의 필요성이 제시되어 있으며, 이는 제6차 유치원 교육과정에는 탐구생활을 중심으로 창의성 교육이 강조되었던 점과 차이가 있다(전경원 외, 2020). 창의성은 기존의 것과 다르게 생각하고 표현하는 능력이면서, 이러한 능력을 지지할 수 있는 창의적인 성향까지 포함된다. 유아 창의성 발달을 위해서는 전인적인 성장을 기반으로 한 균형 있는 발달이 이루어져야 한다. 2019 개정 누리과정은 유아의 조화로운 발달을 목적으로 하며 유아중심 및 유아의 주도성과 창의성을 강조한다. 따라서 창의성 관련 내용은 자연탐구 영역에만 국한되지 않고 5개 영역에 제시되어 있다.

(1) 신체운동 · 건강 영역

2019 개정 누리과정에 제시된 신체운동 · 건강 영역의 목표 및 내용범주의 구체적인 내용은 표 1-18과 같다.

표 1-18. 신체운동 · 건강 영역의 목표 및 내용범주

<table>
<tr><td>목표</td><td colspan="2">실내 · 외에서 신체활동을 즐기고, 건강하고 안전한 생활을 한다.
1) 신체활동에 즐겁게 참여한다.
2) 건강한 생활습관을 기른다.
3) 안전한 생활습관을 기른다.</td></tr>
<tr><td rowspan="13">내용
범주</td><td>구분</td><td>내용</td></tr>
<tr><td rowspan="4">신체활동
즐기기</td><td>신체를 인식하고 움직인다.</td></tr>
<tr><td>신체 움직임을 조절한다.</td></tr>
<tr><td>기초적인 이동운동, 제자리 운동, 도구를 이용한 운동을 한다.</td></tr>
<tr><td>실내 · 외 신체활동에 자발적으로 참여한다.</td></tr>
<tr><td rowspan="4">건강하게
생활하기</td><td>자신의 몸과 주변을 깨끗이 한다.</td></tr>
<tr><td>몸에 좋은 음식에 관심을 가지고 바른 태도로 즐겁게 먹는다.</td></tr>
<tr><td>하루 일과에서 적당한 휴식을 취한다.</td></tr>
<tr><td>질병을 예방하는 방법을 알고 실천한다.</td></tr>
<tr><td rowspan="4">안전하게
생활하기</td><td>일상에서 안전하게 놀이하고 생활한다.</td></tr>
<tr><td>TV, 컴퓨터, 스마트폰 등을 바르게 사용한다.</td></tr>
<tr><td>교통안전 규칙을 지킨다.</td></tr>
<tr><td>안전사고, 화재, 재난, 학대, 유괴 등에 대처하는 방법을 경험한다.</td></tr>
</table>

신체운동·건강 영역은 유아가 자유롭게 신체를 움직이며 놀이하는 다양하고 즐거운 경험을 강조하는 내용으로 구성된다. 교사는 유아가 다양한 신체활동에 즐겁게 참여하고 마음껏 신체를 움직여 볼 수 있도록 격려할 수 있다. 유아가 오감각을 활용하여 주변의 다양한 대상을 표현하거나 모방 동작 표현, 창의적 동작 표현을 할 수 있는 기회를 제공하도록 한다. 유아의 발달 수준을 고려한 동작 표현을 제시하도록 하며 처음에는 모방 동작 표현에서 시작하여 점차 창의적으로 표현할 수 있도록 한다.

표 1-19. 신체운동·건강 영역의 교사 지원

구분	내용
모방 동작 표현	자신의 신체를 다양하게 움직여서 주변 물건, 생물, 자연물 등을 표현 • 개구리 되어 보기 • 나무 되어 보기 • 나뭇잎 모양을 몸으로 표현하기
창의적 동작 표현	주변의 사건, 개인의 느낌과 감정 등을 표현하거나 음악을 듣고 아름다움을 표현 • 음악을 들은 후 느낌을 신체를 활용하여 창의적으로 표현하기 • '무지개 물고기' 동화를 들은 후, 물고기가 되어 동화의 한 장면 표현하기 • 밝은 곳과 어두운 곳에서 연상되는 동작 표현하기 • '나는 바람이다'라고 생각하고 몸으로 표현하기

(2) 의사소통 영역

2019 개정 누리과정에 제시된 의사소통 영역의 목표 및 내용범주의 구체적인 내용은 표 1-20과 같다.

표 1-20. 의사소통 영역의 목표 및 내용범주

목표	일상생활에 필요한 의사소통 능력과 상상력을 기른다. 1) 일상생활에서 듣고 말하기를 즐긴다. 2) 읽기와 쓰기에 관심을 가진다. 3) 책이나 이야기를 통해 상상하기를 즐긴다.

<table>
<tr><th></th><th>구분</th><th>내용</th></tr>
<tr><td rowspan="12">내용
범주</td><td rowspan="6">듣기와 말하기</td><td>말이나 이야기를 관심 있게 듣는다.</td></tr>
<tr><td>자신의 경험, 느낌, 생각을 말한다.</td></tr>
<tr><td>상황에 적절한 단어를 사용하여 말한다.</td></tr>
<tr><td>상대방이 하는 이야기를 듣고 관련해서 말한다.</td></tr>
<tr><td>바른 태도로 듣고 말한다.</td></tr>
<tr><td>고운 말을 사용한다.</td></tr>
<tr><td rowspan="3">읽기와 쓰기에
관심 가지기</td><td>말과 글의 관계에 관심을 가진다.</td></tr>
<tr><td>주변의 상징, 글자 등의 읽기에 관심을 가진다.</td></tr>
<tr><td>자신의 생각을 글자와 비슷한 형태로 표현한다.</td></tr>
<tr><td rowspan="3">책과 이야기
즐기기</td><td>책에 관심을 가지고 상상하기를 즐긴다.</td></tr>
<tr><td>동화, 동시에서 말의 재미를 느낀다.</td></tr>
<tr><td>말놀이와 이야기 짓기를 즐긴다.</td></tr>
</table>

유아는 자신의 느낌이나 생각을 다양한 방법으로 표현하며 소통하고 책과 이야기에 관심을 갖게 되며, 정서를 함양하고 창의력을 발달시킬 수 있다. 교사는 유아가 자신의 느낌이나 생각을 다양하게 표현할 수 있도록 돕고 아름다운 우리말이 담긴 책과 이야기를 활용하여 언어가 주는 상상을 즐길 수 있도록 지원할 수 있다. 또한 유아가 경험한 일을 이야기 지어 표현하거나 다양한 책에 관심을 갖고 상상하며 창의적으로 이야기 짓기 활동을 할 수 있도록 지원할 수 있다.

표 1-21. 의사소통 영역의 교사 지원

- 동화를 들은 후, 자신의 느낌이나 생각을 말하거나 글로 표현하기
- 이야기의 뒷부분 상상하여 이야기 짓기
- '내가 만약 ~였다면' 이야기 꾸며 보기

(3) 사회관계 영역

2019 개정 누리과정에 제시된 사회관계 영역의 목표 및 내용범주의 구체적인 내용은 표 1-22와 같다.

표 1-22. 사회관계 영역의 목표 및 내용범주

<table>
<tr><td>목표</td><td colspan="2">자신을 존중하고 더불어 생활하는 태도를 가진다.
1) 자신을 이해하고 존중한다.
2) 다른 사람과 사이좋게 지낸다.
3) 우리가 사는 사회와 다양한 문화에 관심을 가진다.</td></tr>
<tr><td rowspan="13">내용
범주</td><td>구분</td><td>내용</td></tr>
<tr><td rowspan="3">나를 알고
존중하기</td><td>나를 알고 소중히 여긴다.</td></tr>
<tr><td>나의 감정을 알고 상황에 맞게 표현한다.</td></tr>
<tr><td>내가 할 수 있는 것을 스스로 한다.</td></tr>
<tr><td rowspan="6">더불어
생활하기</td><td>가족의 의미를 알고 화목하게 지낸다.</td></tr>
<tr><td>친구와 서로 도우며 사이좋게 지낸다.</td></tr>
<tr><td>친구와의 갈등을 긍정적인 방법으로 해결한다.</td></tr>
<tr><td>서로 다른 감정, 생각, 행동을 존중한다.</td></tr>
<tr><td>친구와 어른께 예의 바르게 행동한다.</td></tr>
<tr><td>약속과 규칙의 필요성을 알고 지킨다.</td></tr>
<tr><td rowspan="3">사회에 관심
가지기</td><td>내가 살고 있는 곳에 대해 궁금한 것을 알아본다.</td></tr>
<tr><td>우리나라에 대해 자부심을 가진다.</td></tr>
<tr><td>다양한 문화에 관심을 가진다.</td></tr>
</table>

유아는 자신을 소중히 여기고 가족, 친구 등 주변 사람들과 관계 맺으며 다른 사람을 배려하고 존중한다. 유아는 자신의 감정을 알고 적절하게 표현할 수 있으며 다양한 삶의 모습을 이해한다. 이 과정에서 유아는 자신과 다른 사람의 신체적, 문화적 차이를 받아들이고 인정할 수 있다. 또한 유아는 자신이 사는 지역에 관심을 가지고 탐구할 뿐만 아니라 다른 나라의 다양한 문화에 관심을 가지고 존중하는

경험을 할 필요가 있다. 교사는 유아가 다른 사람과 원만하게 상호작용하고 타인과의 관계에서 경험하는 사회적 가치나 태도를 습득할 수 있도록 지원할 수 있다.

표 1-23. 사회관계 영역의 교사 지원

- 친구들과 함께 놀이할 때 역할 정하는 방법에 대한 자신의 의견 제시하기
- 교실의 다양한 사안에 대한 자신의 의견을 제시하고 구성원들과 협의하기
- 자신의 입장뿐 아니라 다른 사람의 입장을 이해할 수 있도록 서로의 입장을 바꿔 보는 놀이하기

(4) 예술경험 영역

2019 개정 누리과정에 제시된 예술경험 영역의 목표 및 내용범주의 구체적인 내용은 표 1-24와 같다.

표 1-24. 예술경험 영역의 목표 및 내용범주

<table>
<tr><td>목표</td><td colspan="2">아름다움과 예술에 관심을 가지고 창의적 표현을 즐긴다.
1) 자연과 생활 및 예술에서 아름다움을 느낀다.
2) 예술을 통해 창의적으로 표현하는 과정을 즐긴다.
3) 다양한 예술 표현을 존중한다.</td></tr>
<tr><td rowspan="11">내용
범주</td><td>구분</td><td>내용</td></tr>
<tr><td rowspan="2">아름다움
찾아보기</td><td>자연과 생활에서 아름다움을 느끼고 즐긴다.</td></tr>
<tr><td>예술적 요소에 관심을 갖고 찾아본다.</td></tr>
<tr><td rowspan="5">창의적으로
표현하기</td><td>노래를 즐겨 부른다.</td></tr>
<tr><td>신체, 사물, 악기로 간단한 소리와 리듬을 만들어 본다.</td></tr>
<tr><td>신체나 도구를 활용하여 움직임과 춤으로 자유롭게 표현한다.</td></tr>
<tr><td>다양한 미술 재료와 도구로 자신의 생각과 느낌을 표현한다.</td></tr>
<tr><td>극놀이로 경험이나 이야기를 표현한다.</td></tr>
<tr><td rowspan="3">예술
감상하기</td><td>다양한 예술을 감상하며 상상하기를 즐긴다.</td></tr>
<tr><td>서로 다른 예술 표현을 존중한다.</td></tr>
<tr><td>우리나라 전통 예술에 관심을 갖고 친숙해진다.</td></tr>
</table>

풍부한 감성을 가진 존재로서 유아는 자연, 생활, 예술에서 아름다움을 찾아보고 느끼며 창의적인 방법으로 자신의 경험이나 생각, 느낌을 표현한다. 교사는 유아가 아름다움을 느끼고 창의적으로 표현하는 과정을 경험할 수 있도록 지원할 수 있다. 또한 교사는 유아가 다양한 예술 감상을 통해 상상력을 키우고 예술 표현의 가치를 존중할 수 있는 경험을 제공할 수 있다.

표 1-25. 예술경험 영역의 교사 지원

- 주변 물건으로 다양한 소리를 만들어 보고 소리의 높낮이 탐색하기
- 재활용품으로 나만의 악기 만들어 연주하기
- 스카프를 바람에 날려 보고 스카프가 날아가는 모습을 몸으로 표현해 보기
- 노래 개사하기

(5) 자연탐구 영역

2019 개정 누리과정에 제시된 자연탐구 영역의 목표 및 내용범주의 구체적인 내용은 표 1-26과 같다.

표 1-26. 자연탐구 영역의 목표 및 내용범주

목표	탐구하는 과정을 즐기고, 자연과 더불어 살아가는 태도를 가진다. 1) 일상에서 호기심을 가지고 탐구하는 과정을 즐긴다. 2) 생활 속의 문제를 수학적, 과학적으로 탐구한다. 3) 생명과 자연을 존중한다.	
내용범주	구분	내용
	탐구과정 즐기기	주변 세계와 자연에 대해 지속적으로 호기심을 가진다.
		궁금한 것을 탐구하는 과정에 즐겁게 참여한다.
		탐구과정에서 서로 다른 생각에 관심을 가진다.
	생활 속에서 탐구하기	물체의 특성과 변화를 여러 가지 방법으로 탐색한다.
		물체를 세어 수량을 알아본다.
		물체의 위치와 방향, 모양을 알고 구별한다.

		일상에서 길이, 무게 등의 속성을 비교한다.
		주변에서 반복되는 규칙을 찾는다.
		일상에서 모은 자료를 기준에 따라 분류한다.
		도구와 기계에 대해 관심을 가진다.
	자연과 더불어 살기	주변의 동·식물에 관심을 가진다.
		생명과 자연환경을 소중히 여긴다.
		날씨와 계절의 변화를 생활과 관련짓는다.

자연탐구 영역은 유아가 물질, 자연현상, 사물 등의 특성과 변화를 수학적, 과학적으로 탐구하는 경험과 관련된 내용으로 구성된다. 유아는 주변 세계와 자연에 대해 지속적으로 호기심을 가지고 궁금한 것을 탐구하는 과정에서 창의성을 기르게 된다. 교사는 유아가 주도적으로 탐구하는 과정을 즐기며 스스로 궁금증을 해결하고 서로 다른 생각에 관심을 갖도록 지원할 수 있다.

표 1-27. 자연탐구 영역의 교사 지원

• 다양한 재료 탐색 및 요리하기 • 일상의 여러 현상에 관심 갖고 탐구하기(예를 들어, 비는 왜 올까?, 밀가루와 물을 섞으면 어떻게 될까?) • 새로운 아이디어로 문제 해결하기(예를 들어, 나의 몸을 좀 더 편리하게 바꾼다면 어떻게 바꿀 수 있을까?, 바퀴를 달아서 편리하게 만들 수 있는 물건에는 어떤 것이 있을까?)

Chapter 02

창의성 이론

배울내용

1. 인지적 접근
2. 정의적 접근
3. 다원적 접근

학습목표

1. 인지적 접근의 개념과 구성요소를 설명할 수 있다.
2. 정의적 접근의 개념과 구성요소를 설명할 수 있다.
3. 다원적 접근의 모형과 각 모형의 개념을 설명할 수 있다.

Chapter 02

창의성 이론

창의성에 대한 이론으로는 인지적 접근, 정의적 접근 및 다원적 접근으로 구분할 수 있는데, 본 장에서는 창의성 이론에 대해 구체적으로 살펴보고자 한다.

1. 인지적 접근

1) 인지적 접근의 정의

인지적 접근에서는 창의적 활동의 기본으로서 사고능력과 지식에 초점을 두어 창의성을 설명하려고 한다. 즉, 창의성을 지능의 측면에서 파악하여 지적 능력 중의 한 특성으로 간주함으로써 인지적 사고를 강조하는 입장이다.

길포드(1959)는 창의성이 포함된 지적 구조모형(Structure of Intellect Model)을 소개하면서 지능이란 내용 차원(5), 조작 차원(6), 결과 차원(6)으로 조합되는 180(5×6×6)개 능력요인으로 구성되어 있다고 제시하였다. 그중에서 확산적 사고(divergent thinking)가 창의성의 가장 분명한 지침이 된다고 강조하고, 창의성은 다소의 정도 차이만 있을 뿐 모든 사람이 공유하여 새로운 사고를 생산해 내는 것이라고 하였다. 그리고 확산적 사고란 문제상황에 직면하였을 때 다양한 생각들을 산출해 낼 수 있는 능력으로 정의하였으며, 요인분석을 통해 확산적 사고의 하위영역으로 다음과 같은 여섯 가지 영역에 대한 가설을 제시하였다.

첫째, 문제에 대한 민감성(sensitivity to problem)으로, 이는 호기심을 가지고 기존 체계 내의 문제들을 잘 발견해 내는 능력이다. 둘째, 사고의 유창성(fluency of thinking)으로, 이는 사고의 풍부함과 관련된 양적인 측면으로서 네 가지 유창성 요인이 있다. 즉, 특수한 문자나 문자들의 조합에 포함되어 있는 단어를 산출해 내는 단어 유창성(word fluency), 제한된 시간 내에 제공된 단어의 동의어를 가능한 한 많이 산출해 내는 연상적 유창성(associational fluency), 문장구조에 따라 빨리 단어나 구를 대치시키는 표현적 유창성(expressional fluency), 그리고 제한된 시간 내에 어떤 요구를 수행하기 위한 아이디어를 산출해 내는 개념적 유창성(ideational fluency)이다. 셋째, 사고의 융통성(flexibility of thinking)으로, 이는 낡은 사고방식을 버리고 새로운 각도에서 생각해 내는 것으로서 두 가지 하위 융통성 요인을 제시하였다. 즉, 자발적 융통성(spontaneous flexibility)은 무기력하거나 현상을 그대로 유지하려는 것에서 벗어나 매우 다양한 생각을 산출하는 성향이고, 적응적 융통성(adaptive flexibility)은 다양한 해결 유형을 요구하는 문제들을 접할 때 생각을 여러 가지로 변화시켜 해결하는 능력이다. 넷째, 독창성(originality)으로, 이는 비범하지만 상황에 적절하며, 발생 빈도수가 통계적으로 드문 반응을 산출하는 능력이다. 다섯째, 재정의(redefinition)로, 이는 새로운 목적을 위해서 친숙한 대상을 사용할 때 그들에 대한 기존의 해석을 버리고 새로운 방법으로 해석하는 능력이다. 여섯째, 정교성(elaboration)

으로, 이는 더 나은 검증과 분석을 위해 문제를 세분화하여 전개시키거나 문제에 포함된 의미를 정확히 파악하고 부족한 것을 보완할 수 있도록 계획하는 능력이다.

이처럼 길포드의 지적 구조에 의한 확산적 사고능력으로 창의성을 설명하는 것은 실생활에서의 창의성을 측정한다기보다는 지적 구조모형 이론을 미리 설정해 놓은 다음 이를 입증하려고 하는 것이 아닌가 하는 비판이 일어나면서, 창의성을 인지적 연합과정으로 설명하려는 이론이 대두하게 되었다.

창의성을 인지적인 연합과정으로 설명한 대표적인 학자인 메드닉(Mednick, 1962)은 창의적 생각이란 두 개 이상의 생각들을 새롭고 독창적으로 조합한 결과라고 보았다. 메드닉은 창의적으로 문제해결을 하기 위해서는 무엇인가를 우연히 잘 발견해 내는 능력(serendipty)과 유사한 점을 잘 파악하는 능력(similarity), 그리고 가장 중요하게는 중재할 수 있는 능력(mediation)을 지니고 있어야 한다고 생각하였다. 그래서 그는 창의적인 사고과정이란 여러 요소들을 연합하여 명기된 필요요건을 충족시키거나 어떻게든 유용한 조합을 새로이 만들어 내는 것이라고 개념화하였다. 새롭게 만들어 낸 조합의 요소들이 서로 낯선 것일수록, 그 연합과정이나 해결방법은 더욱 창의적인 것으로 볼 수 있다고 하였다.

또한 메드닉은 단어들이나 문제상황을 연합하는 방법에는 연합 위계(associative hierarchy)가 있는데, 창의적이지 못한 사람들은 결합도가 높고 상투적인 연합, 즉 매우 경직되고 고정적인 연합을 만들어 내는 경향이 있으며, 창의적인 사람들은 그 결합도는 낮지만 특수한 연합을 만들어 내는 경향이 있다고 보았다.

한편 토랜스(1965)는 창의성을 사고과정의 측면에서 바라봄으로써 창의적 사고란 문제의식이나 지식의 결함, 부조화 등을 감지 · 인식하고 이에 대한 자료를 모음으로써 보이지 않는 요소들을 파악하여 해결책을 찾으며, 그 부족한 것들에 대해 대책을 세우고 이런 문제들을 반복하여 검증함으로써 완전하게 만드는 일련의 문제해결과정이라고 정의하고, 창의성의 인지적 특징을 유창성, 융통성, 독창성 및 정교성이라고 주장하였다.

삽(Sapp, 1992)은 월러스의 창의과정 모형을 기본으로 하면서 창의 좌절 시점이라는 아이디어를 도입, 창의적 과정 내에 포함하여 월러스 모형을 수정 · 확대하여 제시하였다. 즉, 개인이 창의적 과정 중에 부화기간을 거치든 혹은 거치지 않든 자신의 문제에 대한 해결 혹은 대안의 탐색의 시점에 도달하게 되는데, 이 시점에서 정체 또는 좌절이 발생하게 된다는 것이다. 여기서 삽은 월러스 모형과는 달리 확대된 무의식적 처리의 단계가 아닌 의식적이고 특정한 시점으로 보고 결과에 직접적인 영향을 주는 의사결정이 이루어진다고 하였다. 이러한 좌절의 순간에 나타나는 반응은, 첫째, 현재의 문제를 포기하는 도피반응과 같은 부정, 둘째 적절하지 못한 산물에 그대로 만족하는 합리화, 셋째 낮은 동기수준과 무관심, 싫증을 나타내는 정체의 수용, 넷째 새로운 대안을 탐구함으로써 문제해결의 가능성을 극대화하려는 새로운 성장으로 구분하였다.

2) 인지적 측면의 구성요소

인지적 측면의 구성요소를 지적(사고) 능력과 지식 및 인지(사고)유형으로 구분하여 살펴보면 다음과 같다(홍경윤, 2011).

(1) 지적(사고) 능력

지적(사고) 능력은 확산적 사고와 수렴적 · 비판적 사고로 구분할 수 있다. 첫째, 확산적 사고는 다양한 각도에서 새로운 답을 찾아내는 사고이다. 이 개념은 길포드의 '삼차원적 지능 구조 모형(structure of intellect model)'에서 나왔다(그림 2-1). 이 모형에 따르면 지능의 구조는 정육면체로 나타낼 수 있으며, 지능의 세 가지 기본적인 차원인 조작 차원(평가, 수렴적 산출, 확산적 산출, 기억 파지, 기억 저장, 인지)과 내용 차원(시각적, 청각적, 상징적, 의미론적, 행동적) 및 결과 차원(단위, 종류, 관계, 체제, 변환, 함축)으로 구성된다. 즉, 개인의 지능은 6개의 조작 요소와 5개의 내용

요소 및 6개의 산출 요소가 결합하여 나타나는 180개 이상의 상이한 정신능력을 의미한다.

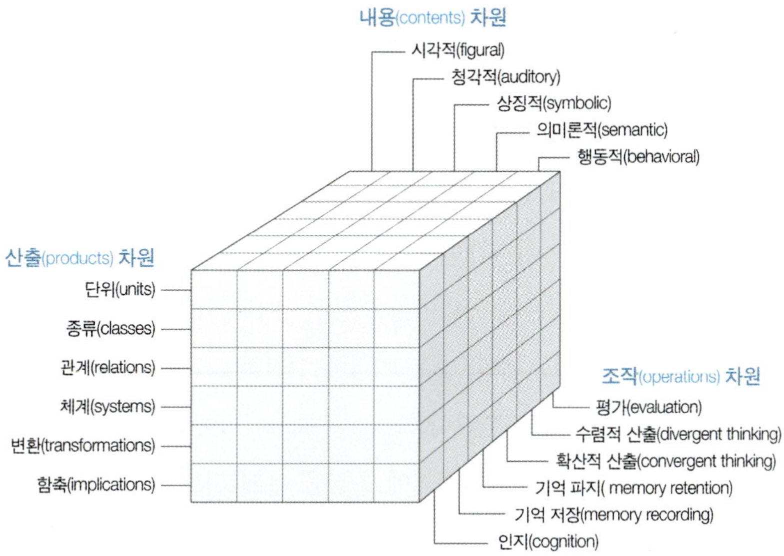

그림 2-1. 길포드의 지능 구조 모형

그림 2-1과 같이 지능을 이루는 세 차원 중 하나인 '조작 차원'에 '확산적 산출'이 포함되어 있다. 이는 정보에 대한 광범위한 탐색과 문제에 대해 새로운 대답을 많이 생성하는 능력을 말한다. 길포드는 확산적 사고를 문제에 대한 민감성(문제를 인지하는 능력), 유창성(많은 아이디어를 생성하는 능력), 융통성(다양한 범주의 아이디어를 생성하는 능력) 및 독창성(독특한 연합을 생성하는 능력) 등의 여러 요소로 구분하였다.

또한 메드닉도 독창적인 아이디어를 떠오르게 하는 확산적 사고가 창의적 사고에 도움이 된다는 가정하에, 확산적 사고를 통해 창의적 사고의 잠재 가능성을 평가하고자 원격 연합 검사(Remote Associate Test, RAT)를 개발하였다. 메드닉의 연합 이론(associative theory)에 의하면, 우리의 마음은 아이디어들(단어, 이미지, 공식 등)로 구성되어 있고 한 아이디어는 다른 아이디어와 연합되어 있으며, 사고란 이러한 연합 체인(associative chain)을 따라 한 아이디어에서 다른 아이디어로 이동하는 과정이라는 것이다. 또한 메드닉은 연합 체인에서 나중에 연상된 아이디어가 앞서 연상된 아이디어보다 더 독창적이라고 하였다.

이러한 이론을 종합해 보면, 확산적 사고가 독창적이고 새로운 아이디어들을 생각해 내는 데 도움이 되므로 창의성 발현에 필요한 지적 노력으로 볼 수 있다. 하지만 확산적 사고가 창의성의 전부라고 생각하기보다는 창의성에 기여하는 여러 지적(사고) 능력 중의 하나로 간주해야 할 것이다.

둘째, 수렴적 사고는 생성된 아이디어들을 분석 · 비교 · 선택해 문제에 대한 올바른 해결책에 도달하도록 하는 사고이다. 이러한 수렴적 사고과정은 비판적(critical), 판단적(judicial) 사고를 모두 포함한다(Carson & Runco, 1999).

수렴적 사고는 옳고 적절한 아이디어에 초점을 두게 되므로 일반적으로 사람들은 창의성과 관련이 없다고 생각하기도 한다. 그러나 창의적 산출물을 생성하는 과정에서 수렴적 사고도 필요하다. 우선 확산적 사고과정을 통해 생성된 새롭고 독창적인 아이디어들 중에서 최선의 아이디어를 선택하기 때문이다. 따라서 확산적 사고는 산출물의 신기성에, 수렴적(비판적) 사고는 산출물의 적절성에 기여한다. 예를 들어, 한 아이디어가 적절하지 않다는 것을 발견했지만 달리 적절한 아이디어가 없을 때, 비판적 사고를 통해 그 아이디어의 문제점이나 부족한 부분을 보완함으로써 더 새롭고 적절한 아이디어로 개선할 수 있는 것이다. 즉, 확산적 사고가 새로운 아이디어 생성을 위해 필요하다면, 수렴적(비판적) 사고는 산출물의 새로움(독특함)과 적절성(유용성)을 판단하거나 평가하고 문제점이나 부족한 점을 발견하여 더 새롭고 더 적절한 아이디어를 생성하는 데 필요한 것이다.

이 외에 스턴버그와 루바트(Sternberg & Lubart, 1995)의 투자이론에서는 창의성 발현에 필요한 여섯 가지 자원으로 지적 능력, 지식, 사고유형, 성격 특성, 동기 및 환경을 주장하였고, 그중 하나인 지적 능력은 종합적(synthetic), 분석적(analytical),

실제적(practical) 능력을 의미한다. 구체적으로 종합적 능력은 전통적 사고의 틀에서 벗어나 새롭고 과제에 적절한 아이디어를 생산하는 능력이고, 분석적 능력은 여러 아이디어들을 평가해 계속 추진할 가치가 있는 아이디어가 어떤 것인지를 결정하는 능력이다. 실제적 능력은 아이디어의 가치를 다른 사람들에게 전달하고 설득할 수 있는 능력을 뜻하는데, 창의성 발현을 위해서는 이 세 가지 지적 능력이 통합되어야 하는 것이다.

(2) 지식

한 영역이나 분야에서 창의적인 성취를 하기 위해서는 해당 영역에 대한 지식을 많이 알아야 한다. 이러한 지식은 명제적 지식(declarative knowledge)과 절차적 지식(procedural knowledge)으로 개념화될 수 있는데, 명제적 지식은 사실과 개념 등을 의미하고, 절차적 지식은 명제적 지식을 획득하는 데 필요한 방법적 지식을 의미한다.

이러한 지식의 중요성에 대해 스턴버그와 루바트(1991)는 표 2-1과 같이 제시하고 있다.

표 2-1. 지식의 중요성

- 지식이 없으면 문제를 인식하거나 문제의 본질을 이해하기 어렵다.
- 지식은 특정 분야에서 이미 알려진 아이디어를 재발견하는 수고를 덜어 주고, 새로운 산출물을 생성하게 해 준다.
- 지식을 통해 현재의 사고가 어디에 위치하고 있는지 알 수 있고, 새로운 아이디어를 수용하거나 생성할 수 있다.
- 지식은 창의성 판단 기준의 하나인 질적으로 높은 수준의 작품을 생성하게 해 준다.
- 지식은 새로운 아이디어에 정신력을 집중할 수 있게 해 준다.
- 지식이 있어야 우연히 발생한 일도 창의적인 아이디어의 원천으로 인지하고 이용할 수 있다.

창의성에 있어 지식의 중요성이 강조되기도 하지만 창의적 수행을 하기 위해서는 지식만으로는 충분하지 않고 다른 능력도 함께 필요하다. 즉, 다른 구성요소들과 함께 상호작용할 때 상승효과를 가져오게 되는 것이다.

(3) 인지(사고)유형

사람들마다 정보를 받아들이고 처리하는 스타일이 다르기 때문에 정보를 처리하고 문제를 해결하는 방식에서 나타나는 개인의 성향(disposition)을 인지유형(cognitive style)이라고 한다. 인지유형이란 개인이 정보를 처리하는 방식을 말한다. 다시 말해, 인간은 지능, 적성, 흥미, 동기 등 여러 가지 측면에서 개인차를 보이는데, 자신을 둘러싼 외부 환경이나 사물을 지각할 때도 인지적, 정의적 특성에 따라 주어진 상황이나 정보에 대해 독특한 방식으로 지각, 추리, 이해, 문제해결, 기억, 사고하는 등의 인지활동을 수행한다. 인지과정에 있어서의 이러한 개인차를 설명하기 위해 도입된 개념이 인지유형이다.

사람들은 동일한 외부적인 배경으로부터 사물이나 정보를 구별하고 조직·지각하는 데 있어서 개인차가 있다. 윗킨(Witkin, 1954)은 1940년 후반부터 사람들 사이에 나타나는 뚜렷한 지각적 특성을 탐구하기 시작했고, 그 결과 주어진 상황에서 정보를 받아들이는 개인의 독특한 양식에 따라 인지유형을 구분한 것이 장독립성–장의존성이다. 장독립적 인지유형은 사물을 관찰하는 데 있어서 그 사물의 배경에 관계없이 독립적으로 인지하기 때문에 분석적으로 관찰과 지각을 하는 경향이 있고, 장의존적 인지유형은 지각하는 데 있어서 사물을 관찰하기보다 그 사물이 배경을 이루는 장에 의존하는 경향을 말한다.

3) 인지적 창의성 훈련기법

새롭고 창의적인 아이디어는 기존의 지식 가운데 적절한 것을 골라 확장시키고 전환시킬 때 생성된다. 즉, 기존의 지식이 창의적 아이디어 생성의 근원이자 출처가 되는 것이다. 이런 이유로 인지적 창의성 훈련에서는 다양한 형태의 창의적 행동은 개념의 확장에서 기인한다고 보고 새로운 영역과 개념을 만들기 위한 노력을 중요시한다. 우수한 창의적 업적들은 기존 사물에 내재된 중요한 특징을 어떻게 확장하는가에 따라 성취가 이루어진다. 즉, 기존 지식이 창의적 산출에 영향을 미치는 것이다. 따라서 기존 정보에서 새로운 아이디어를 재구조화하기 위해서는 기존 지식에서 개념적 재표상이 필요하다.

인지적 창의성 훈련기법에서 주로 사용하는 기존 지식을 선택, 확장, 변형시켜 재표상하는 방법에 대해 구체적으로 살펴보면 다음과 같다(이희주, 2005).

(1) 핵심속성 파악, 열거 및 변형

대상이 가지는 핵심속성은 우리의 상상력을 제한하고 아이디어를 구조화시키게 된다. 따라서 핵심속성을 파악하면 아이디어 생성 시 무엇을 변화시킬지 예측할 수 있다. 핵심속성은 새로운 아이디어의 독창성을 가늠하는 수단을 제공하므로, 대상이 지니는 여러 속성 중 보존해야 할 것과 제외시킬 것을 판단하고, 어떤 속성을 변화시킬지 결정하게 해 준다. 일반적으로 한 가지 핵심속성만 제거하거나 변형시켜도 매우 독창적인 아이디어를 생성할 수 있다.

속성의 열거는 대상의 특성이나 한계를 명확하게 하여 변화와 발전을 촉진하는 기술이다. 속성을 열거하면 과제 전체를 한 번에 다루지 않고 구성요소들을 하나씩 나누어 다룰 수 있게 된다. 따라서 특정 하위 문제를 명료하게 밝히는 것이 문제해결에 도움이 되며, 어떤 과제든 다루기 쉬운 하위 문제로 나누어지면 처리 부담도 줄어들게 된다.

(2) 구조화된 상상

상상은 과거의 경험에서 얻어진 심상을 새로운 형태로 재구성하는 정신작용을 말한다. 일반적으로 상상을 매우 독특하고 예측 불가능한 것으로 보기 쉬우나 실제로 상상은 기존 지식의 틀에 영향을 받는다. 상상이 기존의 지식이나 아이디어에 근거하여 이루어진다는 의미에서 구조화된 상상이라고 한다(Ward, 1991). 유아의 확산적 사고는 상상 및 환상 능력과 상관이 높은 것으로 나타났다. 따라서 주어진 조건에 적합하게 상상하여 아이디어를 산출한 후, 이름을 붙이고 기능을 설명하는 탐색활동을 통해 독창성과 정교성을 향상시킬 수 있다.

(3) 추상화

추상화란 각각의 사물이나 구체적인 개념으로부터 공통적인 요소를 뽑아 일반적인 개념으로 파악하는 정신작용을 말한다. 개념이 지닌 여러 측면 가운데 가장 본질적인 것을 추상적인 표현으로 바꿔 볼 수 있다. 새로운 외계 생물체를 그릴 때 개나 말과 같은 특정 동물에 근거를 두는 것이 아니라 구체적인 이미지의 한계를 넘어, 보편적인 개념과 기본적인 특성을 조합해서 구성할 수 있다. 추상적인 의미의 동물은 주위 환경에서 정보를 얻고 활동에 필요한 에너지를 확보하며, 종족보존의 본능을 갖고 있다. 이러한 추상적인 설명을 바탕으로 생명체를 구성하면 다양하고 혁신적인 아이디어가 산출될 수 있다.

(4) 개념조합

개념조합이란 별개인 두 개념을 혼합하여 새로운 개념을 만드는 것으로 이러한 작업을 통해 각각의 개념에서는 나타나지 않던 새로운 특성을 발견할 수 있다. 개념조합에서 중요한 것은 두 개념의 거리가 멀수록 독창적인 아이디어가 생성될 가능성이 높아진다는 것이다. 이런 활동을 통해 유익하고 기발한 아이디어 생성의 잠재력을 키울 수 있다. 창의적 탐색에 있어서 개념조합의 새로움, 모호성, 불일치와 같은 특성이 유용하게 작용한다. 개념조합을 통해 새로운 범주를 형성하고 명시적인 특징을 형성하여 창의적 발견을 가능하게 하고 사고의 유연성을 가져와 새로운 개념을 발달시킬 수 있다. 개념조합의 또 다른 이점으로는 동일한 조합에서도 다양한 해석이 가능하다는 것이다. 구성개념들이 주제적 관계에서 보완적 역할을 하는 관계해석, 한 개념에서 다른 개념으로 투사되는 속성해석, 구성개념들 사이의 혼합이나 절충으로 이루어지는 혼합해석이 가능하다는 것이다.

(5) 은유

은유는 원개념은 숨기고 보조 개념만 드러내어 대상을 설명하거나 특질을 묘사하는 표현법이다. 은유는 기존의 개념이 갖는 속박을 극복하는 데도 도움이 될 수 있는데, 새로운 시각에서 대상을 봄으로써 기존의 정형화되고 틀에 박힌 사고에서 벗어나 새로운 방향으로 사고를 전환시킬 수 있다. 리켈메(Riquelme, 2002)는 대상 간의 유사성을 발견하고 은유를 사용하는 것이 창의적 문제해결에 중요한 역할을 한다고 하였다.

창의성에 있어서 은유는 잠재적 이익이 많은데, 문제나 영역을 새로운 시각을 통해 볼 수 있도록 해 주기 때문이다(Sternberg & Lubart, 1995). 첫째, 은유는 선택적 비교를 통해 문제에 대한 새로운 관점을 제공하고 문제를 재정의할 수 있도록 해 준다. 둘째, 은유는 문제에 대한 통찰을 세우고 확장시킨다. 즉, 자원 영역에서 대상 영역에의 함의를 제공하여 창의적인 아이디어를 생성하는 데 기여한다. 셋째, 은유는 새로운 아이디어를 타인이 이해하고 의사소통할 수 있도록 해 준다. 즉, 낯설고 어색한 아이디어를 친숙한 용어로 표현함으로써 화자와 청자 사이에 공통적인 이해를 가져올 수 있다.

(6) 유추

유추는 서로 관계 있는 두 개의 사물에서 하나의 사물의 성질이나 특징을 다른 사물도 갖고 있을 것이라고 추리하는 것으로, 한 분야에 속하는 개념을 끄집어내어 다른 분야로 확장하게 한다. 유추는 기존의 기억을 재구성해서 새로운 정보를 위해 준비되도록 하는 것을 돕는 개념변화 학습에서 중요하다. 유추를 사용하면 새로운 영역의 학습을 용이하게 할 뿐만 아니라 세상을 보는 새로운 관점을 갖게 하여 대상을 재구성하도록 한다. 대표적인 방법으로 시네틱스(Gordon, 1961)[1]가 있는데 이는 문제에 대한 창의적 해결안을 찾는 과정에서 상이하고 관련 없는 요소들을 연결시키는 방법으로 문제의 독특한 면에 관심을 갖게 하거나 과제를 대안적인 방식으로 생각하게 한다.

(7) 심상 형성

심상이란 마음속에 그려지는 사물의 감각적 영상을 의미하는데 형성과 변형이 용이하다는 특징을 지닌다. 심상 형성과 변형을 통해 우리는 친숙한 사물을 대할 때에도 새로운 시각에서 바라봄으로써 창의적 통찰력을 촉진시킬 수 있다. 사물을 여러 각도에서 살필 수 있는 능력은 다양한 활동에서 창의적인 아이디어를 생성하도록 촉진할 수 있다. 왜냐하면 심상을 시각적으로 가시화할 때 부분과 특징이 추가적으로 조합되고, 새로운 패턴과 관계를 찾을 수 있기 때문이다.

코슬린(Kosslyn, 1980)은 심상적 사고과정으로 심상 형성과정, 심상 검색과정, 심상 변형과정을 제안하고 각 과정이 고유의 기능을 가지면서 다른 과정과의 상호작용을 통해 자발적이고 역동적으로 문제해결과정에 개입한다고 하였다. 폴트록과 브라운(Poltrock & Brown, 1984)은 심상과 창의성과의 관계에 대한 연구에서 심상적

1) 집단 아이디어 발상법의 일종이다. 이 개념이 고든(Gordon)의 연구 노력에 의해 창안된 것을 일본의 나까야마(中山正和)가 보완하여 산업계에서 널리 활용하게 되었다. 2개 이상의 것을 결합하거나 합성한다는 의미의 그리스어 'synthesis'에서 비롯된 것이다. 고든은 천재나 대발명가들을 대상으로 심리 연구를 실시한 후 대부분이 발명과정에서 유추(analogy) 사고를 한다는 공통적인 현상을 발견하였다. 즉, 어떤 사물과 현상을 관찰하여 다른 사상을 추측하거나 연상하는 것이었다. 이 시네틱스 기법은 두 가지로 설명될 수 있다. 그 하나는 친숙한 것을 이용해 새로운 것을 창안하는 것이고, 다른 하나는 친숙하지 않은 것을 친숙한 것으로 보도록 하는 것이다. 우리가 주변의 사물로부터 무엇인가를 추출하려면 먼저 너무나 친숙해서 달리 보이는 것이 하나도 없는 것처럼 보이는 상황을 벗어나야 한다. 우리는 친숙하지 않은 것을 보면 기존의 인지구조 내에서 이들을 탐색한 후에 무관심의 영역으로 내던져 버리는 때가 많다. 그러나 창의적인 사고를 하기 위해서는 주변에서 접하게 되는 친숙하지 않은 상황도 수용할 수 있어야 한다는 것이다. 이러한 방법에는, ① 직접적 유추, ② 의인적 유추, ③ 상징적 유추, ④ 공상적 유추의 4가지 방법이 있다.

사고능력이 유창성, 융통성, 독창성과 유의미한 상관관계가 있다고 보고하였다. 또한 심상화 과정을 통해 창의성 향상, 인지능력 향상, 불안 감소, 주의력이 향상되었다고 하였다. 이옥(1985)은 창의적 사고과정과 심상의 관련성을 연구하였는데, 심상이 창의적 사고과정의 필요 충분조건이라고 보았다. 성은현(2000)은 심상적 사고능력과 창의성과의 관계 연구에서 심상적 사고를 많이 하는 사람이 유창성, 독창성, 창의성에서 우수한 점수를 나타냈다고 하였다. 종합하면 심상화 과정을 통해 창의성을 촉진시킬 수 있다는 것을 알 수 있다.

(8) 창의적 발명

새로운 발명을 위한 대부분의 아이디어는 기존의 대상을 보완하거나 개선하는 방식으로 이루어진다. 즉, 친숙한 대상에서 시작하여 새로운 형태나 부분을 추가하거나 혼합하여 새로운 발명을 하게 되는 것이다. 우리가 일상생활이나 활동에서 구체적인 문제나 기능을 탐색하고 문제해결이나 기능개선을 위해 형태나 구조를 변형하는 과정은 창의적 인지발달을 가져온다.

웨버와 퍼킨스(Weber & Perkins, 1992)는 발명이 넓은 구조를 내포한다고 보았다. 발명은 사회적 과정이며 이전의 기술 및 사회적 견해와 연결되어 있다. 발명과정에서 사용되는 심성모형은 자신의 발명에 대해 가지는 사고나 개념으로 정의할 수 있는데 문제를 더 세밀하게 조작하고 다룰 수 있도록 해 준다. 또한 심성모형은 기존 지식을 새로운 문제를 해결하는 데 쓸 수 있도록 해 주는데, 과거에 매달리는 대신에 새로운 관점으로 문제를 봄으로써 시간과 노력을 절약할 수 있다.

발명은 삶을 더욱 풍부하게 할 수 있는 원천이며 직면한 많은 문제들을 해결할 수 있는 단서이다. 발명은 다양한 방법으로 이루어진 새로운 대상의 창조이며 현실화라고 할 수 있다(Michael, 1999).

(9) 문제해결을 위한 창의적 전략

문제해결을 위한 다양한 형태의 창의적 전략으로 연산과 발견법, 귀납법, 확산적 사고 기법 등이 있다. 연산법은 문제를 해결하는 데 필요한 모든 조작을 단계적으로 명세화한 방법으로 정확한 문제해결을 위해 필수적이다. 규칙이나 공식 등의 명시된 조작을 사용하여 해결안을 산출한다.

문제가 복잡하고 최선의 대안을 찾아야 할 경우에는 발견법이 적절하다. 발견법은 문제해결을 위한 유용한 지름길을 제공하는 법칙이다. 크로플리(Cropley, 1999)는 인간의 정보처리능력은 한정되어 있으므로 매우 많은 정보에서 빠른 해결안을 찾을 때 발견법이 유용하다고 하였다. 다양한 정보에서 가능성이 있는 대안을 발견하여 그 가치를 평가하는 과정인 발견법을 통해 창의적인 문제해결이 가능하다고 하였다.

귀납법은 개개의 사례를 관찰함으로써 이러한 사례들이 포함되는 일반 명제를 확립시키기 위한 추리 방법이다. 귀납법을 불확실한 장면에서 기존 지식을 확장하여 추론하는 과정이라고 정의할 수 있으며, 새로운 지식을 발견하는 체계적인 방법이 될 수 있다.

확산적 사고 기법으로는 브레인스토밍, 브레인라이팅, 속성열거, 마인드맵핑, 체크리스트법 등이 있다. 이러한 전략을 통해 창의적 사고와 창의적 문제해결능력을 증진시킬 수 있다.

2. 정의적 접근

1) 정의적 접근의 이론들

인지적 접근과 병행하여 발전된 창의성의 정의적 접근은 창의성의 근원을 개인이 지니고 있는 정의적 특성으로 파악한다. 이러한 정의적 접근은 다음의 세 가지 이론으로 구분할 수 있는데, 창의성의 발현이 인간의 무의식이나 전의식에 의한다는 관점을 가진 정신분석학, 창의성이란 자아실현의 극치라고 보는 자아심리학, 그리고 창의적인 사람들이 나타내는 구체적인 정의적 특성을 강조하는 개인적 특성 이론이 그것이다(이정은, 1999).

(1) 정신분석학적 접근

창의성에 대한 정신분석학적 접근은 창조적 활동의 원동력을 인간의 의식보다는 무의식에 초점을 두어 설명한다. 즉, 창의적 활동의 원동력은 원초아(id)의 본능적인 힘에서부터 생겨나며, 창의적인 사람은 정신적 기능의 더 원초적인 종류에 대한 퇴행을 허용하는 태도를 지녔기 때문이라고 설명한다.

이러한 입장에서 프로이트(Freud)[2]는 창의력을 창의적 상상과 동일시했는데, 이

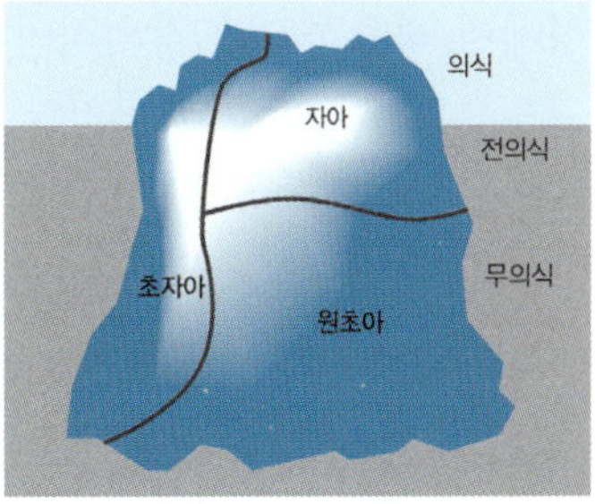

2) 프로이트는 성격이 원초아(id), 자아(ego), 초자아(superego)로 구성되어 있다고 보았다. 원초아(id)는 쾌락원칙에 의해 지배되는 것으로 긴장을 감소시키고 고통을 피하며 즐거움을 얻는 것을 목적으로 한다. 다시 말해, 비논리적이고 부도덕하며 한 가지 생각, 즉 쾌락원칙에 따라 본능욕구를 만족시키려는 생각에 의해서만 움직이는 것이다. 자아(ego)는 의식을 통제하고 검열하는 것으로 현실원리에 의해 지배된다. 즉, 현실적이고 논리적인 사고를 하며 욕구를 충족시키기 위한 계획을 세운다. 초자아(superego)는 사람의 도덕규범이며, 주관하는 내용은 개인의 행동이 옳은가, 그른가, 좋은가, 나쁜가 등을 판단하는 것이다. 초자아는 현실보다는 이상을 대표하며 쾌락보다는 완성을 추구한다. 초자아는 본능의 충동을 억제하고 자아가 현실적인 목표 대신에 이상적인 목표를 갖고 완전성을 추구

창의적 상상의 원천은 개인이 갖는 갈등에 기인한다고 본다. 갈등의 근원이 무의식에 있기 때문에 창의적인 해결이 무의식의 작용에 영향을 받으며, 창의적 활동은 갈등에서 나타나는 불쾌 정서의 방출작용에 의지한다. 즉, 인간은 어린 시절의 즐거웠던 유희나 다른 경험들을 연속시키려는 상상, 백일몽과 같은 대치현상을 가짐으로써 현실에의 갈등을 해소하려는 본능을 가지고 있는데, 대부분 창의성의 근원은 자유로운 공상이나 아이디어를 발전시킴으로써 가능해지게 된다. 따라서 자발적인 공상은 창의성을 신장시킬 수 있는 것으로 갈등 또는 억압된 정서의 누적을 해소하는 과정에서 나타나는 공상을 어떻게 받아들이느냐에 따라 인간은 창의적인 사람이 될 수도 있고 그렇지 못할 수도 있다는 것이다.

프로이트와 달리 크리스(Kris, 1951)는 창의성을 설명함에 있어 무의식보다는 전의식(preconscious) 과정을 중요시하였다. 전의식은 의식과 무의식의 경계에 있고 적절한 상태하에서 의식적으로 될 수 있는 것을 포함한다. 따라서 창조적인 인간의 본질적인 특징은 바로 전의식적 과정에 뿌리박고 있는 것으로 보았다. 크리스는 만일 전의식적 과정이 자유롭게 흐르도록 진행되지 않는다면 창의성은 있을 수 없다고 주장하여 이지적인 인간보다는 전의식의 소재를 자유롭게 할 수 있는 인간이 창의적인 인간이라고 생각한 것이다.

이상의 초기 정신분석학적 시각에서 창의성을 보는 입장을 종합해 보면, 창의적 행위는 주로 무의식과 전의식의 측면에 한정하여 설명하고 있음을 알 수 있다. 현대의 창의성 이론가들에 의하면, 이러한 무의식적 요소들은 창의성이 발휘되는 과정에서 중요하지만 창의적인 사고과정의 본질은 아니라는 의견이 일반적이다.

하도록 설득하는 기능을 갖고 있다. 프로이트는 의식수준을 의식, 전의식, 무의식으로 구분하였는데, 무의식은 인간행동을 개념화하는 데 가장 중요한 요소 중 하나로서 개인의 의식수준 혹은 사고 가능한 수준이 아닌 무의식 수준의 정신에너지가 행동에 영향을 미친다고 보았다. 전의식이라는 정신과정은 즉시 인식되지는 않지만 조금만 노력하면 접근할 수 있는 무의식의 영역이다. 소원이나 욕구를 통제하며 외부 현실적 요구, 도덕기준, 가치관에 맞추어서 불쾌한 것을 피하고 본능적 욕구의 방출을 지연시키는 역할을 한다. 의식은 한 개인이 어느 순간에 인식하게 되는 감각, 지각, 경험 등 모든 것을 대표한다.

(2) 자아심리학적 접근

자아심리학적 이론에서는 창의성을 인간의지의 산물로 보고 개인의 욕구나 동기로 설명하고자 하였다. 따라서 창의성을 무의식적인 충동이며 성격상의 결점에 대한 보상이라는 개념보다는 긍정적이고 자기실현적인 경향이라는 개념으로 파악하였다. 자아심리학 학자들의 구체적인 주장을 살펴보면 표 2-2와 같다.

표 2-2. 자아심리학 학자들의 주장

구분	내용
Maslow (1962)	자아심리학의 대표적인 학자로서 인간욕구의 최고단계인 자아실현과 창의성은 매우 밀접한 관련이 있다는 입장을 취한다. 즉, 창의성의 개념과 건강하고 가치실현적이고 완전히 인간적인 사람의 개념은 서로 더욱 밀접한 관련이 있는 것으로 보았다.
Fromm (1947)	창의성은 초월에 대한 사람들의 기본적인 욕구에서 나온다고 보았다. 프롬(Fromm)은 이 욕구를 인간의 동물적인 천성 혹은 피조물로서의 수동적 역할을 초월하려는 욕구로 정의하였다. 따라서 인간은 창조적 활동을 통해서 인간존재의 수동성과 우연성을 넘어서 목표의식과 자유를 얻을 수 있다고 믿었다.
Rogers (1959)	인간은 창조에 대한 충동을 갖고 있으며, 가장 중요한 창조품은 자아라고 보았다. 자아가 충분히 기능하여 자아실현을 이루려고 하는 자를 창의적인 사람으로 보았다. 즉, 창의적인 사람은 모든 경험에 대해 개방적이고 자신의 유기체성을 신뢰하며 결정이나 행동에 자발적이어서 자기를 둘러싼 풍요로운 삶의 작용에 대응하여 변화하고, 성장하고, 발달한다고 보았다.
Schachtel (1959)	자기본위(autocentricity)와 대상본위(allocentricity)라는 두 가지 기본적인 지각태도에 대해 언급하면서, 창의성은 지각자가 대상에서 자신을 개방하고 적극적으로 접근하여 그 형태와 의미를 지각하려고 몰두하는 대상본위의 문제 지각 태도로부터 이루어진다고 하였다.

이상에서 살펴본 바와 같이 자아심리학의 입장에서는 창의성을 자기실현 혹은 개인적인 성장을 향한 인간의 잠재성으로 파악하였다.

(3) 개인적 특성이론

개인적 특성이론에서는 창의적인 사람을 욕구나 태도상의 특성 혹은 성격 등의 다양한 측면에 대해 몇 가지 속성으로 분류할 수 있는 복합체라고 설명한다. 창의적인 사람들의 특성에 대한 연구는 과학이나 예술과 같은 특정 분야에서 많이 이루어졌는데, 최근에는 창의적인 사람들이 가지는 정의적 특성을 정리 · 통합하여 창의성의 정의적 특성으로 묶는 연구들이 시도되어 왔다.

창의적인 사람들의 정의적 특성에 대한 연구가 이루어지면서, 그 특성이 실제로 여러 형태로 나타나기 때문에 어떤 정의적 특성은 다 같이 높다 하더라도 A에게는 나타나지만 B에게는 나타나지 않고, B에게 나타나는 특성은 A에게 나타나지 않을 수 있다는 점이 밝혀졌다. 그러나 일반적으로 많이 지적되는 정의적 특성을 종합적으로 정리하고자 하는 시도들이 있었다.

표 2-3. 에디슨의 일화

에디슨은 1847년 미국의 오하이오 주 밀란에서 태어났다. 8살 때 초등학교에 입학한 후 3개월 만에 자퇴를 했다. 에디슨이 초등학교에 입학했을 때 그의 머릿속에는 온갖 호기심 때문에 선생님 말씀에 집중을 하지 못했다. 선생님께서 "알겠지~ 에디슨. 2 더하기 2는 4야!"라고 하면 에디슨은 "선생님, 어째서 2 더하기 2는 4가 되죠?"라고 말하였다. 선생님은 손가락을 펴서 설명하면서 "여기 손가락이 있다. 2개에 2개를 더하니까 4개가 됐지?"라고 설명하면 에디슨은 이해가 안 된다는 표정으로 "선생님, 어째서 2 더하기 2는 4가 아니면 안됩니까?"라고 말해 선생님은 화가 나서 회초리로 에디슨을 때렸다는 일화가 있다. 에디슨의 엉뚱한 질문에 선생님은 장학사에게 "이 아이의 머리는 썩었습니다. 계속해서 가르쳐 봐야 다른 아이들에게 피해만 됩니다"라고 말했고, 이 말을 들은 에디슨은 엄마에게 "저는 이제부터 학교에 가지 않겠어요. 선생님이 제 머리가 썩었다고 했어요"라고 했다. 그 말을 들은 에디슨의 어머니는 학교에 찾아가서 "어떻게 선생님께서 학생에게 머리가 썩었다고 할 수 있습니까? 이런 선생님께 제 아이를 맡길 수 없습니다"라고 말하고 에디슨을 집으로 데리고 와서 직접 가르쳤다.

청년이 된 에디슨은 사람들이 필요로 하는 것, 세상에 이익을 가져다 주거나 사람들의 생활을 풍요롭게 하는 것을 만들어야겠다는 결심으로 먼로파크 발명 연구소를 세웠다. 연구소 직원들은 아침 7시부터 밤 늦게까지 연구하고 그곳에서 잠이 들 정도로 열정적으로 발명에 몰두

했으며, 처음으로 전화기를 만들어 냈다. 이어서 축음기를 만들었는데, 사람의 말을 녹음해서 그대로 따라 하는 기계가 처음 만들어진 것이다.
1800년 전까지는 어둠을 밝히는 데 물고기의 기름을 사용해서 불을 켜는 램프나 촛불에 의한 칸델라 등이 사용되었다. 에디슨은 전구에 관심을 가지고 연구에 몰두하여 실패를 거듭하다 마침내 전구에 빛을 들어오게 하는 데 성공했다.
에디슨은 부인을 잃고도 슬픔은 잠시, 오직 연구에만 몰두하여 인쇄전신기, 타이프라이터, 전신 재생기, 축음기, 전기펜 등을 발명하였다. 1931년 10월 18일 오전 3시 28분, 에디슨은 84세를 일기로 영원히 잠들었다. 에디슨이 죽기 전에 마지막으로 남긴 말이 "나는 인류의 행복을 위해 최선을 다해 왔다고 믿는다. 나에게 미련은 없다"이다. 에디슨은 자신이 해야 할 일이 무엇인지 알고 열정을 쏟았고 결코 포기하지 않았다. "천재는 1%의 영감과 99%의 노력으로 이루어진다"라는 말은 발명왕 에디슨이 한 명언으로 그가 얼마나 많은 노력을 했는지를 말해 주는 것이다.

표 2-3에서 제시된 에디슨의 유명한 일화처럼 창의적인 인재는 어릴 때부터 부모가 키우기 쉽지 않은 것이 사실이다. 그들은 집을 엉망으로 만들기도 하고, 정리도 못하고, 변덕스럽고, 완벽주의적이며, 고집이 세어 다루기가 어려운 경우가 많다. 스턴버그와 루바트(1991)는 창의적인 인물들에 관한 연구에서 공통적으로 발견되는 다섯 가지 특성을 표 2-4와 같이 제시하였다.

표 2-4. 스턴버그와 루바트(1991)의 창의적인 사람들의 특성

- 모호함을 견뎌 낸다. 사람들은 자신이 해결 중인 문제의 부분들이 서로 맞지 않을 때 불확실한 해결책으로 일을 진행해 나가야 하는 모호한 상황에 빠지게 된다. 창의적인 인물은 모호함을 잘 견뎌냄으로써 문제의 어려운 측면을 해결한다.
- 끈기가 있다. 창의적인 사람들은 일을 하는 동안 장애물에 부딪히는데, 그 장애물을 극복함으로써 창의적인 산출물을 내 놓는다.
- 새로운 경험에 대해 개방적이다. 개방성이란 기꺼이 새로운 아이디어들을 시도하려는 것, 자신의 내적 아이디어와 우리가 살고 있는 세계에 대한 호기심을 갖고 탐색하려는 것을 의미한다. 창의적인 인물은 새로운 경험에 대한 개방성이 강한 사람들이다.
- 위험을 기꺼이 감수한다. 창의적인 작업은 군중으로부터 벗어나는 것을 포함한다. 독특한 길을 선

택할 때는 이득(내적 보상 및 외적 보상)이 있을 수 있으나 손실(시간과 에너지 손실, 비난)이 있을 수도 있고, 그 결과도 불확실하다. 창의적인 인물은 자기만족적인 탐구자이다.

• 자신에 대한 확신과 믿음이 있다. 타인에 의해 비난받거나 별로 인정받지 못하는 아이디어를 계속해서 연구하기 위해서는 판단의 독립성과 자기존중이 요구된다. 창의적인 작업을 하는 인물들인 건축가, 화학자, 작가 그리고 심리학자들을 대상으로 실시한 실험은 창의성과 자기주장성, 자립성, 우세성 그리고 독립성 사이의 유의미한 관계가 있음을 보여 주고 있다.

데이비스(Davis, 1996)는 창의적인 사람들의 인성 특성을 묘사하는 100개의 형용사와 짧은 어구를 검토한 후 약식으로 그들을 표 2-5와 같이 12개의 항목으로 분류하였다.

표 2-5. 데이비스(1996)의 창의적인 사람들의 특성

- 창의성을 지각하는(자신의 창의성을 의식하는, 독창성과 창의성을 가치 있게 여기는, 자신의 창의성을 가치 있게 여기는)
- 독창적(상상적, 아이디어와 사고에 있어 유연한, '만약……이라면' 하는 사람인, 재치 있는, 비관습적인, 가정(assumption)에 도전하는, 상투적인 것과 명백한 것을 싫어하는)
- 독립적(자기 확신에 찬, 내적으로 통제하는, 개인주의적인, 자신의 규칙을 설정하는, 자기 수용적인, 타인을 압박하는 것에 무관심한, 사회적 요구에 저항하기도 하는)
- 위험을 감수하는(남과 달리되는 것과 그 결과에 개의치 않는, 어떤 새로운 것을 두려워하지 않는, 적대감에 기꺼이 대처하려고 하는, 실패에 기꺼이 대처하려고 하는, 낙관적인)
- 정열적인(모험적인, 자발적인, 충동적인, 맹렬히 몰두하는, 부과된 과제를 넘는)
- 복잡성에 끌리는(색다름에 끌리는, 신비스럽고 비대칭적인 것에 끌리는, 복합적인 사람인, 모호함, 무질서, 부조화를 견디는, 심령현상이나 비행접시를 믿는 경향이 있는)
- 호기심이 있는(의심이 많은, 실험하는, 탐구적인, 다양한 관심을 가진, 새로운 경험과 성장에 개방적인)
- 미술적인(미술적인 관심, 미적 관심을 갖는)
- 유머가 있는(장난스러운, 아이디어를 가지고 노는, 사고에 있어 어린이처럼 신선한)
- 개방된 마음인(새로운 아이디어를 잘 수용하는, 다른 견해를 잘 수용하는, 새로운 경험과 성장에 개방적인, 편견이 없는, 진보적인, 애타주의적인)
- 혼자만의 시간을 요구하는(프라이버시를 요구하는, 반성적인, 내성적인, 내적으로 몰두하는, 민감한, 움츠러들 수 있는, 홀로 일하는 것을 좋아하는)
- 직관적인(지각력이 있는, 관계들을 보는, 관찰에 있어서 모든 감각을 이용하는)

안범희(1977)는 배런(Barron), 크넬러(Kneller), 맥키넌(Mackinnon)과 토랜스 등이 지적한 창의적 인간의 정의적 특성들을 종합하여 표 2-6과 같이 제시하였다.

표 2-6. 정의적 특성

- 경험에 대해 개방적이어서 풍부한 민감성과 이해가 있다.
- 인습적인 속박이나 금지로부터 탈피하고자 한다.
- 자신의 행동에 대해 독립적인 판단을 내린다.
- 어려운 문제를 해결하기 위한 인내심이 있으며, 자신감과 성취욕구가 있다.
- 내향적이며 더 여성적이고 사색적이며, 자제력이 있다.
- 호기심이 강하고 탐구적이며, 모험적인 대담성이 있다.
- 자기 주장이 강하고 지배성과 공격성이 있다.
- 선입견이 적고 타인에 대해 객관성을 지니며 관용적이다.

창의성을 가진 사람들의 특징에 대해 김은영 등(2021)은 표 2-7과 같이 제시하고 있다.

표 2-7. 창의적인 사람의 특징

구분	특징
용기(Courage)	새로운 것을 시도하며 실패를 두려워하지 않는 용기를 지니고 있다. 대부분의 큰 혁신적인 발명이나 발견은 무모한 생각에서 시작된다. 물론 그렇다고 수시로 엉뚱한 생각을 하며 엉뚱하게 행동하는 것을 의미하는 것은 아니고, 일상적인 행동과 새로운 돌파구를 찾는 엉뚱한 발상을 하는 것을 조화롭게 균형을 맞춘다는 의미이다.
직관력(Intuition)	창의적인 사람은 자신의 직관과 논리를 사용하여 아이디어를 만든다.
놀이(Play)	"유머와 즐거움은 가장 창의적 행동이므로 놀이처럼 즐겨라". 이 말은 창의적이려고 할 때는 긴장을 풀고 가볍게 행동하라는 의미이다. 긴장을 풀고 있을 때 사람들의 뇌는 좀 더 다양하고 좋은 아이디어들을 생산해 준다.
풍부한 감정 표현(Expressive)	창의적인 사람은 우선 감성이 풍부하고 다른 사람과도 자신의 감정, 생각 등을 공유하는 데 더 적극적이고 솔직하다.
임무에 의한 동기부여 (Motivated by Task)	외부적인 대가성보다는 자발적인 임무에 의한 동기부여를 즐긴다. 이런 사람들은 글을 쓰거나 설명을 하거나, 가르치거나 설득하는 도전을 즐기는 사람들이다.

구분	특징
해법을 찾음 (Find Solution)	문제에 도전하기 위해 해법을 찾는다. 창의적인 사람들은 자신들이 해결책을 찾지 못하는 문제에도 관심을 두고 해법을 스스로 찾으려고 노력한다. 그런 행동을 통해 새로운 해결 방안을 찾고 훌륭한 창의적 내용물을 만들어 간다.
추정에 도전 (Challenge Assumption)	언제나 추정에 대해 도전하고 어려운 의문점들을 스스로 물으며 무엇이 사실인지에 대해 밝혀내려고 노력한다.
연관성을 만듬 (Make Connection)	오래된 아이디어에서 새로운 영감을 더해 획기적인 아이디어물로 재창조한다. 종종 최고의 해법은 과거에 흔히 사용했던 오래된 아이디어들이 합쳐지면서 새로운 혁신을 만들기도 한다.
한계의 초월 (Push the Envelope)	가능한 모든 경계를 넘어서기 위해서 자신의 한계를 초월하려고 한다. 창의적인 사람들은 세상을 가능과 불가능으로 구분하는 것보다는 '해 보았나 안 해 보았나'로 구분하려고 한다.

그리고 창의성이 높은 사람들의 성격특성으로 칭찬, 주목, 지지받고 싶은 욕구가 높고, 정직하고 지적으로 용기가 있고, 감정적으로 풍부하고, 남의 요구에 민감한 것으로 보고되고 있다.

이처럼 창의적인 사람들의 행동특성에 대한 연구는 활발하게 진행되어 온 연구 중의 하나이다. 그러나 창의성의 핵심적 특성에 대한 주장이 연구자마다 조금씩 다르기 때문에 특정한 배열을 어떻게 일반화시킬 것인지의 문제, 즉 다양한 분야에서 이러한 핵심 특성들을 어떻게 조합할 것인지의 문제가 제기되고 있다.

2) 정의적 측면의 구성요소

인간의 창의적 사고와 행동 또한 그렇게 하고 싶은 마음이 있을 때 가능한 것이다. 정의적 측면의 구성요소를 동기와 성격특성의 측면에서 살펴보면 다음과 같다(홍경윤, 2011).

(1) 동기

동기에는 내적 동기와 외적 동기가 있다. 내적 동기란 사람들이 외적인 압력에 의해서가 아닌 과제 자체에 대한 흥미, 즐거움, 만족 및 도전에 의해 하게 되는 행동이다. 진정으로 자신이 하고 있는 일을 사랑하고, 일 자체에 의미를 부여하지 않는다면 창의적 산출은 불가능할 수 있다. 내적 동기와 달리 창의성을 저해할 수도 있는 외적 동기는 과제에 대한 내적 동기를 감소시킬 수 있고, 그럼으로써 충분한 창의성을 발휘하지 못하게 될 수 있다. 왜냐하면 외적 동기로 인해 과제와는 상관없는 다른 목적에 관심이 있을 수 있고 충분히 몰입되지 않기 때문이다. 즉, 자신이 해야 할 일에 충분히 집중하지 못하기 때문에 최대한 끌어낼 수 있는 결과물의 수준에 다다르지 못하는 경우가 흔하다.

(2) 성격특성

배런과 해링턴(Barron & Harrington, 1981)의 연구에 의하면, 창의성의 발현을 위해 필요한 성격특성은 심미적 특성에 관한 관심, 광범위한 흥미, 어려운 문제에 대한 집착, 넘치는 활동 에너지, (판단의)독립성, 자율성, 통찰력, 자신감, 개방성 등으로 요약될 수 있다. 또한 스턴버그와 루바트(Sternberg & Lubart, 1995)는 여러 학자들이 제시한 방대한 창의적 성격특성들에서 다섯 가지가 공통적으로 나타난다고 주장했는데, 그 특성은 '모호함에 대한 참을성', '인내', '성장하려는 욕구', '기꺼이 모험을 하려는 정신' 그리고 '경험에 대한 개방성'이었다.

서구의 창의적 인물들의 특성 중 창의적 성취에 도움이 되는 특성 및 가장 많이 언급된 것들을 순서대로 나열하면, 인간관계, 가족, 내적 동기, 사회에 대한 관심, 독립성, 교육, 탁월성, 균형 감각, 책임감, 호기심, 철저한 지식의 준비, 다양한 흥미, 개방성, 용기, 혼자만의 시간, 성실함 등이었다.

또한 최인수(1998)는 한국에서의 창의적 성취에 도움이 되는 특성들로 가장 많이 언급된 것은 내적 동기, 탁월성, 집중(몰두), 철저한 지식 습득(독서), 사회적 관심(책임감), 인간관계, 문제발견 및 해결능력, 광범위한 관심(경험), 개방성, 근면성, 위험 감수(용기)의 순으로 나타나 서구의 창의적 인물들의 특성과 유사한 경향을 보인다고 주장하였다.

3. 다원적 접근

창의성 연구에 대한 다원적 접근의 경우 창의성은 복합적 요소들이 모여 발생하는 것이라고 가정한다. 창의성에 대하여 다원적으로 접근하고자 하는 모형들을 상호작용 모형, 생태학적 모형, 체계적 모형, MAPS 4A 모형, DESK 모형, 투자이론 모형, 암시적 모형 및 구성적 모형으로 구분하여 살펴보면 다음과 같다(윤옥한, 2002).

1) 상호작용 모형

상호작용 모형은 우드맨과 쉔펠드(Woodman & Schoenfeld, 1990)가 주장한 것으로 창의성을 주어진 상황에서 개인이 표현한 복잡한 행동의 산출물로 보고 있다. 이때 주어진 상황이란 창의성을 촉진하거나 방해하는 맥락적인 영향과 사회적인 영향 등에 의해 좌우된다. 개인이란 다양한 선행조건을 갖고 있으며 인지적 양식과 정의적인 측면에서 다양한 정의적인 특성을 가지고 있다. 즉, 창의적인 행동과 창의적인 산출물은 이 상황과 개인 간의 복잡한 상호작용에 의해 결정된다는 것이다.

창의적 행동에 대한 상호작용 모형의 특징으로는 개인의 인지적 특성과 정의적 특성뿐만 아니라 개인의 선행조건에 대한 요소를 통합하는 등 개인적 차이 변인에 대하여 포괄적으로 접근하고 있다는 것이다. 또한 이 모형은 창의적 환경의 요소로 맥락적 환경뿐만 아니라 사회적 영향의 관점도 창의적 행동에 영향을 미친다고 주장한다. 따라서 창의적인 행동은 주어진 상황에서 개인의 여러 가지 복합적인 요인에 의해 표현되는 복잡한 산출물로 규정함으로써 창의성의 개인차 변인과 환경의 영향에 대해 복합적으로 규명하고 있다는 데 의의가 있다. 이러한 상호작용 모형을 특징을 우드맨과 쉘펠드(1990)는 그림 2-2와 같이 나타내고 있다.

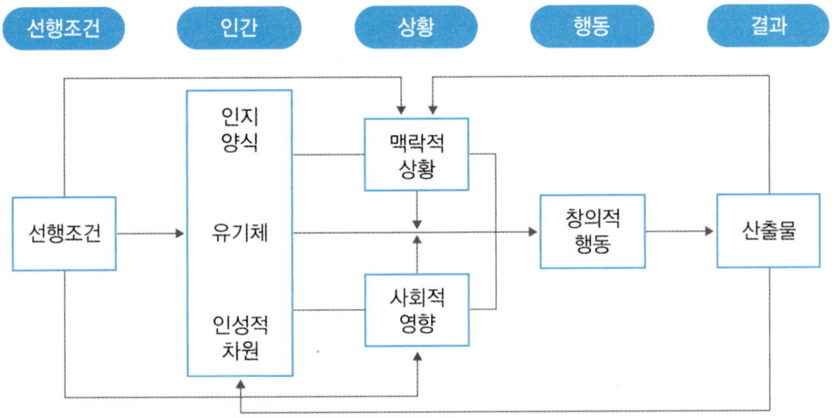

그림 2-2. 상호작용 모형

그림 2-2에서 선행조건의 경우 개인의 과거 강화이력, 초기 사회화, 전기적인 변인으로 성, 출생순위, 인종 등이 영향을 미친다. 인지양식의 경우 확산적 사고, 언어 및 아이디어의 유창성, 문제해결 양식, 지각적 개방성, 장 독립 및 의존성이 영향을 미치고, 유기체의 경우 개인차, 동기, 가치, 태도가 영향을 미친다. 인성적 차원의 경우 자율성, 자아존중감, 자아도취, 직관이 영향을 미치게 된다. 맥락적 상황의 경우 물리적 환경, 문화, 집단 및 조직풍토, 과제 및 시간제한과 같은 것이 영향을 미치게 된다. 사회적 영향의 경우 사회적 촉진, 평가기대, 보상, 처벌, 역할 모델이 영향을 미치게 된다.

2) 생태학적 모형

이삭센 등(Isaksen et al., 2000)은 창의적인 문제해결을 위해 생태학적 혹은 상호작용적 접근을 강조하였다. 이들은 창의적인 문제해결을 위해서는 보다 광범위하고 융통성 있는 접근이 필요하다고 전제한 후 인간, 상황, 과정, 과제, 산출물 등 다섯 분야의 역동적인 상호작용 및 맥락에 바탕을 둔 생태학적 접근을 강조하고 있다.

생태학적 접근이란 생태계 내에서 생물과 무생물 간의 상호작용을 연구하는 것이다. 따라서 창의성의 종합적인 접근에서 생태학적 접근이란 '특정 환경 내에서 창의성에 영향을 미치는 일부 변인들의 상호작용이 어떤 것인가?'에 관심을 가진다. 즉, 창의적인 산출물이 나오기까지 이 산출물에 영향을 미치는 변인들의 자연적인 상호작용을 이해하고자 하는 것이다. 이들 모형을 이삭센 등(2000)은 그림 2-3과 같이 나타내고 있다.

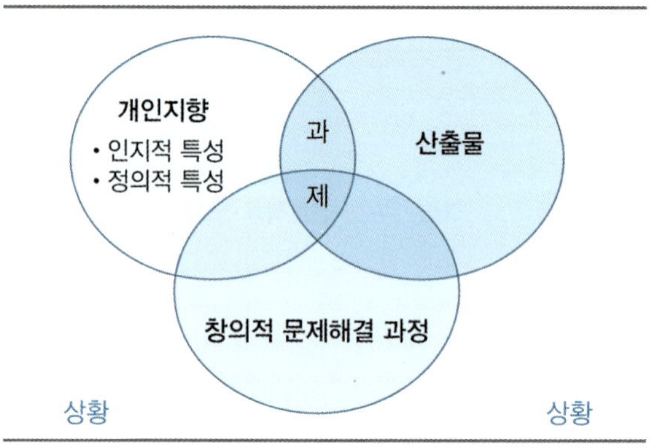

그림 2-3. 생태학적 모형

그림 2-3에서 보는 것과 같이, 첫째, 개인지향은 창의성과 관련된 인지적 능력과 정의적인 능력을 포함하는 것이고, 둘째, 상황이란 창의적 문제해결 과정이 발생하는 맥락적 상황의 많은 변인들을 포함하는 것이다. 즉, 심리적 분위기, 지도자 행동

유형, 보상 등과 같은 것이다. 셋째, 과제의 경우 과제가 '발견적인 과제냐?, 정형적인 과제냐?'의 내용과 관련될 수 있으며, 넷째, 창의적 문제해결 관점의 경우 창의성과 관련된 기법이나 문제해결의 과정에 대한 내용이 포함될 수 있으며, 다섯째, 산출물의 경우 산출물이 추상적인 형태로 나타날 수도 있고 구체적으로 나타날 수도 있다.

생태학적 접근의 경우, 다섯 가지 주요 차원에 대해 설명하고 있지만 결국 3가지 변인, 즉 개인적 성향(인지적 특성, 정의적 특성)과 상황(물리적 상황, 심리적 상황), 과제(발견적 과제, 정형화된 과제)가 창의적 문제해결 과정을 통해 창의적인 산출물에 어떤 영향을 미치는지의 효과에 대해 탐색하는 것이라고 할 수 있다.

3) 체계적 모형

길포드(1967) 이후 대부분의 연구들은 창의성을 구체적인 과정으로 보고, 개인이나 산출물 내에 존재하는 것에 관해 연구되었으며 개인 심리학적 측면에서 접근을 해 왔다. 다시 말해 '창의성을 증진시키기 위해서는 어떻게 해야 하는가?'에 초점을 맞추어 왔다. 그러나 칙센트미하이(Csikszentmihalyi, 1989)는 창의성은 개인과 산출물을 행위가 이루어지는 사회적인 환경과 역사적인 배경의 관점에서 고려되어야 한다고 주장하였다.

그는 이러한 측면에서 체계모델을 창안하였고, 가드너(1993)는 이 모델을 좀 더 세련되게 발전시켰다. 그는 세 가지 시스템, 즉 사회체제, 개인, 문화 시스템 간의 상호작용을 고려하지 않고 창의성을 논의한다면 실제로 창의적인 산출물과 단순히 통계적으로 일어날 것 같지 않거나 이상한 것을 구분하는 것이 힘들다는 것이다. 체계적 모형을 칙센트미하이(1989)는 그림 2-4와 같이 나타내고 있다.

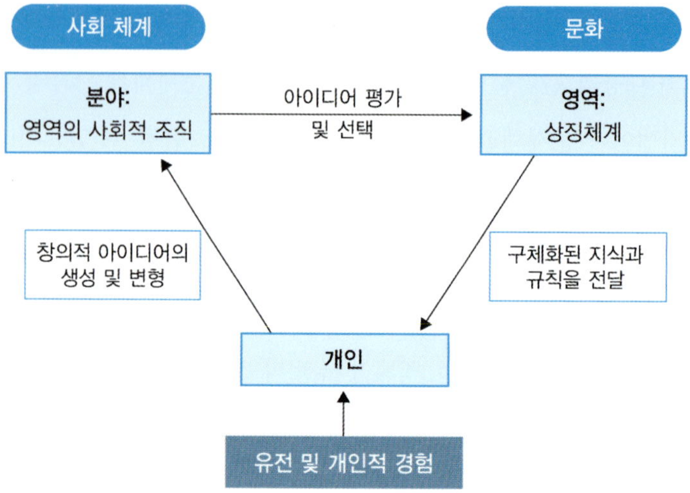

그림 2-4. 체계적 모형

창의적 산출물을 얻기 위해서는 무엇보다도 독창적이고 유용한 아이디어의 창출이 기본 전제가 된다. 왜냐하면 아이디어 없이는 이에 대한 평가도 있을 수 없기 때문이다. 따라서 창의성에 관한 많은 연구들이 아이디어를 생성할 수 있는 개인의 특징은 무엇이고, 어떻게 하면 이러한 특징을 개발할 수 있는가에 초점을 맞추어 왔던 것이다.

그러나 문제는 어렵게 얻은 창의적 아이디어도 평가하는 위치에 있는 조직이나 집단에서 이들의 소중함이나 잠재적 가치를 간과한다면 무용지물이 되고 만다는 사실이다. 그림 2-4에서 표시된 분야가 바로 개인에 의해서 생성 및 변형된 창의성을 평가하는 부분인 것이다. 분야에 속하는 조직의 상위 개념은 바로 우리 사회라고 할 수 있다. 영역이란 분야에서 평가 선발되어진 상징 및 지식의 결과물이다. 이 영역을 통해 새로운 학습자가 지식을 습득하며 이들 중 창의적인 지도자가 출현하면 영역이 더욱 확대 · 심화될 수 있다. 이 영역에 속한 결과물들은 문화 속에 축적되어 다음 세대로 전달되고, 교육을 받은 개인은 결과물을 개선하거나 대치하는 창의적인 아이디어를 또 다시 생성하는 순환을 하게 되는 것이다.

4) MAPS 4A 모형

창의적 인간이란 창의적인 동기, 창의적인 태도, 창의적인 능력, 창의적 기법 등의 통합적인 차원에서 능력을 발휘하는 인간이다. 박병기(1998)는 창의적 인간의 통합적 분석 모형인 MAPS 4A 모형을 제시하였다. 창의적인 인간의 모습은 창의적 동기가 활성화(activation of motivation)되어 있고, 창의적인 태도를 수용(acceptance of attitude)하며, 창의적 능력이 발현(actualization of potency)되어 있을 뿐만 아니라, 창의적 기법(acquisition of skill)을 습득하고 있는 사람이다. 이처럼 창의적 인간이란 MAPS 4A가 통합적으로 구현되어 가는 사람이라고 할 수 있다. 이러한 주장을 도식화하여 제시해 보면 그림 2-5와 같다.

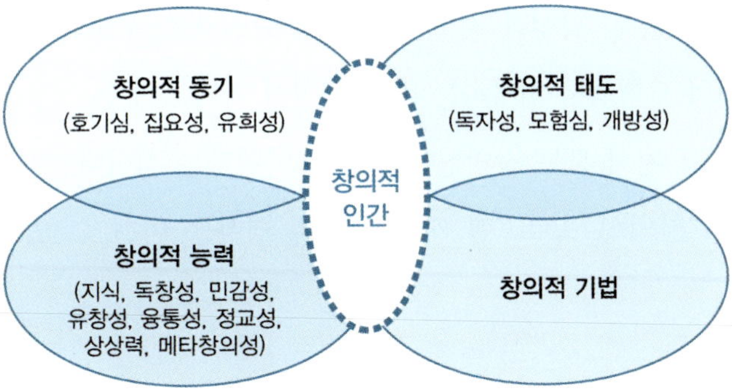

그림 2-5. MAPS 4A 모형

MAPS 4A 모형은 창의적인 인간이 창의적인 산출물을 만들어 내기 위해서는 창의적 동기와 태도, 능력 그리고 창의적 기법을 알고 있어야 함을 강조한다. 여기서 관심을 가지고 보아야 할 부분은 창의적 기법이다. 창의적 기법을 얼마나 많이 알고 있느냐가 창의적인 인간에 더 많은 영향을 미친다는 것이다.

5) DESK 모형

임선하(1993)가 제시하는 창의성 훈련을 개발할 수 있는 모형의 경우 C=f(D · E · S · K)로 요약할 수 있다. 여기서 D=Disposition(성향), E=Experience(경험), S=Skill(기능), K=Knowledge(지식)을 의미한다. 성향에 해당되는 부분으로는 호기심, 탐구심, 자신감, 자발성, 정직성, 개방성, 독자성, 집중성 등 8가지 요인으로 구분하고 있으며, 경험의 경우 자신의 경험반성, 자신의 미래에 위치 지우고 생각하기, 주변에서 창의적인 것 찾기, 다른 사람의 행동을 통해 자신의 창의성 자극하기, 매체와의 경험 속에서 창의적인 아이디어 얻기 등의 요인이 있으며, 기능의 경우 민감성, 유추성, 유창성, 융통성, 독창성, 정교성, 상상력 등 7가지 요인이 있으며, 지식의 경우 인간의 인지에 대한 제반이론, 창의적으로 사고하는 사람들의 사고과정, 두뇌기능과 사회와의 관계, 감성과 사고와의 관계 요인으로 구성되어 있다.

임선하(1993)의 모형에서 시사하는 바는 개인이 가지고 있는 성향뿐만 아니라 경험과 기능 그리고 지식 모두 창의성에 영향을 미친다는 점이다. 특히 각 요인들을 구체화함으로써 창의성 프로그램 개발에 많은 영향을 미칠 수 있는 것이다.

6) 투자이론 모형

투자이론에 의하면, 창의적인 사람의 경우 아이디어를 싸게 사서 비싸게 파는 사람이다. 즉, 이들은 잘 알려져 있지 않거나 성장 가능성이 있는 아이디어를 쓸모 있는 아이디어로 만들어 좋은 산출물을 만들어 낸 후 다시 다듬어지지 않은 아이디어를 찾아 쓸모 있는 아이디어로 만들어 간다는 것이다. 창의성의 구성요소로는 지적 능력, 지식, 사고양식, 인성 특성, 동기, 환경 등 여섯 가지가 있다. 투자이론 모형에서 시사하는 바는 창의성이란 적은 노력을 기울여 많은 성과를 내도록 한다는 데 관심을 가질 필요가 있다는 점이다.

7) 암시적 모형

명시적 이론이란 창의성에 대한 개념이나 이론들에 대한 어떤 모형이 있다는 것이다. 앞서 제시한 대부분의 모형들이 명시적 이론이라고 볼 수 있다. 이에 비해 암시적 이론의 경우 창의성에 대한 전문가이건 보통 사람이건 간에 '창의성은 이런 것이다'라고 마음속에 생각하는 창의성에 대한 구인이 있다는 것이다. 마음속에 갖고 있는 기준을 갖고 '이것은 창의적이며, 이것은 창의적이지 않다'라고 판단하는 것이다.

스턴버그와 루바트(1991)는 지능 그리고 창의성이나 지혜와 같이 심리학 연구 분야에서 명시적 이론이 근거를 두어야 하는 구인에 대해 정의내리기 어려울 경우 명시적 이론 발전에 대한 개념적인 틀을 제시하는 데 암시적 이론이 효과적일 수 있다고 주장하였다. 이처럼 명시적 이론과 비교해 보면, 명시적 이론은 '창의성은 이런 것이다'라는 합의적 정의 측면에 강조를 두고 있지만 암시적 이론은 인간의 마음속에 어떤 상태이든지 구인이 있다는 측면에서 '창의성은 각각의 개인 속에 이미 존재하는 어떤 것이다'라는 판단이 있다는 것을 의미한다.

8) 구성적 모형

거시적 입장에서 종합적인 모형을 주장하고 있는 학자들로는 칙센트미하이(1996)와 가드너(1993)가 있다. 이들은 창의성이 최적으로 발현되기 위해서는 개인, 분야, 영역 등 서로 다른 거시적 요소들이 조화롭게 상호작용해야 한다고 주장하고 있다.

이에 비해 애머빌(Amabile, 1999) 및 스턴버그와 루바트(1991) 등은 미시적 요인들의 통합을 강조하고 있다. 특히, 스턴버그와 루바트(1991)는 창의적 인물들의 특징은 인지적 능력과 성격적 요인을 함께 갖추고 있어야 한다고 주장하고 있다. 또한 어떤 분야에서 아동의 창의성을 결정짓는 요소에 대해 애머빌(1999)은 표 2-8과 같이 설명하고 있다.

표 2-8. 구성적 모형

구분	특정영역과 관련된 능력	창의성과 관련된 기술	과업 동기
포함	• 그 분야에 대한 지식 • 기술적인 능력 • 특별히 그 영역과 관련된 재능	• 적절한 인지 양식 • 새로운 아이디어를 만들어 내는 데 필요한 표출적, 암묵적 지식 • 전도력이 있는 작업양식	• 과업에 대한 태도 • 자신의 동기에 대한 지각
의존	• 타고난 인지적 능력 • 타고난 지각 및 운동능력 • 형식적, 비형식적 교육	• 훈련 • 아이디어 생성 경험 • 인성 특성	• 과업에 대한 내적 동기의 최초 수준 • 외적 구속의 유무 • 외적 구속을 최소화할 수 있는 인지적 능력

지금까지 다원적 관점에서 창의성에 대한 여러 가지 모형들에 대해 살펴보았다. 종합해 보면 창의성은 단일 차원적인 현상이 아니라는 것이다. 즉, 개인의 내적인 측면에서만 존재하는 것이 아니라 상황, 환경적 요소 그리고 과제적 요소와 관련된 영역의 지식이나 경험활동 등에 영향을 받는 다원적인 현상이다. 이러한 복합적인 요인에 의해 창의성이 발달하기도 하고 쇠퇴하기도 한다. 따라서 창의성을 이해하기 위해서는 주요 측면들에 대한 복합적인 이해가 있어야 한다.

Chapter 03

영유아 창의성 발달과 환경

배울내용

1. 영아의 창의성 발달
2. 유아의 창의성 발달
3. 영유아 창의성에 영향을 미치는 요인
4. 영유아 창의성 증진 프로그램

학습목표

1. 영아기와 유아기의 창의성 발달의 특징을 이해한다.
2. 영유아기 창의성에 영향을 미치는 요인을 이해하고 창의력 증진 방안을 모색해 본다.
3. 영유아 교육현장에서 적용한 창의성 프로그램 사례를 탐색한다.

Chapter 03

영유아 창의성 발달과 환경

1. 영아의 창의성 발달

영아기에는 자신이 경험한 것, 생각과 감정, 주요 사건들로부터의 느낌 등을 지각하고 사고한다. 영아기의 감각적 경험은 표현력의 발달을 비롯하여 생활 속에서 성취감을 맛보게 하고, 표현하는 경험은 자신감을 형성해 자기를 인식하게 한다. 이러한 영아기 성장은 창의성의 기반이 되는 것으로 눈으로 보고, 귀로 듣고, 입으로 맛보고, 코로 냄새 맡고, 피부로 느껴 보는 감각적 활동은 충분한 환경구성이 필요하다. 또한 영아가 놀잇감을 입으로 가져가 형태를 느껴 보고 오감을 활용해 지각하는 것은 어린 영아가 환경과 상호작용하는 방법이다. 즉, 영아는 감각놀이를 통해 세상을 알아 가고, 기억하며, 사고하여 창의성을 발현하게 된다. 따라서 영유아기에는 창의적인 사고력이 강화되도록 외부의 자극에 대해 마음껏 탐색하고 자유롭게 사고를 확장하도록 해 주어야 한다. 영아기 창의성 교육은 영아의 잠재력을 개발하고 성장의 기반을 다질 수 있다. 신체적으로 건강하고, 정서적으로 안정된 성장을 이룬 영아기는 유능한 성인기의 기반이 된다. 영아의 창의성 발달을 0세(9~12개월), 1~2세, 2~3세로 구분하여 살펴보면 다음과 같다.

1) 0세(9~12개월)

9개월에서 12개월 사이의 영아는 간단한 언어를 비롯하여 울음이나 몸짓 등을 통해 자신의 생각과 느낌을 표현할 수 있다. 즉, 나를 돌봐 주는 사람을 알아차리게 되고 다른 사람을 인식할 줄 알게 된다. 또한 1차적 정서를 포함한 다양한 정서가 출현하면서 다른 사람과 경험을 나눌 수 있게 된다. 이러한 언어, 인지, 사회, 정서, 신체·운동 영역의 성장과 발달은 통합적으로 상호 연결되어 이루어진다.

이 시기의 영아는 뚜렷한 창의적 활동을 하지는 않으나 창의력을 발현하기 위한 준비운동 단계라고 할 수 있다. 이러한 감각운동기에는 창의성의 기본 요인인 민감성을 발달하기 위한 기반을 구축할 수 있다. 감각적 능력을 통해 주변을 탐색하고 정보를 인식할 수 있다. 예를 들어, 일상생활에 들려오는 소리인 비 오는 소리, 물건이 떨어지는 소리, 즐거운 동요소리, 동물의 울음소리 등에 관심을 가진다. 엄마의 부드러운 어루만짐을 통해 부드러움, 따뜻함을 느끼게 되고, 행복감을 경험하게 된다. 저녁식사 요리에서 풍겨 오는 맛있는 냄새와 싫어하는 냄새를 인식하게 되고, 좋아하는 간식의 음식 맛을 구분할 줄 알게 된다. 그러므로 다양한 시각, 청각, 후각, 미각, 촉각의 경험들이 일상에서 제공된다면 영아의 민감성을 길러 줄 수 있으며, 이는 만 4세 이후인 유아기 창의성 발달의 밑거름이 된다.

감각적 능력 이외에도 인지적 능력은 자신이 들은 소리를 따라서 소리 내어 보고, 성인의 말소리를 흉내 내며, 몸짓과 손짓을 모방하는 경험을 통해 모방놀이의 기초를 형성하게 된다. 아주 어린 영아라 하더라도 주변의 사물이나 사건과 관련하여 목적지향적 행동을 통해 문제를 해결하는 능력을 보여 줄 수 있다.

윌라츠(Willatts, 1984)는 9개월 된 영아들에게 아기 침대 밖에 떨어진 천의 마지막 끝에 놓인 인형을 가져올 것을 제안하였다. 인형은 영아가 손을 뻗어 닿으려 해도 닿지 않을 만큼 멀리 떨어져 있었다. 이 연구에서 영아는 자신이 좋아하는 놀잇감을 가져오기 위해 천을 당기기 전에 장애물을 제거하고 천을 당기는 것이 가능했다. 9개월보다 어린 영아들은 천을 잡았다가 놓기 위해 집어 들었으나 9개월이 가까워지면서 의도적으로 천을 당겨 놀잇감의 위치를 변화하려는 행동이 증가하는 것으로 확인되어 어느 정도의 문제해결력을 가지고 있는 것으로 나타났다. 이러한 영아의 문제해결 행위는 여러 단계에 걸쳐 직접적 행동을 완수하는 것으로 목표를 달성하기 위한 의도적 문제해결의 과정이라고 볼 수 있다.

2) 1~2세

1~2세 사이에는 간단한 스크립트(Script)가 형성되어 일상에서의 반복되는 특정 행위에 대한 기억능력이 발달하고, 완벽한 문장이 아니더라도 단어를 통해 의사를 전달하는 것이 가능하다. 또한 보행능력이 발달하여 행위의 주도적 주체자의 역할을 수행하는 시도를 할 수 있으며 구체적인 언어로 자신의 감정을 표현하게 된다.

이 시기에는 이러한 능력들을 활용한 상상놀이가 시작되며 13개월부터 시작되는 상상놀이는 창의적인 행동의 출발점이라 할 수 있다. 인형에게 우유병을 주면서 돌봄 흉내를 내거나, 목욕을 시키고, 옷을 입히는 등의 역할을 흉내 낸다. 13~18개월과 19~24개월 사이의 창의성에는 차이가 있으므로 각 시기의 창의성 발달을 살펴보면 다음과 같다.

(1) 13~18개월

13~18개월 사이의 영아는 비교적 정교한 조작놀이가 가능하다. 큰 책의 책장을 앞에서 뒤로 혹은 뒤에서 앞으로 넘길 수 있으며, 한 페이지씩 혹은 두 페이지씩 등의 방법으로 넘기기도 한다. 13개월 된 영아는 비슷한 사물 간의 분류가 가능하고 자기 주도적으로 단순한 가장이 가능하다. 그리고 18개월까지의 영아는 블록으로 무엇을 만들기보다 한 번에 하나씩 옮기거나 쌓으면서 놀이할 수 있다.

이 시기의 영아들은 사물의 모양과 색, 소리 등의 특징들을 변별해 보는 놀이를 즐기게 되어 창의성의 기본인 민감성을 키워 나가게 된다. 또한 모방놀이, 호기심, 문제해결 과정을 시작하게 된다.

① 모방놀이

이 시기의 영아는 아기 인형에게 눈을 맞추고, 유모차에 아기 인형을 태워 잠이 들도록 흔들어 주는 것과 같은 모방놀이에 참여한다. 모방놀이는 타인의 행동이나 소리를 모방하기에 용이하여 최초의 상징놀이라고 할 수 있다. 모방놀이의 내용과 대상은 대부분 일상의 경험을 주제로 하고 있으며 자신이 행위자로 포함된 기본적인 가장놀이로 볼 수 있다. 예를 들어, 전화를 거는 척하거나 잠을 자는 척하기도 한다. 이런 가장놀이의 상당 부분은 모방적 행위가 차지하고 있다. 영아는 점차 다양한 사물을 사용하여 상상하는 것이 가능하게 된다(블록으로 시리얼을 상상). 이런 단순한 상상의 놀이는 실제적인 필요나 소망과 관련되어 있지 않지만 모두 자기 지향적이다. 놀이에서 영아는 블록으로 시리얼을 먹는 것처럼 모방놀이를 할 수도 있다. 이 시기의 영아는 타인보다 자신이 중심이 되는 모방놀이를 즐기게 되면서 모방놀이의 능력이 점진적으로 발달하게 된다.

일상 속에서 다른 사람을 모방하여 놀이하는 단편적인 가장놀이는 이 시기 영아의 중요한 창의적 능력이다. 영아는 모방놀이를 통해 가장을 상상하기 위해 상상력과 사고하는 기술을 연마하게 된다. 모방놀이에서 사용하는 상상력과 융통성은 창의성 증진에 도움을 준다. 그러므로 일상생활에서 단편적인 가상놀이가 가능한 상황을 제공해 주고 이에 필요한 다양한 놀잇감(소꿉놀이 도구, 구두, 가방, 넥타이, 모자, 핸드폰, 점토, 자연물 등)을 준비해 주어 영아의 모방능력이 향상되도록 도와주어야 한다. 모방놀이 중 다른 사람의 행동이나 목소리를 흉내 내는 것은 창의성 발달에 도움이 되며 다양한 사물과 동물을 모방하는 것도 좋다.

② 호기심

13개월 이후 영아는 보행능력으로 인해 새로운 시각적 자극의 범위를 갖게 된다. 다양한 신체활동을 통해 주변 환경을 넓게 탐색하게 되고 자연스럽게 호기심을 갖고 탐색하게 된다. 호기심은 창의적 특성 중에서도 매우 중요한 특성으로 도전 의식을 갖되 두려움보다는 흥미를 갖고 새로운 경험에 부딪혀 보는 태도를 말한다. 영아들의 호기심을 북돋아 주기 위해서는 만지지 못하고, 듣지 못하고, 보지 못하는 것이 아니라 안전하고 새로운 경험을 할 수 있는 창의적인 환경과 기회를 제공해 주어야 한다. 이러한 점들을 고려하여 영아들이 자유롭게 탐색하는 것이 가능한 놀잇감과 장소를 준비하여 창의력을 증진시키도록 해야 한다.

③ 문제해결

영아들은 실질적인 목적을 지향하는 행동을 할 수 있으며, 자신의 목적을 위해 행동을 조작하는 것이 가능하다. 이 시기의 영아는 외부 세계를 이해하기 위해 마치 과학실험과 같은 시행착오적인 행동을 실행해 봄으로써 사물의 현상을 발견할 뿐만 아니라 방식의 변화에 따른 반응의 차이를 이해하게 된다. 영아는 우연히 떨어뜨린 숟가락을 보고 다음에는 포크, 물 잔 등 종류를 바꾸어 떨어뜨리는 실험을 한다. 따라서 이 시기에는 시행착오적인 경험을 통해 자발적으로 문제를 해결하도록 도와주는 것이 필요하며, 이는 창의성의 발달로 이어질 수 있다.

또한 영아들은 문제해결방법에서 이전에 사용했던 성공의 사례를 반복하지 않고 조금 더 진전된 새로운 방법들을 시도하게 된다. 예를 들어, 서랍 밑으로 굴러 들어간 놀잇감을 꺼내기 위해 긴 막대를 사용했다면, 긴 막대가 보이지 않는 상황에서 긴 막대를 대신할 자, 옷걸이 등을 사용해 놀잇감을 꺼내는 시도를 하게 된다.

(2) 19~24개월

영아 대다수는 블록놀이 시 한 줄로 나열하거나 위로 쌓아 단순한 탑을 구성한다. 또한 손으로 그리기 도구를 잡을 수 있으며 점프를 하거나 선을 따라 걷는 등의 신체조절 기능이 발달한다. 이 시기에는 감각적 민감성을 기르기 위한 감각변별능력과 관련된 활동을 구성해 보는 것이 좋다. 예를 들어, 후각병, 촉감놀이, 색깔놀이 등 오감을 활용한 감각적 놀이가 필요하다. 인지적 기억과 재생능력이 발달하여 상상력의 기본이 되기도 한다. 가상놀이와 문제해결능력도 이전과 비교하여 더욱 발달하므로, 이러한 발달적 특성을 반영한 창의성 교육이 이루어져야 한다.

① 재생과 기억능력

이 시기는 피아제(Piaget)의 감각운동기 중에서도 '새로운 수단의 고안 단계'로 영아들은 숨겨진 사물의 장소를 이리저리 옮기더라도 마지막에 숨긴 장소에서 사물을 쉽게 찾아낸다. 이전에 있었던 AB 오류에서 벗어나 뚜렷한 대상에 대한 기억이 연속적으로 재생된다는 것이다. 이러한 변화는 영아가 이전에 경험한 사건이나 행동 역시 재생하는 것이 가능하다는 것을 말한다. 즉, 이 시기에는 자신과 관련된 인물들을 기억해 내고, 있었던 경험들을 회상할 수 있다. 구체적으로 병원에 관한 이야기를 나누면 감기에 걸려 방문했던 병원의 경험을 떠올린다. 단순히 병원에 갔던 경험이 아니라 누구와 왜 갔으며 병원에서 의사 선생님의 진찰, 약을 타기 위해 약국을 방문한 것 등 사건의 경험을 재생할 수 있다.

이전 시기에서 영아들은 어떤 사건이나 행동을 경험한 직후에만 모방하는 것이

가능했다면, 19~24개월의 영아들은 일정한 시간이 흐른 뒤에도 기억을 되돌려 회상하는 능력이 생긴다. 이러한 기억의 재생능력은 영아의 상상력 발달에 영향을 미친다. 영아기 상상력은 과거에 경험한 사건이나 행위를 기억하고 재생하면서 발달한다.

② 가상놀이

이 시기의 영아들은 기억, 모방능력이 이전 시기보다 발달하여 가상놀이의 상황 또한 발전되고 확장된 형태를 갖추게 된다. 이전에는 놀이상황에서 단일 행동을 보였으나, 이 시기에는 여러 가지 행동을 연속적으로 결합하여 놀이를 완성하게 된다. 예를 들어, 인형에게 샤워를 시켜 주고, 산책하고, 밥을 먹이는 등의 다른 행동을 결합하여 가상놀이를 즐긴다.

③ 문제해결

바우어와 그의 동료들(Bauer et al., 1999)은 이전 월령의 영아들이 해결했던 명확한 목표와 그에 따른 문제해결능력의 발현과는 다르게 21개월경부터 영아는 가시적이지 않은 목표를 달성하는 능력이 발달한다는 것을 알게 되었다. 부품을 조립해 놀잇감을 조립하는 문제를 준비하고 영아들에게 문제를 제시하였다. 연구자는 먼저 최종 목표의 상태인 완성된 놀잇감을 영아에게 보여 주었고(플라스틱 상자 안에 나뭇조각을 넣어 만든 딸랑이) 이후 놀잇감을 영아가 보지 못하는 곳에서 해체하고는 영아에게 다시 조립하도록 요청하였다. 대부분 영아들은 주어진 놀잇감 재료를 조립하는 데 성공하였으며, 더욱이 행동의 순서를 미리 계획하여 조립한다는 것을 확인할 수 있었다.

따라서 이 시기의 영아들은 목적한 행동을 성취하기 위해 전략적으로 문제를 해결하는 과정을 계획할 수 있다는 것이다. 이러한 행위는 19~24개월경부터 언어의 상징체계가 발달하기 시작하는 만큼 인지적 발달이 이루어지는 시기로 이전 시기에 경험한 시행착오에서 오는 결과를 통해 통찰력에 의한 문제해결능력을 갖추었기 때문에 할 수 있는 것이다.

3) 2~3세

2~3세까지는 신체놀이와 조작놀이의 발달이 급속히 이루어진다. 큰 물건을 이동하는 대근육 활동의 발달과 더불어 작은 사물을 잡는 데 사용하는 소근육도 발달한다. 눈과 손의 협응능력도 발달해 신체발달에 기반하여 경험하고 연습하는 놀이를 보여 준다. 또한 언어적 팽창기를 거쳐 자신의 감정과 느낌을 언어적으로 표현하는 것이 가능하며, 자기주장으로 인한 자아의 인식과 더불어 주변 환경에 대한 관심은 호기심으로 나타난다. 이때 고장난 라디오에서 흘러나오는 끊임없는 말소리처럼 말 수가 급격히 증가하고 질문의 양도 늘어나는데, 장난에 의한 질문이 아니라 호기심의 확장으로 인한 질문이므로 상상력과 추리력의 기반이라고 할 수 있다.

자발적인 행위를 선호하고 능동적인 탐색을 즐기게 되면서 자율성이 자연스럽게 발달하게 된다. 이 시기의 영아는 소꿉놀이를 즐기고 가족 구성원의 역할을 바꿔가며 놀이하기도 한다. 따라서 역할놀이에 필요한 놀잇감(일상생활 소품)을 제공하여 흥미로운 놀이가 되도록 지원해 주어야 한다. 물건의 특징을 세밀하게 탐색하여 모방할 수 있으며, 꼭 필요한 물건이 아니더라도 상황에 따라 상상하여 놀이를 즐기기도 한다.

특히 이 시기에 일상의 환경을 깊이 있게 탐색하는 관찰의 방법을 알려 준다면 민감성 발달에 도움을 줄 수 있다. 숲에서 들리는 새 소리의 종류, 조리실에서 풍겨오는 점심 식단의 냄새, 미술감상을 통한 색감, 다양한 음식의 맛을 통한 맛 등의 활동이 필요하다. 또한 한 가지 활동에서 두 가지 이상의 감각을 사용하는 감각활동 놀이도 도움이 된다.

(1) 역할놀이

2세 반 정도부터 또래관계가 형성된 영아들은 또래와의 상상놀이 혹은 사회극놀이를 시작한다. 한 가지 역할만 하는 것이 아니라 다양한 역할을 하기도 하고, 서로의 역할을 바꾸어 타인의 입장이 되어 보기도 한다. 역할놀이가 잘 이루어지면 전화기로 누군가와 통화를 하고, 보고 들었던 것을 흉내 내며, 어제의 흥미로운 일들을 이야기 나누면서 창의적인 활동이 나타난다.

역할놀이에서 사용되는 놀잇감은 실제 사물의 놀잇감이 없더라도 놀이를 하는 것이 가능하다. 예를 들어, 직사각의 블록은 전화기 놀잇감과 유사하기 때문에 전화기의 대체물로 상상하여 사용하는 것이 가능하다. 하지만 장난감 비행기를 직사각 블록으로 대체하는 것은 모양과 기능의 의도 모두 유사성을 잃기 때문에 매우 큰 상징적 도약이므로 어려운 일이다. 전자의 직사각 블록과 전화기는 모양의 유사성을 가지므로 비교적 쉬운 상상이라면, 후자의 직사각 블록을 비행기로 대체하기 위해서는 모양의 유사성을 가지지 않을 뿐만 아니라 기능의 유사성도 가지지 않기 때문이다. 이 시기의 영아들은 상상적 사물과 대체물을 놀이상황에서 통합하여 사용하기 시작하는 시기이기 때문이다. 이처럼 유사한 모양의 대체물을 사용하지만, 연령이 높아지면서 점진적으로 손에 아무것도 없어도 무엇인가를 쥐고 있는 듯한 행위만으로도 전화기로 통화하는 것처럼 가장하는 것이 가능해진다.

(2) 창의적 행동

이 시기의 영아들은 놀이하면서 지치지 않을 만큼의 열정과 체력을 갖추고, 반복하며 놀이하는 과정을 즐긴다. 놀이과정에서 긍정적인 정서와 즐거움을 느낌과 동시에 동일한 놀이행동을 반복하거나 놀이 상대를 바꿔서 동일한 방식으로 놀이하는 것을 지속한다. 이때 영아는 하고 싶은 만큼 충분히 놀이하였거나, 다른 흥미로운 놀이를 찾으면 종전에 하던 놀이를 멈추고 새로운 놀이에 도전한다. 놀이과정에서 느낀 영아의 감정은 신체 혹은 언어를 통해 즉각적으로 표현된다. 영아의 표현에는 놀이에서의 생각, 느낌, 발견, 탐색내용 등이 담겨 있어 표현하는 것만으로도 충족감을 느낄 수 있으며, 신체, 인지, 사회 · 정서를 포함한 창의성 발달의 촉매제가 된다.

3세 이전 시기는 4세에 비해 사회적 발달이 덜된 상태이므로 창의성 발달의 준비기라고 할 수 있다. 따라서 영아기의 발달적 특성을 고려한 창의적 활동이 이루어진다면, 만 4세 이후 유아기의 창의적 능력이 향상되는 결과를 가져올 수 있다. 그러므로 교사는 전 영역을 아우르는 통합적 놀이를 통해 영아의 발달 수준에서 풍부한 상상력과 민감성, 그리고 호기심을 발달시킬 수 있도록 노력해야 한다.

2. 유아의 창의성 발달

유아기 창의성은 발달적 경험과 지식의 차이로 인해 성인기와는 확연히 다른 특성을 가진다. 유아의 창의성은 지식과 경험에 의한 것이라기보다 상상력과 우발성에 의한 것이기 때문에 새롭게 얻게 된 통찰을 의도적으로 표현하지는 않는다. 즉, 유아기에는 관습적인 표현이나 대응법보다 유아 자신만의 고유한 반응 또는 표현을 만들어 낼 수 있으므로 유아기 창의성은 비의도적이고 융통성 있는 특성을 가진다. 이러한 유아기의 특성은 창의성을 발현하는 데 있어서 유리하게 작용한다.

따라서 유아기 창의성의 개발은 영역별 유아기 발달의 특징을 충분히 고려한 관점과 지원이 필요하다. 4~5세의 유아는 인지, 신체, 정서, 사회적 측면에서 현저하게 발달하는 시기로, 생애사의 측면에서 인생 전반의 토대를 구축하기 위한 시기이다. 그러므로 이 시기의 유아들은 성장발달에 대한 잠재력을 가진 상태라고 정의할 수 있다. 유아기에는 영아기보다 훨씬 성숙한 신체적 자발성을 가지고 있으며 아직은 미숙하지만 던지기, 뛰기, 달리기 등의 운동능력과 소근육의 미세동작이 가능한 시기이다. 유아기에는 성인 뇌의 90% 정도의 크기로 성장하는데, 이는 인지적 발달의 중요점을 시사한다. 이러한 인간발달의 기초가 형성되는 유아기의 발달은 매우 중요하며 창의성 발달의 관점에서도 창의성의 기본을 형성하는 시기로 그 중요성이 강조된다.

유아는 색칠하기에서 붓과 같은 도구의 사용이 가능하며, 색의 혼합이나 색채적 감각을 표현할 수 있다. 또한 언어적으로 사용 가능한 어휘의 수가 증가하고 이야기 중 단어의 뜻과 소리를 가지고 놀이하는 단어놀이가 가능하다. 소근육과 대근육의 발달로 신체의 움직임을 조절하여 감정과 상태를 표현하는 춤 추기도 가능하며, 새로운 재해석의 표현을 사용하는 것도 가능하게 된다. 유아교육기관에서 유아들은 불완전한 도형에 상상을 더해 재미있는 이야기가 포함된 그림으로 완성할 수 있다. 삽화로 표현된 이야기를 언어적 은유와 묘사로 표현하여 생동감 넘치는 이야기 전개를 구성할 수 있다. 가작화된 이야기를 듣고 등장인물의 생각과 표정에 몰입하여 자신의 신체로 표현하는 작품도 구성하고, 악기를 사용하여 음악적 표현으로 감정을 나타내는 활동도 가능하다.

이 시기는 학령기 이전의 시기로 유아 창의성 발달에서 정점에 달하는 연령이다. 따라서 창의성 개발이 잘 이루어지도록 적절한 인적 · 물리적 환경을 조성해 주는 것이 필요하다. 교사는 유아의 오감을 활용한 감각적 놀이와 활동을 계획하고 교실 내에서 자유로운 표현이 가능한 분위기를 조성해 주어야 한다. 자유로운 표현이 이루어지기 위해서는 교사의 지지와 지원이 필요하다. 언어적, 신체적, 예술적 표현이 이루어졌을 때 교사의 반응은 또 다른 창의적 활동으로 확장시켜 주는 열쇠가 된다. 유아의 창의성 발달을 4세와 5세로 구분하여 구체적으로 살펴보면 다음과 같다.

1) 4세

4세 유아는 언어적 표현과 기억력이 특출하게 발달한다. 신체적 기술은 물론이고 사회적 발달 및 정서적 발달이 급속도로 이루어진다. 또래들과의 놀이는 일과 중 아주 중요한 부분을 차지하게 되고 놀이의 즐거움을 확대하기 위해 또래와 협력 또는 상의하기도 한다. 대근육 발달로 인해 활동량이 늘어나고 소근육 발달로 정교성도 향상된다. 또한 창의적인 놀이를 개발하기도 하고 자신과 주변인들에게 의미 있는 물건이나 날을 기억할 수 있다.

(1) 구성놀이

4세 유아에게는 구성놀이의 형태가 우세하게 나타난다. 특히 4세에는 3세에 비해 기억력과 언어적 표현력이 더욱 발달하여 인과관계에 관한 추론과 상상을 하기도 하고 반대로 현실을 인식하는 것도 가능하다. 그러므로 무언가를 만들기 위해 놀잇감을 사용하고, 조직화하는 목표 지향적인 구성놀이가 가능해진다. 따라서 흥미영역의 구분보다 다른 영역 간에 특성들이 자유롭게 맞물릴 수 있는 놀잇감과 재료를 구비해 더 많은 구성놀이를 장려하는 것이 필요하다. 이 시기의 유아들은 자신이 만든 구조물에 이름을 가작하는 것이 가능하므로 영역 내의 다채로운 표현 활동을 장려해야 한다.

(2) 가상놀이

유아들의 가상놀이는 전형적으로 놀이주제와 연결된다. 3세까지 대부분의 가장 행위의 중요한 변화가 나타났다면, 4세에서는 가상놀이를 통해 역할에 대한 행위를 비롯해 역할에 대한 정체성을 추리하고 상상한다. 놀이의 구조가 3세에 비해 통일성이 있으며 유아의 즐거움이 깊어지는 만큼 지속시간도 길어진다. 역할에서도 소꿉놀이 또는 경찰관놀이와 같이 일상생활에서 가깝게 느껴지는 주제에서 벗어나 더욱 비범하거나 환상적인 주제에 관심을 가진다. 예를 들어, 상상의 해적 섬을 만들어서 모험을 즐기거나, 유령을 잡기 위한 사냥꾼으로 변신하기도 한다. 이전의 직업과 관련된 놀이보다 허구의 인물에 대한 연구와 역할수행에 더 관심을 가지게 된다. 또한 유아는 매체를 통해 접한 정보와 허구의 이야기를 바탕으로 현실의 삶과 환경에 대해 다양한 지식을 가지게 된다.

2) 5세

5세 유아는 사회, 인지, 정서, 언어 발달이 조화롭게 이루어지며 복잡한 놀이를 구성할 수 있는 능력을 기르게 된다. 특히 기억과 재생능력은 유아기 이후 수준과 비슷할 만큼 발달한다. 수리능력과 언어적 표현력이 발달하고 완벽한 문장으로 뚜렷하게 자신의 감정과 상황을 전달하는 것이 가능해진다.

(1) 구성놀이

이 시기 유아는 레고블록, 나무블록, 종이블록 등 다양한 모양, 크기, 질감의 블록을 능숙하게 사용할 수 있다. 블록을 서로 연결하기도 하고 새로운 공간을 연출할 수도 있으며, 이러한 놀이를 이어 가는 데 또래의 협력 관계가 확연히 나타난다. 그리고 놀이상황에서 또래와의 상호작용을 통해 친숙한 친구들의 특성을 자연스럽게 이해하게 된다. "너는 기차를 좋아하고, 블록으로 멋진 기차역을 만들 수 있구나!" 등의 구체적 행동이나 활동을 묘사할 수 있게 된다. 유아들이 즐겨 하는 구성놀이 상황에서는 언어적 상호작용을 비롯하여 서로의 비계(Scaffolding) 역할을 하게 된다. 또래의 비계는 지식, 논리, 태도 등 다양한 영역으로의 진입을 가능하게 하므로 협력 창의성의 기반이 된다.

(2) 가상놀이

가상놀이는 창의성을 마음껏 발산하고, 창의적 과정을 촉진하는 활동무대라고 할 수 있다. 5세의 가상놀이는 인지적, 개념적, 상상의 요소를 포함하여 놀이와 창의성의 연관성을 증명할 수 있는 놀이 중의 하나이다. 다시 말해, 가상놀이는 상상력을 비롯한 사고력과 각 영역의 창의성 증진을 위해 반드시 필요한 것이다. 역할을 나누어 역할극을 진행하는 유아들은 각자의 캐릭터와 진행을 위한 역할을 분담한다. 스토리의 전개는 구성력을 겸비하면서 갖가지 재미의 요소까지도 포함할 수 있다. 창의적 놀이상황에서는 인지적, 개념적, 상상의 요소가 모두 동원되는 것이다. 유아기 가상놀이는 다양하고 많은 흥미거리를 즐기므로 유창성을 촉진할 수 있다. 또한 논리적 사고와 논증적 사실을 참고하여 비록 가상이더라도 세부적인 부분도 놓치지 않으므로 정교성을 발달시키게 된다.

(3) 문제해결

문제를 해결함에 있어서 먼저 무엇이 문제인지를 찾아낼 수 있다. 이것은 일상적이지 않거나, 누군가에게 피해가 가는 상황을 판단할 수 있는 인지능력이 발달했기 때문이다. 그래서 찾아낸 문제에서 무엇이 원인이고 결과인지를 파악할 수 있다. 그러나 아직 보지 못한 정보나 문제를 이해하는 사고과정에는 어려움이 있으므로 현장견학과 같은 체험학습을 통해 복합적인 문제의 내용 등을 파악하는 것이 필요하다. 유아는 그림이나 사진으로 현상을 파악하는 것이 아니라 직접 눈으로 보고 몸으로 느끼면서 감각적으로 이해하는 부분이 더 많다. 감각적 사고는 종합적 판단을 촉진하고 즐거운 경험이 될 수 있으므로 문제해결에 흥미를 가지게 할 수 있다.

그리고 원인과 결과의 관계를 통한 패턴을 인식하는 것이 가능하므로 일상의 문제를 가시화하거나 간략화하여 사고하는 것이 필요하다. 패턴은 문제의 원인을 파악할 뿐만 아니라 결과를 예측하는 데도 활용할 수 있다. 결과를 예측하기 위해서는 실행을 고려해야 하므로 논리적인 사고를 통해 합리적인 해결안을 모색할 수 있다. 따라서 교사는 유아가 일상생활에서 협력을 통해 문제를 인식하고 해결하는 과정을 경험하도록 기회를 제공해야 한다. 더불어 문제해결과정에서 유아들이 주체적으로 행동하도록 놀이를 관찰하고 적절한 상호작용과 발문으로 지원해야 한다.

3. 영유아기 창의성에 영향을 미치는 요인

창의성은 개개인이 가지고 있는 내적인 특성과 환경적인 요소들이 서로 영향을 주고받을 때 발현될 수 있다. 창의적 능력이 새로움과 가치에 주요 핵심이 있다면, 창의적 능력을 성취하기 위해서는 개인의 노력과 창의적 활동에서 원천이 되는 마음을 포함하여 물리적인 환경, 가정의 분위기, 교사의 적절한 교수능력과 지원 등이 필요하다. 영유아의 창의적 능력이 발현하도록 영향을 미치는 요인으로 개인 내적인 요인인 몰입과 동기, 개인 외적인 요인인 창의적 환경으로 구분하여 살펴보면 다음과 같다.

1) 영유아기 몰입

창의적인 사람이 일에 집중할 때 어떤 기분인지에 대해 칙센트미하이(1996)는 몰입(flow)을 통해 설명하였다. 사회의 각 분야에서 훌륭한 업적을 보인 무용가, 작곡가, 화가들은 많은 시간을 일에 몰두하면서 타의에 의해 일을 수행하는 것이 아니라 자발적으로 일을 즐기고 있는 것으로 나타났다. 칙센트미하이는 일을 즐기는 상태를 몰입으로 설명하면서 창의적인 삶을 살기 위해 몰입이 필요하다고 주장하였다. 몰입이란 어떤 일에 깊이 빠져들어 있는 상태로, 몰입의 조건은 표 3-1과 같다.

표 3-1. 몰입의 조건

- 다른 일에는 관심이 없을 정도로 현재의 일에 집중한 상태
- 자기 목적적으로 과정을 수행하는 상태
- 현재 이루어지는 경험이 너무 즐거워 다소의 어려움도 인내할 수 있는 상태
- 시간이 가는 줄도 모른 채 현재의 일에 무아지경으로 빠져 있는 상태
- 자신에 대한 보상을 목적으로 하는 상태

몰입은 자신이 수행 가능한 능력의 범위 내에서 최고의 능력을 수행할 수 있는 경험이 될 수 있다. 생리학적인 측면에서, 몰입을 경험하는 순간에는 도파민이 분비되어 각성과 주의 집중이 쉽게 이루어지므로 현재의 일에 대해 능동적인 상태가 된다. 일상의 행복이 미소라면 몰입에서의 행복은 경험의 주체가 되어 능력을 발휘하는 희열의 상태라고 할 수 있다(전경원 2013).

개인의 능력수준에 비해 일의 수준이 높으면 수행하는 과정에서 불안감을 느끼고 이는 포기로 이어지게 된다. 이에 반해 개인의 능력수준에 비해 일의 수준이 낮으면 권태감을 느끼게 된다. 따라서 몰입의 경지에 이르기 위한 조건은 개인 능력의 수준에 적합한 일의 난이도가 조절되어야 함을 뜻한다. 칙센트미하이는 개인의 능력과 일의 수준을 그림 3-1과 같이 설명하고 있다.

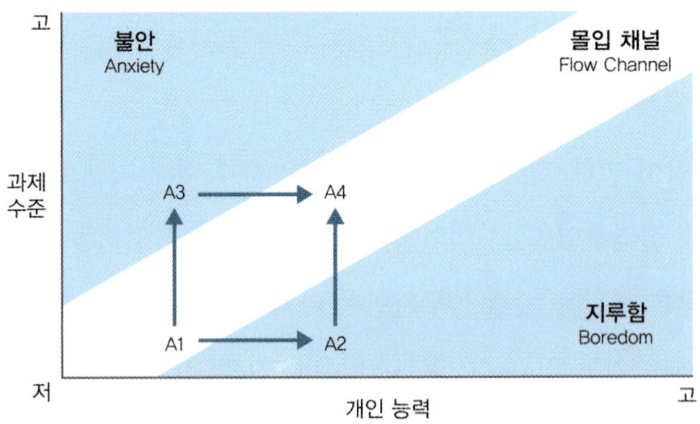

그림 3-1. 칙센트미하이의 몰입이론

몰입에 들어가기 위한 전제 조건 중 가장 중요한 요소는 능동성이라고 할 수 있다. 몰입에서의 능동성은 주체적으로 일을 수행하는 일반적인 능동성과는 구분되는 자기 목적성이다. 자기 목적성이란 어떤 보상을 바라는 목적보다 몰입 그 자체를 목적으로 하며, 수행자체로 만족과 보상이 되는 상태를 말한다. 몰입은 분명한 목적이 있으며 스스로 목적을 추구하여 자신의 경험으로부터 질적인 성장이 이루어지므로 가치가 있다(최석민, 2004). 영유아들 역시 스스로 목적을 추구하는 능동성, 즉 자기 목적성이 전제된다면 충분히 몰입을 경험할 수 있다.

영유아교육기관에서 모든 영유아가 몰입을 경험하는 것은 아니다. 하지만 몰입의 상태를 경험하고 자기 목적적인 태도를 지닌 성인으로 성장할 수 있는 잠재력은 누구나 가지고 있다. 그러므로 몰입의 즐거움을 느껴 보지 못한 유아는 성인이 되어도 자신의 잠재력을 마음껏 펼칠 기회를 놓칠 수 있다. 따라서 영유아기의 몰입은 자기 목적적인 과정이라는 측면에서 질적인 성장을 가져올 수 있으며, 현재 삶의 질을 비롯해 미래 삶의 태도까지 형성하므로 중요한 의미를 가진다.

영유아의 놀이에서는 몰입의 조건과 과정 그리고 결과가 아주 잘 나타난다. 영유아들의 놀이는 가장 즐거운 경험이자 영유아가 환경을 넘어 세상을 알아 가는 인식의 수단이 된다. 영유아기의 놀이는 창의적인 활동이며, 상상적인 생각을 이끌어 내고, 새로운 사고의 방식을 연습하게 한다. 특히 영유아기의 가상놀이, 상상놀이, 극놀이는 환경과 상호작용하면서 변형, 상상과 같은 창의적인 요소를 내포하고 있다. 이러한 창의적인 요소는 창의성 증진의 중요한 핵심요소로 작용하게 된다(유연옥, 2018). 다음의 표 3-2는 교사가 영유아기 놀이몰입을 평가하는 문항이다. 문항의 내용을 통해 몰입의 조건에 대해 살펴볼 수 있다.

표 3-2. 영유아기 놀이몰입 검사지

◇ 이름: ____________________(남, 여)　　◇ 생년월: _________년 _______월

※ 다음의 문항은 영유아의 놀이몰입 중 놀이도전과 놀이집중을 평가하는 문항입니다. 문항을 읽고 놀이몰입의 적절성을 체크(√)하여 주세요.

① 전혀 그렇지 않다, ② 그렇지 않다, ③ 보통이다, ④ 그렇다, ⑤ 매우 그렇다

구분	문항					
놀이도전	• 놀이 속 과제를 해결하기 위해 반복적으로 시도한다.	①	②	③	④	⑤
	• 놀이를 재구성하거나 놀이과정에서 독창적인 아이디어를 구성해 낸다.	①	②	③	④	⑤
	• 자신의 놀이에 적절한 놀이환경을 주도적으로 구성한다.	①	②	③	④	⑤
	• 놀이 속 과제를 해결하기 위하여 또래나 교사와 의견을 공유한다.	①	②	③	④	⑤
	• 놀이하면서 자신의 능력에 적합한 과제에 도전하는 것을 즐긴다.	①	②	③	④	⑤
	• 놀이를 점차적으로 변화시켜 나가며 계속 이어 간다.	①	②	③	④	⑤
	• 놀이흥미가 떨어졌을 때 도전적인 상황을 만들어 놀이를 지속한다.	①	②	③	④	⑤
놀이집중	• 의도적으로 노력하지 않아도 놀이에 자연스럽게 집중한다.	①	②	③	④	⑤
	• 놀이를 시작하면 놀이의 흐름이 끊길 때까지 지속한다.	①	②	③	④	⑤
	• 놀이하면서 영유아가 느끼는 생각이나 감정이 표정이나 행동으로 나타난다.	①	②	③	④	⑤
	• 방해요소가 있더라도 영향을 받지 않고 놀이에 집중한다.	①	②	③	④	⑤
	• 다른 사람의 시선에 신경 쓰지 않고 자신의 놀이에 몰두한다.	①	②	③	④	⑤
	• 말없이 집중하거나 혼잣말하면서 놀이상황에 빠져 있는 모습을 보인다.	①	②	③	④	⑤
	• 장소의 제약을 받지 않고 스스로 선택한 놀이에 열중한다.	①	②	③	④	⑤
	• 놀이시간에 놀이에 몰두하지 못하고 주변을 서성인다.	①	②	③	④	⑤

출처: 김나래(2022). 유아 놀이몰입 검사 개발 및 타당화 연구. 전남대학교 대학원 박사학위논문.

2) 동기유발

'하고 싶은 마음'은 모든 사람이 가지는 욕구이며, 이것을 동기라고 한다. 즉, 동기란 어떤 마음을 가지고 행동을 발생시키고, 행동을 유지하기도 하며, 목표를 향해 내달리기를 촉진하는 마음을 말한다. 다시 말해, 행동(결과)의 원인이 되는 마음을

뜻한다. 동기는 창의성 중에서도 정의적 영역에서 그 중요성이 강조되고 있다. 외부의 압력보다 즐거움, 흥미, 만족, 일에 대한 도전에 동기화가 될 때 가장 창의적인 상태가 된다.

교사는 영유아에게 동기를 제공하기보다 동기를 갖도록 원인과 자극을 줄 수 있다. 동기는 스스로에게 부여하는 것으로 'Motivation'이다. 동기는 내적인 결핍으로 필요함을 느끼는 잠재적 단계가 아닌 실제 행동하고 도전하도록 하는 과정이다. 동기가 부여되면 새로운 행동이 나타나게 되고 영유아는 각자의 목표에 도전하게 된다. 동기유발은 창의성의 첫 번째 단계라고 할 만큼 중요한 요인이다.

모든 영유아가 같은 방법으로 동기유발이 이루어지는 것은 아니지만, 흥미와 관심을 유지하여 동기를 유발하기 위한 중요한 변인은 존재한다. 영유아의 동기유발을 위한 중요한 변인은 주의(attention), 관련성(relevance), 자신감(confidence), 만족감(satisfaction)이다. 이들 변인은 ARCS 이론이라고 불린다(Keller, 1987).

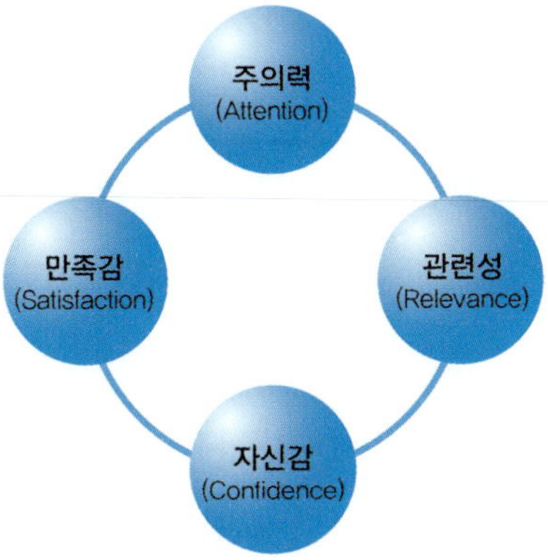

그림 3-2. 학습에 대한 동기화 변인

학습에 대한 동기화는 주의력, 관련성, 자신감 및 만족감 변인으로 구성되어 있다. 첫째, 주의력은 영유아의 관심과 흥미를 불러일으키고 유지하느냐이다. 주의는 동기를 위한 우선의 조건으로 최소한 영유아는 행동하기에 앞서 주의를 기울여야 하기 때문이다. 둘째, 관련성은 왜 행동해야 하는가의 질문과 관련이 있다. 관련성은 개인 영유아가 설정한 목표와 가치에 관련이 있어야 한다는 것이다. 영유아의 성취 가능성을 인식하게 함으로써 행동의 실행이 적절함을 알 수 있다. 셋째, 자신감은 영유아가 성공적으로 행동을 실행할 수 있는 기대의 정도이다. 영유아의 동기를 불러일으키고 유지하기 위해서는 즐거움을 느껴야 하는데, 성공의 기대가 이러한 역할을 한다. 적절한 수준의 도전감은 영유아의 노력에 따라 성공을 좌우할 수 있다는 자신감을 심어 줄 수 있다. 넷째, 만족감은 동기를 유발하는 요인이라기보다 동기를 유지하는 요인이다. 영유아가 행동하는 것이 즐겁다고 느낄 때 동기가 유지된다는 것이다.

동기는 내적 동기와 외적 동기로 설명할 수 있다. 내적 동기란 영유아가 어떤 목표를 이루고자 하는 행동을 하는 이유가 자기 자신에게 있는 것을 뜻한다. 반면, 외적 동기는 영유아의 목표달성 이외의 것을 자극하여 행동을 이끌어 내려고 하는 것이다. 내적 동기는 영유아가 스스로 경험을 떠올리고 이야기를 나누어 그림을 그리게 하고 외적 동기는 보상이나 외부의 조건에 의해 그림을 그리게 한다. 이처럼 내적 동기는 영유아에게 자발적인 상상력과 표현력을 동원하여 창의적 결과물을 산출하도록 할 수 있다. 외적 동기는 목표 이외의 욕구인 보상과 평가를 포함하므로 영유아의 창의성 발달을 위해서는 내적 동기의 역할이 매우 중요하다(유연옥, 2018). 하지만 외적 동기가 몰입을 매개로 한다면 창의성에 영향을 줄 수도 있다(최인수, 1998). 즉, 창의적 결과를 위해서는 내적 동기의 역할이 중요하지만 외적 동기 또한 몰입할 기회와 조건이 된다면 창의적 성취의 가능성을 보여 줄 수 있다는 것이다.

창의적인 사람의 특성을 연구한 애머빌은 내적 · 외적 동기 검사를 개발하였는데, 각 16개의 내적 동기와 외적 동기에 관한 문항 중 더 많이 체크한 문항을 살펴 자신의 동기화가 내적 동기화인지 외적 동기화인지를 평가할 수 있다. 표 3-3은 내적 · 외적 동기화 검사의 일부분이다.

표 3-3. 내적 · 외적 동기 검사지

구분	번호	예	아니오	내용
내적 동기	1			나는 내가 어떤 일을 할 때 진정으로 내가 하고 싶어 하는 것을 배우고 있다고 느낀다.
	2			내가 어떤 활동을 할 때 스스로 어떻게 할지 결정하는 것이 좋다.
	3			나는 어떤 활동을 하도록 부모님께 허락해 달라고 귀찮게 만든다.
	4			내가 어떤 활동을 하는 것은 정말로 그것에 호기심을 느끼기 때문이다.
	5			나는 어떤 일을 도전하면 할수록 더 흥미를 느낀다.
	6			나는 내가 어떤 일을 해낸 것을 돌아보는 것을 좋아한다.
	7			내가 어떤 활동을 할 때 나 스스로 상황을 파악하기를 좋아한다.
	8			나에게 있어 어떤 일은 일보다는 놀이라고 여겨진다.
	9			때로 나는 어떤 일을 하는 동안 모든 것을 잊어버린다.
	10			나는 어떤 일을 잘하고 있음을 알 때 정말 기분이 좋다.
외적 동기	11			나는 내가 하는 일을 부모님이나 선생님께서 좋게 말해 주기를 기대한다.
	12			부모님과 선생님이 내가 어떤 일을 얼마나 잘하는지 알아주기를 원한다.
	13			나는 언젠가 이 일을 해서 많은 돈을 벌고 싶다.
	14			내가 어떤 활동을 할 때 누군가가 봐 주기를 원한다.
	15			내가 이 일을 하는 이유는 부모님과 선생님이 내가 그 분야에서 소질이 있다고 이야기하기 때문이다.
	16			내가 어떤 일을 하는 이유는 부모님과 선생님이 원하기 때문이다.
	17			어떤 일을 하고 있으면 다른 사람이 무엇이라고 평가할지 생각한다.
	18			만약 내가 하는 일을 아무도 알지 못한다면 나는 아무런 소용이 없다고 생각한다.
	19			나는 누군가가 어떤 일을 어떻게 하라고 안내해 줄 때가 좋다.
	20			나는 어떤 활동이 쉬운 일일 때 그 일을 가장 좋아한다.

출처: 전경원(2021). 창의성교육의 이론과 실제. 창지사.

3) 창의적 환경

영유아의 창의성 발달을 위해서는 긍정적인 창의적 환경과 상호작용이 반드시 필요하다. 창의적 환경은 영유아의 창의성을 자극하는 외부적 요구라고 할 수 있다. 몰입과 동기유발이 영유아의 창의성에 영향을 미치는 개인 내부적인 요인이라면 영유아가 살고 있는 환경은 외부적인 요인이라고 할 수 있다.

영유아의 인지와 사고 그리고 창의성의 발달은 환경적 자극과 상호작용하여 발달하게 된다. 예를 들어, 자연의 생명들은 각자가 성장하기 위한 생명력을 유전자에 담아 태어난다. 사과나무는 작은 모종에서 성장하여 맛있는 사과를 맺고, 달걀은 껍질을 깨고 병아리로 태어나 닭이 된다. 이 모든 생명들은 각자가 성장하기에 적합한 환경을 만나야 긍정적인 성장과 발달이 가능하다. 만일 사과묘목에 따뜻한 햇살, 충분한 물, 시원한 바람이 없다면 크고 튼튼한 사과나무로 자라 사과를 맺기 어려울 것이다. 이처럼 적절한 환경적 조건은 묘목을 성장시키는 원동력이 된다(박영태, 하수연, 2010). 창의성 증진에 기여하는 환경으로는 부모와 교사를 들 수 있다.

(1) 부모

영유아의 창의성 향상을 위해 부모는 영유아와 안정적인 관계를 맺음으로써 자녀의 의견을 지지하고 발달을 촉진하는 안내자의 역할을 수행할 수 있다. 창의적인 영유아의 부모는 엄격하지 않으며, 자녀와 합의된 합리적인 통제가 있고 그 안에서의 자유를 보장하기 때문에 자녀는 안정감을 느낄 수 있다. 더불어 부모는 물리적으로 풍부한 경험을 할 수 있는 기회와 환경을 제공하고, 영유아의 흥미와 욕구를 충족시킴과 더불어 동기를 유발할 수 있어야 한다.

창의적인 영유아의 부모는 다음과 같은 양육태도를 가지고 있다(Feldman, 1999). 첫째, 자녀의 요구에 적극적으로 관심을 보인다. 둘째, 자녀가 하고자 하는 일을 완수하도록 용기를 북돋아 준다. 셋째, 자녀의 창의적 표현력에 대한 동기를 부여하고자 노력한다. 넷째, 스스로의 일에 열정적으로 몰입하는 모습을 보여 줌으로써 자녀의 역할모델이 되어 준다.

또한 창의성이 높은 영유아의 부모는 자녀의 의견에 귀 기울일 줄 알고, 자녀가 사고의 기회를 가지도록 적절한 발문과 힌트를 제공하여 자녀가 스스로 결정하도록 하는 특징을 가지고 있다. 이런 부모의 양육을 받는 영유아는 호기심을 가지고 탐색하고 시도하는 것을 두려워하지 않는다. 또한 성취한 것의 가치에 대해 부모로부터 인정받는 값진 경험을 하게 된다. 부모로부터 책임감과 자율성을 배운 영유아는 내적 몰입, 창의적인 기술에 대한 훈련을 지지받으며 성장할 수 있다.

반대로 권위적, 지시적, 보수적인 부모의 특성은 영유아의 창의성을 저해하는 요인이 된다. 창의성을 저해하는 부모는 자녀를 과잉보호하여 새로운 활동이나 관심을 가지는 것을 방해한다. 어떤 활동을 하는 것에 지나친 관심을 가져 영유아로 하여금 부담을 느끼게 하여 활동을 완료하는 것을 어렵게 하기도 하는가 하면, 반대로 관심을 전혀 두지 않아 영유아에게 처음부터 하고자 하는 의욕을 가지지 않도록 하거나 성취 결과에 가치를 부여하지 못하게 하기도 한다(전경원, 2004).

구체적으로 창의성을 저해하는 부모의 특징을 살펴보면 권위적 양육태도, 지시적인 양육 방법, 순종을 요구하는 가정 내 분위기, 과잉보호, 지나친 기대, 지나친 잔소리 등이 있다. 그 외에도 가족 간의 단절, 폐쇄적인 가정환경, 형제들의 개입 등도 가정 내 창의성을 저해하는 요인으로 작용한다. 따라서 부모가 자녀의 창의적인 성장과 발달을 도모하기 위해서는 자녀의 독립적인 성장을 인정하고, 부모와 적정 수준의 정서적 거리감을 조절하여 자율성을 부여함으로써 서로 간에 소유적이지 않은 부모와 자녀의 관계를 형성해야 한다. 종합해 보면 창의적인 영유아의 부모는 표 3-4와 같은 역할을 수행해야 한다(Amabile, 1996).

표 3-4. 창의적인 영유아를 위한 부모역할

- 자녀와의 상호작용에 있어서 어린 자녀를 존중하고 의견을 경청한다.
- 활동에 대한 동기부여를 하여 창의적 활동을 장려한다.
- 허용적인 분위기를 통해 자유로운 시도의 기회를 제공한다.
- 자녀의 성취 가치를 인정한다.
- 구속하거나 일방적인 지시보다 자녀의 수준에 맞는 지도방식을 사용한다.

(2) 교사

교사는 영유아의 언어와 요구를 수용함으로써 지지적인 사회적 환경을 구성할 수 있는 역할을 해야 한다. 또한 일상에서 창의성을 훈련하는 것이 가능하며, 영유아와 상호교류를 통해 창의성을 강화하는 것도 가능하다는 믿음을 가지고 있어야 한다. 교사는 교실에서 영유아의 창의성이 발달하도록 좋은 환경을 구성하는 매우 중요한 사람이다. 따라서 교사는 영유아가 창의적인 사고를 펼치도록 자극하는 교육적 환경이며, 또래는 창의적인 활동의 협력자이자 지원자로서의 역할을 수행할 수 있다. 영유아가 사고하고 표현하는 것을 수용하며, 격려할 수 있어야 하고, 반대되는 의견에 대해서는 인내하는 교사가 되어야 한다(유연옥, 2018). 또한 영유아가 자신의 판단을 신뢰하도록 조력해 주어야 하고, 모델링을 통해 적절한 자극을 제공해야 한다.

영유아의 창의성은 환경적 조건과 창의성의 구성요소가 상호작용하는 가운데 발달한다. 영유아 창의성 발달의 환경적 조건은 개인적 차원의 환경, 집단적 차원의 환경, 사회적 차원의 환경 등이 포함된다. 개인적 차원의 환경은 영유아 개인이 창의적인 사고활동을 하도록 다양한 상황을 제공하는 것으로 창의적 활동을 시도하도록 동기가 유발되는 것을 돕는다. 집단적 차원의 환경은 가정, 영유아교육기관, 지역사회를 말하는 것으로 부모 · 자녀의 상호작용, 영유아교육기관에서의 활동, 가정 내 분위기와 물리적 조건 등이 해당된다. 사회적 차원의 환경은 사회적으로 창의성을 인정받고 영유아 개인의 잠재력을 최대한 발휘하도록 조건화된 사회를 의미한다. 교사는 이러한 세 가지 환경적 조건이 영유아와 효과적으로 상호작용함으로써 창의성을 발달할 수 있는지를 고려하여 교수활동을 실행해야 한다. 창의적인 영유아의 성장을 도모하는 교사의 역할을 종합해 보면 표 3-5와 같다.

표 3-5. 창의적인 영유아를 위한 교사 역할

- 교사의 짧고 긍정적인 피드백이 필요하다.
- 심리적으로 위협받지 않는 자유로운 분위기를 조성한다.
- 확신과 편안함을 가지는 환경을 조성하여 영유아의 창의성 발달을 돕는다.
- 영유아에게 필요한 환경요인을 고려하여 효과적인 작용이 일어나는 활동을 한다.

라일(Ryle, 2009)은 학습자가 스스로 생각하도록 도와야 하며, 학습자의 창의성을 가로막지 않도록 교사 스스로 생각해야 한다고 주장하였다. 그는 '사고와 자기 교수'라는 글을 통해 영유아 창의성 향상을 위한 좋은 교사의 모습을 표 3-6과 같이 설명하였다.

표 3-6. 영유아 창의성을 위한 좋은 교사의 모습

- 좋은 교사는 자신의 생각을 반복해서 사용하지 않는다. 만일 반복해야 하는 상황이라면 방법을 변형하여 사용한다.
- 학습자가 스스로 만들어 낸 결과물로 성취하기를 바란다. 그래서 적용해 보라, 다시 사용해 보라, 발전시켜 보라, 결론을 내려 보라, 이전에 배운 것들과 연결해 보라는 등의 요구를 한다.
- 학습자는 교사에게 바라는 것을 언어적으로 표현하기보다 다양한 것을 통해 보여 준다. 교사는 학습자의 표현 방법과 유사한 방법으로 활동하도록 도와줘야 한다.
- 학습자는 많은 질문으로 교사를 괴롭히며, 교사의 대답 또한 질문하여 더욱 괴롭힌다.
- 토론하여 삼단논법과 같이 논리적 사고의 방법을 연습시키며, 연습한 것을 다시 연습하도록 도와준다.
- 좋은 교사는 학습자에게 손을 잡고 반쯤 익숙한 길로 안내하다가 어느 정도에 다다르면 손을 놓고 스스로 가도록 손을 놓아 준다.
- 학습자의 결말이 잘못된 오답이라면 무엇이 잘못되었는지 개선할 방법이 무엇인지 탐색하도록 한다.
- 학습자의 흥미와 관심을 고려하여 적절한 수준의 문제에 관심을 가지도록 하고 쉽게 접근하도록 도와준다.
- 복잡한 문제가 있다면 작은 요소들로 분할하여 학습자가 단순해진 문제를 하나씩 해결하여 결과들을 연결하게 하도록 한다.
- 가장 멋진 해결책을 발견하면 학습자가 한 발 나아가는 보충문제나 유사한 문제를 제시해 준다.

4. 영유아 창의성 증진 프로그램

영유아를 대상으로 한 창의적 교육과정의 중요성은 이미 많은 이론과 연구를 통해 증명되어 왔다. 영유아에게 적절한 창의적 환경과 자극을 제공하기 위해 개발된 프로그램 중에서 5세 유아를 대상으로 사고도구를 활용한 환경교육 프로그램을 소개하고자 한다(최윤지, 유연옥, 2020). 프로그램에서 적용한 사고도구의 개념과 특징을 살펴보고, 프로그램을 통한 유아들의 경험을 살펴보면 다음과 같다.

1) 창의적 사고 기법 사고도구

(1) 사고도구 개념

루트번스타인(Root-Bernstein, 1999)은 13가지 사고도구를 활용하여 보편적인 창조의 과정을 가르치고 창조의 과정에서 필요한 직관적인 상상의 기술을 교수해야 한다고 주장하였다. 즉, 누구나가 생각을 하지만 잘 생각하는 사고의 달인이 되기 위해서는 오랫동안의 수련이 필요하고, 그에 필요한 도구의 사용 방법을 익혀야 한다는 것이다. 여기서 필요한 도구는 사고도구이며 이러한 과정은 다시 생각하기를 통해서 무엇을 생각하느냐?가 아닌 어떻게 생각할지를 고민해 내는 것이다. 다시 말해, 사고하는 방법은 매우 다양하지만 그중에서 잘 생각하기를 위해서는 사고도구의 훈련이 필요하다는 것이다.

이런 관점에서 루트번스타인 등(2014)은 동물과 자연을 연관시키는 활동은 상상, 몸으로 생각하기, 패턴인식, 경험, 이해와 같은 사고수단을 사용할 수 있다고 하였다. 즉, 자연환경을 관찰하는 것은 패턴인식과 형성으로 이어질 수 있는데, 숲이 형성되는 방식에 대한 이해는 산책하는 동안 무엇을 보고, 듣고, 냄새 맡고, 만지고 맛보게 되는지에 대한 관찰에서 나오는 것이다. 관찰 후 사고의 과정은 사고의 결과를 통합하게 되는데 이때에는 패턴과 이해를 활용해 통찰하게 된다. 예를 들어, 다람쥐가 도토리를 묻는 자연의 부분적 모습을 관찰한 후 순환적 반복에서 오는 거대한 패턴을 상상하게 되면서 자연 전체의 모습을 생각할 수 있게 된다는 것이다.

(2) 사고도구 유형

루트번스타인(1999)은 레오나르도 다빈치(Leonardo davinci), 아인슈타인, 피카소, 뒤샹(Duchamp), 파인먼(Feynman), 울프(Woolf) 등 역사 속에서 뛰어난 창조성을 발휘한 사람들이 과학, 수학, 의학, 문학, 미술, 무용 등 분야를 막론하고 공통적으로 사용한 13가지 발상법을 세부적으로 추출하여 생각의 단계별로 정리하였다. 이러한 과정을 통해 추출된 13가지 발상법을 생각의 탄생에서는 '13가지 사고도구'라고 정의하였고, 그 내용은 표 3-7과 같다(Root-Bernstein, 1999).

표 3-7. 13가지 사고도구 유형

사고도구	내용
관찰 (Observing)	문제해결과정을 보고, 듣고, 만지고, 냄새 맡고, 맛을 보고, 몸으로 느끼는 모든 것이다. 관찰은 수동적인 '그냥보기'가 아니라 적극적인 '주목하기'이고, '흘려듣기'가 아니라 '경청하기'이다.
형상화 (Imaging)	머릿속으로 어떤 영상을 떠올리는 능력, 즉 심상, 이미지를 만들어 내는 능력이다. 내면의 눈, 내면의 귀, 내면의 코, 내면의 촉감과 몸 감각을 사용할 구실과 기회를 만들어 지속적으로 연습하면 후천적인 노력으로 습득할 수 있다.
추상화 (Abstracting)	추상화란 복잡한 현실에서 출발하되 불필요한 것을 도려내 가면서 사물의 본질을 파악하여 단순화하는 과정이며, '단 하나의 변수'만 제외하고 모두 제거함으로써 의미를 발견하려고 애쓰는 과정이다.
패턴인식 (Recognizing pattern)	어떤 사물과 대상으로부터 일관된 법칙을 발견해 내는 능력으로, 패턴이란 반복되는 모양, 경향, 양식 등 일정한 방향성을 의미한다. 이러한 패턴인식은 지각과 행위의 일반 원칙을 끌어내며 예상의 근거를 마련한다.
패턴형성 (Forming pattern)	둘 이상의 구조적인 요소나 기능적인 작용을 결합하여 새로운 패턴을 만들어 내는 능력이다.

사고도구	내용
유추 (AnalogizIng)	유추란 둘 혹은 그 이상의 현상이나 복잡한 현상들 사이에서 기능적 유사성이나 일치하는 내적 관련성을 알아내는 것을 말하며, 알려진 것과 알려지지 않은 것 사이에 연결고리가 될 수 있다.
몸으로 생각하기 (Body thinking)	우리가 사고하고 창조하기 위해 몸의 근육 속에 저장된 근육의 움직임과 긴장, 촉감 등을 떠올릴 때 비로소 '몸의 상상력'이 작동한다. 사고하는 것은 느끼는 것이고, 느끼는 것은 사고하는 것이다.
감정이입 (Empathizing)	감정이입은 다른 사람의 몸과 마음을 통해 세계를 지각하는 것이다. 자신의 위치를 문제 혹은 대상 속으로 옮겨 놓음으로써 '통찰'을 얻을 수 있다.
차원적 사고 (Dimensional thinking)	어떤 사물을 평면으로부터 3차원 이상의 세계로 혹은 사건을 넘어서 다른 세계로 옮길 수 있는 상상력을 의미한다.
모형만들기 (Modeling)	모형은 어떤 대상이나 개념을 보는 사람이 즉각 인식할 수 있도록 실제를 축약하고 차원을 달리 표현해야 하며, 실제 혹은 가정적 실제 상황을 염두에 두고 필요한 규칙과 자료, 절차를 이용하는 시뮬레이션이다.
놀이 (Playing)	놀이는 내면적이고 본능적인 느낌과 정서, 직관, 쾌락을 선사하는데, 우리 자신만의 세계와 인격, 게임과 규칙, 장난감, 퍼즐을 만들게 하여 지식을 변형시키고 새로운 이해를 가능하게 한다.
변형 (Transforming)	여러 가지 사고도구를 흔히 연속적 혹은 동시에 사용하여 사고도구끼리 영향을 주고받거나 작용하게 하는 것을 가리켜 변형 혹은 변형적 사고라고 부른다.
통합 (Synthesizing)	지적으로 알고 있는 것과 감각적으로 경험한 것이 능동적으로 결합하여 완벽하게 이해하는 것이다. 시너지학, 공감각적 형태의 감각, 융합, 현상, 통합을 통한 지식의 완전한 이해는 미래 시대가 요구하는 지식의 형태이다.

(3) 사고도구 예시

사고도구 예시에 관한 내용은 표 3-8과 같다.

표 3-8. 사고도구의 예시

<table>
<tr><th>일시</th><td>0000년 00월 00일</td><th>대상</th><td>만 5세</td><th>유형</th><td>대 · 소집단</td></tr>
<tr><th>생활
주제</th><td>동 · 식물 보호</td><th>창의성
요인</th><td>융통성,
독창성</td><th>사고도구</th><td>몸으로
생각하기</td></tr>
<tr><th>활동
목표</th><td colspan="5">• 동 · 식물을 보호하고자 하는 마음을 몸으로 생각하기를 활용한다.
• 동 · 식물 보호 해결책을 실행하기 위해 계획한다.</td></tr>
<tr><th>활동명</th><td colspan="5">• 다양한 동 · 식물 보호</td></tr>
<tr><th>도입
(10분)</th><td colspan="5">〈대집단 동화에 관해 이야기 나누기〉
1. 지난 활동을 회상하고 선택된 해결방법을 확인한다.
– 지난 시간에 선택한 가장 좋은 해결방법은 어떤 것이었나요?</td></tr>
<tr><th>전개
(20분)</th><td colspan="5">〈소집단 토론하기〉
1. 지난 시간에 이야기 나눈 문제와 해결 방법에 대해 이야기를 나눈다.
– 우리가 가장 중요하게 생각한 문제가 뭐였나요?
– 이 문제를 해결하기 위한 방법은 어떤 것이 있었나요?
2. 문제해결을 위한 실천 방법에 대해 이야기를 나눈다.
– 문제를 해결하기 위해 우리가 직접 실천해야 하는 일들은 무엇이 있을까요?
– 어떻게 하면 좋을지 계획을 세워 볼까요?
• 토론을 통해 실천하기 위해 단계별로 계획을 세운다.
3. 사고도구 몸으로 생각하기를 활용하여 여러 단계의 계획을 표현한다.
– 우리가 몸으로 표현한 계획 중에서 가장 중요하게 생각되는 부분이 있나요?
– 왜 그렇게 생각하나요?
• 유아들 서로 어떻게 계획한 것들을 어떻게 몸으로 표현했는지 비교해 본다(동영상 확인).
• 유아들이 몸으로 생각한 계획을 사진으로 게시판에 게시하여 다른 반 친구들에게도 우리의 계획을 알린다.</td></tr>
<tr><th>마무리
및 평가
(10분)</th><td colspan="5">〈대집단 이야기 나누기〉
• 실행할 계획 발표하기
• 각 모둠에서 계획한 것을 자신의 계획과 비교하고 평가한다.
• 활동 중 과정을 회상하고 느낀 점을 공유한다.</td></tr>
</table>

2) 유아기 사고도구의 경험

유아가 환경문제에 관심을 가지고 자연을 포함한 환경을 보호하고 아끼는 것에 대한 사고는 환경문제를 해결하는 사고의 과정을 경험해야 가능하다. 환경문제에 관해 문제를 인식하고 해결과정에 대해 생각하기 위해서는 능동적으로 사고하고, 유아의 흥미와 관심을 유발하는 사고의 과정이 되어야 한다. 그러므로 감각을 활용하는 사고도구는 체험적 사고의 과정을 훈련하는 것이 가능하다. 사고도구를 통해 환경문제 해결에 참여한 유아들의 경험을 살펴보면 다음과 같다.

(1) 스스로 확장하며 알아 가기

유아들은 이전 활동을 통해 숲을 관찰하면서 생명이 숨을 쉬고 있음을 깊이 들여다보고 관찰한 내용을 형상화하였다. 형상화는 언어적 표현과 그림 그리기 등 유아가 원하는 방식으로 이루졌으며, 형상화를 통해 동·식물 생명의 소중함에 관심을 가졌다. 제인구달 동화를 듣고 제인구달의 마음을 유추하는 활동을 하고 난 이후 다음 활동 전의 대화이다.

표 3-9. 스스로 확장하며 알아 가기의 사례

경민: 아빠한테 읽어 달라고 했어요. 다시 아빠가 책으로 보여 줬어요.
교사: 책을 다시 읽었어요?
경민: 제인구달이 15년이나 오랫동안 침팬지 연구했어요.
교사: 침팬지 연구한 내용을 다시 봤구나. 다시 알게 된 내용이 있어요?
경민: 좋아해서 그랬대요. 연구했대요.
교사: 좋아해서 그랬대요? 경민이는 제인구달 동화에서 더 알고 싶은 거 있어요?
경민: 없어요.

(5회, 관찰, 2018. 9. 11.)

유아들은 제인구달 동화를 통해 왜 밀림에서 생활을 했는지, 침팬지 무리에 바로 들어가지 않고 기다린 이유 등에 관해 알 수 있었다. 사고도구 중 유추를 사용하여 제인구달이 침팬지를 생각한 마음을 헤아려 보고 제인구달처럼 생각해 보고 느낌을 이야기하는 과정을 경험하였다. 유추의 경험은 유아들이 환경교육에 대한 능동적 자세를 키워 가정으로 돌아가서도 다시 제인구달을 탐구하도록 하였다. 더불어 자신이 경험한 제인구달의 이야기를 부모님과 함께 나누는 과정을 통해 가정과의 연계가 자연스럽게 이루어졌다.

(2) 동물과 식물의 감정을 함께 느끼기

쓰레기로 인한 환경오염 활동으로 다큐멘터리를 시청하였다. 시청 후 유아들은 각자가 영상을 통해 느낀 점을 그림으로 표현하였다. 교사는 그림으로 표현하기에 앞서 추상의 개념과 방법에 관해 설명하였다. 불필요한 것보다 반드시 필요하다고 생각되는 것을 표현함으로써 영상에서의 기억과 인상을 표현하도록 안내하였다.

표 3-10. 동물과 식물의 감정을 함께 느끼기의 사례

수지: 알바트로스
유빈: 그걸 먹었다고 얼마나 (아플까)…….
지민: 너무 불쌍했어.
하은: 살 수도 없어요? 약 지어내서요.
인규: 알바트로스가 엄청 많잖아. 사람들이 다 못 잡아.
하은: 우리가 도와주면서. 별로 없어요.

(17회, 관찰, 2018. 10. 18.)

서로의 그림에 관해 설명하고 이야기 나누고 난 이후 유아들은 환경오염으로 인해 죽어 가는 동물을 불쌍하게 생각하고 자연을 보호하기 위해 노력해야 한다고 인식하였다. 새로운 주제의 첫 회임에도 불구하고 유아들의 추상화를 감상하고 환경오염의 심각성을 느끼고 있었다. 추상의 결과로 유아들은 쓰레기 때문에 죽어 가는 동물들의 이야기에 자기 일처럼 마음 아파하고 도와줄 방법이 생각나지 않음에 안타까워하고 있었다. 그리고 오염으로 인한 피해가 우리에게도 나타날 수 있다는 것에 두려움을 느끼고 있었다.

(3) 관계 속에서 해결책 찾기

유아들은 지난 시간 다큐멘터리를 시청하고 알바트로스가 쓰레기를 물고기로 착각해서 먹고 죽어 간다는 사실을 알게 되었다. 유아들은 지난 시간을 떠올리며 패턴인식을 경험해 보았다.

표 3-11. 관계 속에서 해결책 찾기의 사례

하규: 어……. 쓰레기를 먹어서 동물이…….
지호: 우리가 지금 우리가 있는 어린이집이 쓰레기로 가득 차서 우리가 쓰레기에 머리를 콩 박아요.
교사: 머리에 콩 박아요?
경민: 쓰레기를 먹으면 사람들이 아파요.
동현: 바다 동물도 먹어서 바다 동물이 죽게 돼.
지호: 우리도 쓰레기를 먹어야 해.
경민: 그러면 우리가 또 우리가 동물들을 아프게 했으니까, 우리가 벌을 받아야 하는 건가?
지호: 그래서 우리가 먹는 거 아니에요?

(18회, 관찰, 2018. 10. 21.)

유아들은 영상의 내용을 토대로 모둠별로 협력하여 패턴을 찾아내 그림으로 표현하였다. 쓰레기가 계속 늘어난다면 어떻게 될지에 대한 질문에 영상의 내용만으로 패턴을 인식했던 유아들이 결국 인간도 살 수 없을 것이라는 패턴의 결과를 찾아냈다. 유아들은 결국 인간이 만든 쓰레기로 인해 자연이 병들게 되고, 인간마저도 피해를 보게 된다는 인과관계를 파악할 수 있었다.

(4) 스스로 참여하여 보람 느끼기

14회차는 깨끗한 물을 보전하는 방법으로 가장 좋은 방법을 찾기 위해 유추를 사용하였다. 이전 시간에 발견한 다양한 아이디어들을 실천했을 때의 결과를 추론하기 위해 유추를 적용하였다.

표 3-12. 깨끗한 물을 보전하는 방법의 유추에 대한 사례

유진: 수도꼭지를 잠그면 동물들 다 좋아져요. **희연:** 토끼도 기분이 좋아져요. **수현:** 사람은 조금 불편하고 식물도 좋아져요. **교사:** 사람이 불편해져요? **수현:** 어……. 물을 아껴 쓰기 힘들어요. **유진:** 지호는 물장난 안 하면 싫어할 거예요. **지호:** 아니다! 됐다. **유진:** 속상한 기분……. **수현:** 그래도 마실 물이 많아지면 사람이 좋아져요. (14회, 관찰, 2018. 10. 14.)

유추를 통해 깨끗한 물을 보전하기 위해서 물을 아껴 쓰면 더러운 물을 줄이고 깨끗한 물을 많이 사용할 수 있다는 것을 발견할 수 있었다. 19회차에서는 이전 시간에 패턴인식을 통해 쓰레기가 생성되는 과정을 탐색하고 난 결과를 토대로 패턴을 변형하여 쓰레기의 오염을 줄이는 패턴을 새롭게 만들어 보았다.

표 3-13. 쓰레기 오염을 줄이는 패턴의 사례

유빈: 재활용하면 지구가 좋아져요.
은서: 모두가 행복해져요. 맞아.

(중략)

교사: 그러면 우리가 어떻게 해야 할까요?
동현: 그러면 우리가 재활용 잘하면…….
경민: 재활용을 잘하면 됩니다.
은서: 천천히…….
경민: 아무렇게 말고 다 제자리에 해야 해요.

(19회, 관찰, 2018. 10. 23.)

쓰레기 오염을 막기 위한 새로운 패턴을 만들어 본 결과, 유아들은 사용 가능한 물건을 다시 사용하는 재활용 방법을 찾아낼 수 있었다. 유아들은 환경을 보전하는 행동이 다소 불편하거나 귀찮아질 수 있지만, 환경을 위해 꾸준히 실천하는 마음을 가지고 있었다. 또한 환경을 보호하면 결국 사람에게도 유익하다는 사실도 알게 되었다.

Chapter 04

유아놀이와 창의성

배울내용

1. 유아의 놀이
2. 유아의 놀이와 창의성

학습목표

1. 유아의 놀이에 대한 개념, 필요성, 이론 및 놀이유형을 파악한다.
2. 유아의 놀이와 창의성의 관련성을 파악하고 놀이를 통한 창의성 향상 방안을 모색해 본다.

Chapter 04

유아놀이와 창의성

놀이는 유아 스스로 자신을 둘러싼 문화와 사회, 더 나아가 세계에 대하여 배울 수 있도록 도움을 주는 교육매체이다. 즉, 놀이는 유아의 모든 발달영역에 영향을 미치며 놀이를 통해 배우고 자라는 유아들이 하는 놀이는 무수히 많고 개개인의 놀이에는 나름대로의 특성과 교육적 의의를 가지며 유아에게 필수적임을 의미한다. 또한 유아의 놀이는 창의성과도 밀접한 관련성을 지닌다. 따라서 본 장에서는 유아의 놀이에 대한 개념과 창의성과의 관련성을 파악해 보고자 한다.

1. 유아의 놀이

1) 유아놀이의 정의

유아기는 인생에 있어서 매우 중요한 시기로 놀이를 통해 성장하고 모든 것을 배우게 된다. 즉, 놀이는 모든 유아의 삶에 중심이 되며, 유아는 놀이를 통해서 삶의 가치를 만들어 간다. '어릴 때부터 놀면서 자란다'는 말이 있듯이 유아들에게 놀이는 생활의 전부라고 할 만큼 보편적이고 자연스러운 것이다. 놀이의 핵심은 즐거움인데, 이것은 유아가 스스로 선택한 놀이에 몰입을 하게 되면서 느낄 수 있는 것이다. 유아기에 경험하는 놀이는 이후 성장하여 살아가는 동안 삶의 기초가 된다.

유아기 놀이의 중요성이 강조되면서 1880년대부터 최근까지 많은 심리학자, 철학자, 교육학자들이 다양한 관점에서 놀이를 정의하여 왔지만 놀이의 본질을 정확하게 규명하기에는 아직 미흡한 실정이다. 왜냐하면 유아놀이는 단지 단순한 활동의 한 행동만을 의미하는 것이 아니라 놀이를 하나의 행동 범주로 개념화할 때 당면하게 되는 문제가 놀이가 다른 행동과 엄밀하게 구별되는가 하는 점을 고려해야 하기 때문이다. 이러한 맥락에서 놀이와 유사한 행동으로 자주 언급되는 것이 탐색활동(exploration)이다. 허트(Hutt, 1971)는 놀이와 탐색활동을 완전히 다른 행동으로 구분하고 있는데, 그에 의하면 탐색활동은 "이 물건의 속성은 무엇일까(What does this object do)?"라는 의문을 풀기 위한 행동인 반면에 놀이는 "이 물건을 가지고 무엇을 할 수 있을까(What can I do whit this object)?"라는 의문과 연관되는 행동이라고 주장하고 있다.

레비(Levy, 1978)는 유아의 놀이행동을 개성의 창의적이고 심오한 특성을 계발시켜 주는 역동적 과정으로 정의하면서, 유아의 놀이행동을 그림 4-1과 같이 주장하고 있다.

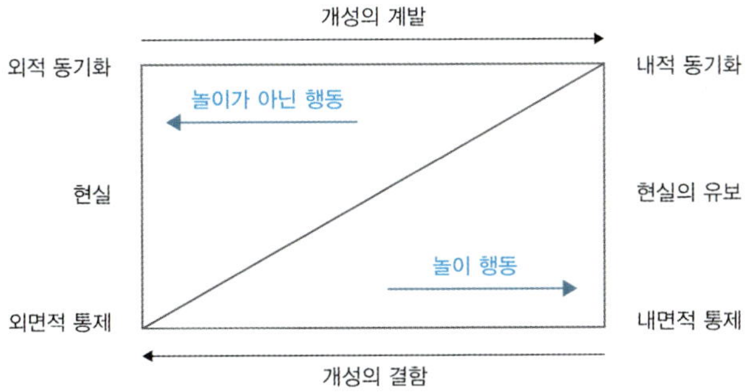

그림 4-1. 놀이행동: 개성의 전개

인간은 끊임없이 행동의 변화를 일으키며 살아간다. 그러한 인간행동의 변화는 외적인 동기와 내적인 동기에 의해 다양하게 나타날 수 있다. 그중 내적인 동기에 의해 지배받는 행동일수록 놀이행동에 가깝다. 또한 놀이는 인간의 마음, 신체, 그리고 정신을 결합할 수 있는 중요한 특성을 지니는 것으로 인간의 기능적인 모든 측면을 통합하고 균형을 이루게 하는 유일한 인간행동이다. 이러한 행동이 유아에게 있어 때로는 거칠며 우스꽝스러운 모습으로 나타날지 모르지만 그들 나름대로의 규칙성과 지속성을 지니고 있는 것을 볼 때, 유아의 발달 과정에서 발생하는 자연스러운 산물인 놀이를 통하여 조화롭고 균형 있는 발달을 이루어 간다고 할 수 있다. 그러므로 놀이는 유아의 성숙함에 따라 변화되고 정교해지며, 다양한 형태로서 유아 개인의 행동 특성을 규정짓고 전체 발달영역을 통합하는 중요한 의미를 지닌다.

유아놀이는 단지 단순한 활동의 한 행동만이 아니다. 표면적으로는 유아의 놀이가 단순하게 보이기도 하지만 유아들은 다양한 유형의 놀이에 참여한다. 유아들은 자발적으로 놀이에 참여하며 놀이할 수 있는 기회가 있을 때마다 기회를 포착하고 놀이를 즐긴다. 놀이를 하는 동안 그들은 오랫동안 어떤 기술을 숙달하기 위해 집중하기도 하며, 즐겁고 자유롭게 새로운 것을 시도하기도 한다. 이러한 의미를 지닌 유아의 놀이에 대하여 여러 학자들은 표 4-1과 같이 정의를 내리고 있다(김문희, 2009).

표 4-1. 놀이의 정의

구분	내용
프뢰벨 (Fröbel)	놀이는 가장 순수한 정신적 활동이며, 동시에 인간과 모든 사물에 내적으로 감추어진 자연스러운 생활 전체이다. 즉, 유아의 놀이는 곧 교육이다.
프로이트	모든 행동에는 동기가 있으며 놀이는 우연한 사건이 아니라 개인의 감정과 정서에 의해 결정되고, 놀이를 통하여 유아는 갈등을 해소한다.
이삭스 (Isaacs)	놀이는 유아의 삶 자체인 동시에 세상을 이해하는 수단이다.
하위징아 (Huizinga)	인간이나 동물에게 모두 적용될 수 있으면서 생각하는 것만큼 중요한 제3의 기능이 놀이이다.
루빈 (Rubin)	놀이는 문제해결능력, 협동, 도구사용기술, 창조성, 언어발달, 통찰력, 성역할, 문화의 전승 등 사회, 도덕, 인지발달에 공헌하는 마술 상자이다.
피아제	놀이는 조절에 대한 동화의 비율로서 동화가 조절보다 우세하면 놀이가 나타난다.
듀이 (Dewey)	놀이는 어떤 결과를 얻기 위해 의도적으로 하는 것이 아니라 모든 활동에 강조를 두는 것이다.

이와 같이 여러 학자들이 제시하고 있는 견해를 근거로 유아의 놀이에 대한 정의를 분석해 보면 유아의 놀이는 자발적인 것이며, 놀이 참여자와의 수용적인 관계를 유지하고 외부의 규칙과 목적보다는 놀이자체의 목적이 주가 된다는 것이다. 그리고 놀이를 하는 동안 발생되는 사고, 이해, 재평가, 지각하는 과정은 유아에게 주변 세계와 사물에 관하여 학습할 수 있도록 하며, 나아가 다른 활동에 도전하도록 하는 자신감과 호기심을 유발시킨다. 이러한 유아는 놀이를 통해 현실세계를 시험하고 평가하며 다시 재평가하고, 심사숙고하고, 이해하는 과정을 통해 창의성 능력을 습득하고 계발시켜 나가게 된다.

놀이의 정의는 매우 다양한 관점에서 내려질 수 있지만 공통적으로 유아의 놀이는 보다 중요한 특성을 지닌 행동으로서 삶 자체인 동시에 유아의 성장 발달 과정에서 최고의 수단이 된다. 이러한 의미는 유아에게 놀이가 얼마나 중요한가를 강조하는 것이라고 할 수 있다.

2) 유아놀이의 중요성

피아제는 교사가 말만으로써 유아를 지도하는 것은 교수활동이 아니며, 자유롭고 다양한 반응이 나올 수 있는 자료(open ended materials)를 활용함으로써 유아의 인지적 성숙이 이루어지며 기본개념도 발달한다고 주장하였다. 또한 유아 및 아동기의 인지적 성장은 놀이에서 가장 잘 나타난다고 하였다. 헌트도 유아가 생활 속에서 접하는 여러 가지 사상을 놀이를 통하여 표현, 조작, 배열, 분류해 봄으로써 궁극적으로는 특수하고도 기본적인 개념의 발달은 물론 상상력의 발달, 현실을 지각하고 대처하는 방법을 결정하게 된다고 하여 초등학교 저학년 이하의 교육활동에서 놀이가 매우 중요한 위치를 차지하고 있음을 주장하였다.

이처럼 유아에게 미치는 놀이의 중요성에 대한 발달 심리학자와 교육학자들의 견해를 구체적으로 살펴보면 표 4-2와 같다(김경숙, 최인숙, 1993; 김문희, 2009).

표 4-2. 유아기 놀이의 중요성

구분	내용
놀이는 실질적으로 유아기부터 8세까지 어린이의 생활 그 자체이다.	유아는 아침 일찍부터 밤에 잠을 잘 때까지 놀이를 하며 지낸다. 따라서 놀이는 유아가 자신의 능력을 사용하고 또 많은 기술을 배우는 가장 자연스러운 방법이다.
놀이는 성장을 돕는다.	놀이를 통하여 유아는 모방하고 탐색하며 자기 자신을 발견하고 자신의 생각을 시험해 볼 시간을 갖게 된다. 무엇보다도 놀이는 계획을 세우고 각 놀이상황에서 최선의 것이 무엇인지를 판단하며 일련의 사건을 만들어 내고 통제하는 기회를 모든 유아에게 주고 있다. 이러한 놀이시간을 통하여 유아는 초보적인 통제와 책임감을 배우고 유용한 습관들을 익히게 된다.
놀이는 자발적이며, 자신의 선택적인 활동이다.	자발적으로 하기 때문에 놀이는 높은 수준의 동기와 성취를 가능하도록 하고 자기선택이 가능하기 때문에 유아는 놀이를 통하여 자신의 능력을 확신하게 된다. 놀이세계에서는 유아 자신이 결정권자이며 놀이의 지배자이기 때문에 놀이환경이 보다 사려 깊고 융통성 있게 조직될수록 유아는 더욱 자신감을 갖게 된다. 유아의 자아존중감은 여러 해 동안 가정과 영유아교육기관에서 만족을 느끼면서 놀이에 몰두한 결과로 발달된다. 무엇보다도 놀이는 유아의 의지력을 형성하게 함으로써 그의 자아를 발달시킨다.

구분	내용
놀이는 유아에게 상상의 세계와 활동의 자유를 부여한다.	놀이는 유아가 외부세계를 자기의 것으로 동화시키는 자율적인 활동이다. 그러므로 잘 구조화된 놀이세계에서는 실제 세상의 크기를 유아에 맞게 축소시켜 변하기 쉬운 유아 자신의 마음에 맞도록 조작하고 조절할 수 있다.
놀이는 모험의 요소를 가지고 있어서 유아의 자발적인 경이감과 탐색적 시도를 유발하는 불확실성과 도전을 내포하고 있다.	유아는 비밀스러운 분위기를 가진 놀이상황에서 매우 기뻐한다. 놀이에서는 생활의 일상적인 규범이 고려되지 않으며 놀이가 실생활 보다 더 크고 중요하다.
놀이는 언어습득의 기초를 제공한다.	생후 초기는 언어가 없는 시기이지만 언어는 놀이경험과 인간관계와 대물관계 그리고 세상사를 경험하면서 습득이 가능하다. 유아가 길고 짧음, 크고 작음, 높고 낮음, 둥금과 사각, 딱딱하고 푹신함, 부드럽고 거칠음을 지각하기 위해서는 감각적 놀이경험이 요구된다. 일련의 크기에 대한 개념은 채색된 원추형과 크기대로 끼워 맞추기 장난감을 가지고 놀이를 하거나 갖가지 크기의 주전자, 냄비, 그릇을 다루어 보는 데서 얻어진다. 놀이는 반성적 사고, 연상 기억 및 궁극적으로는 읽기를 습득하는 데 필요한 명칭과 이름 붙이기를 잘하도록 돕는다.
놀이는 대인관계를 형성하는 독특한 힘을 가지고 있다.	자발적 극놀이, 역할놀이, 인형놀이, 그리고 가면놀이는 유아로 하여금 대인관계나 성격적인 어려움, 그리고 정서불안에서 벗어날 수 있도록 해 준다. 그러므로 유아가 태어나서 사회적 존재가 되기 위해서는 여러 해 동안 다양한 인간관계를 놀이해 보아야 한다.
놀이는 신체적 능력을 숙달시키는 기회를 제공한다.	유아는 뛰고 달리며 몸을 움직이게 하는 놀이를 즐긴다. 이러한 신체놀이를 통하여 유아는 신체적 통제를 배우게 되며, 신체의 움직임으로 인해 이루어지는 많은 형태의 동작을 통해 공간관계를 알게 된다. 또한 신체놀이활동을 통해 유아 자신의 기술이 적절한지를 스스로 알아볼 수 있는 기회도 가질 수 있게 된다.
놀이는 흥미와 주의집중능력을 향상시킨다.	놀이에서 유아는 탐색하고 발견하려는 자연스러운 충동을 가지고 있으며 여기에서 즐거움을 느낀다. 유아는 블록을 쌓으면서 여러 시간을 놀 수 있고 분명한 보상이 주어지지 않아도 쌓기 놀이를 반복해서 한다. 놀이는 완전한 몰입을 하도록 하며 유아가 자유롭게 반응하고 의사소통하도록 해 준다.
놀이는 유아가 물질세계를 탐색해 나아가는 방법이 된다.	유아는 외부 현실세계와 내부생활을 조정한다. 유아가 물질적 세계에 갖는 관심은 항상 과학적이지 않지만 이를 이해하고 통제하려는 욕구는 항상 유아로 하여금 새로운 것을 알아내도록 해 준다. 유아는 물건을 분해하거나 쌓아 올리거나 하면서 사물의 속성에 대해 배우게 되며 무게, 높이, 부피, 질감 등에 대한 근본적인 개념을 습득하게 된다.

구분	내용
놀이는 성인의 역할을 학습하는 방법이 된다.	초기의 상상놀이에서 유아는 자기들의 생활에서 중요한 위치를 차지하고 있는 어른들의 행동과 태도와 언어를 재창조한다.
놀이는 유아의 판단력을 돕는다.	사물의 속성과 유아 자신의 세계에 관한 생각을 설명하고 풍부히 하기 위해서는 수없이 다양한 직접적인 경험들, 즉 손으로 만져보고, 분류해 보며, 순서를 정하고, 모양을 본뜨고, 짝을 맞추고, 재 보는 경험들이 필요하다. 놀이를 통해 유아는 사물이 어떻게 작동되는지, 무엇으로 이루어졌는지를 분석하는 것이다.
학습은 놀이를 통해서 구체화될 수 있다.	수학, 과학, 지리학, 외국어 등의 모든 과목들은 놀이 안에서 이루어질 수 있기 때문에 유아가 개념을 파악하고 사용할 수 있게 된다. 실제로 학습은 항상 공부보다 놀이와 더 밀접하다. 해야 하기 때문에 읽거나 공부를 하는 것보다 자신의 목적을 위해 지식을 추구하도록 하는 것이 놀이이며 곧 학습이다.

최근 유아놀이의 중요성이 강조되고 있는 이유는 2019년 개정 누리과정과 2020 제4차 표준보육과정이 유아중심과 놀이중심으로 개정되면서부터이다.

놀이에 대한 학자들의 견해나 흐름은 시대적인 상황이나 현장의 필요성에 따라 변화되어 왔다. 하지만 학자들의 놀이에 대한 공통적인 견해는 유아가 자발적이고 주도적인 놀이를 통해서 배우고 알아 가는 것이 발달의 지름길이자 가장 효과적인 학습방법이고 교육과정의 중심이며 출발점이라는 것이다. 이처럼 유아에게 있어서 놀이는 중요한 활동이며, 가치를 지닌다. 현대 유아교육에서 놀이를 가치 있고 중요하게 생각하는 이유는 놀이가 아이의 생활이며 학습의 기본형식이기 때문이다. 이에 인생에서 가장 중요한 시기인 유아기에 유아의 발달적인 특성을 고려하여 유아의 발달을 촉진시킬 수 있는 유아중심 · 놀이중심이라는 국가 수준의 공통교육과정을 구성하게 되었다.

개정된 누리과정과 표준보육과정에서는 유아중심, 놀이중심 및 교사의 자율성을 강조한다. 따라서 교사는 각 학급에서 교육과정을 놀이중심으로 다양하게 운영할 필요성이 있다. 놀이를 지원하는 교사의 역할은 유아의 흥미와 관심을 존중하고 유아가 주도적으로 탐구하고 경험을 구성할 수 있도록 교육적 지원 방안을 계획 ·

실행하는 교육 전문가로서의 교사의 역할을 수행해야 한다. 따라서 놀이를 지원하는 교사에게는 표 4-3과 같은 역할 수행이 요구된다.

표 4-3. 놀이를 지원하는 교사의 역할

- 교사는 유아의 놀이, 일상생활, 활동으로 하루 일과를 계획하고, 특히 유아가 몰입하여 놀이할 수 있도록 놀이를 충분히 계획한다.
- 교사는 유아의 놀이가 배움으로 이어지도록 유아와 활발하게 상호작용(관찰하기, 함께 놀이하며 질문하기, 제안하기, 정서적 지원하기)하고, 유아가 자유롭고 주도적으로 놀이할 수 있는 교육 환경(시간, 공간, 자료)을 제공한다.

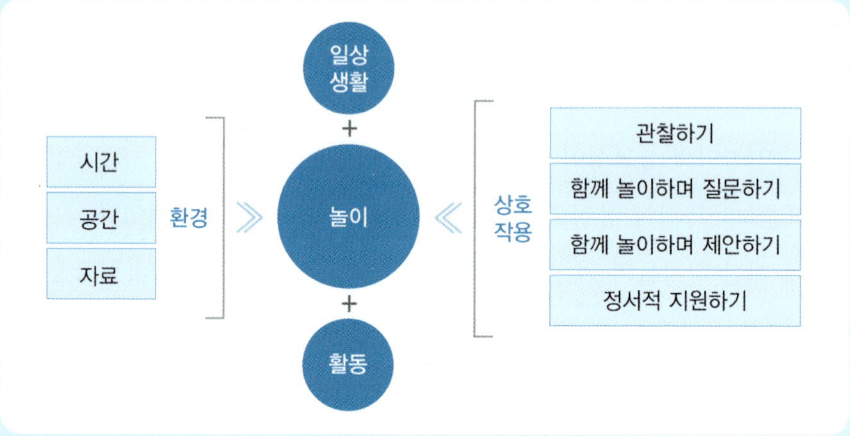

- 놀이를 지원하는 과정에서 교사는 다양한 방안을 염두에 두고, 필요한 경우 교사가 계획하거나 유아가 준비한 활동을 실시해 놀이가 활발하게 이루어지도록 지원한다.
- 교사는 일상생활, 놀이, 활동의 전체 맥락에서 유아의 배움이 일어났는지 관찰하며, 누리과정 5개 영역 중 유아의 배움이 잘 관찰된 영역을 중심으로 평가한다. 이때 놀이에서 모든 개인 유아를 평가해야 할 필요는 없다.
- 교사는 놀이과정이 마무리되었을 때 교육과정을 평가하며, 이때 누리과정을 기반으로 유아의 배움이 잘 관찰된 영역을 중심으로 평가한다.

출처: 교육부, 보건복지부(2020). 2019 개정 누리과정 놀이운영사례집: 놀이를 지원하는 교사의 역할(유아의 발현적 놀이에 리듬을 맞추는 교사).

이상에서 살펴본 것과 같이 2019년 개정 누리과정과 2020 제4차 표준보육과정은 놀이시간이 정해져 있지 않고 주입식이 아닌 유아가 주도적으로 놀이를 끝까지 할 수 있는 충분한 시간을 준다는 것에 대해 긍정적인 생각이 드는 반면, 현실적으로 우려되는 부분도 있다. 예를 들어, 초등학교는 놀이중심이 아니기 때문에 영유아교육기관과 초등학교의 연계에 어려움이 있을 수 있다. 놀이중심의 교육과정을 잘 정착시키기 위해서는 교사, 부모가 역량을 키워야 하는 것은 물론 초등학교 교육도 변화가 있어야 영유아교육기관의 교육과정이 잘 정착될 수 있을 것이다.

3) 놀이이론

놀이에 관한 이론은 20세기에 들어서면서 현대 심리학의 영향을 받아 보다 체계적인 이론으로 발전하게 되었다. 현대의 놀이이론을 정신분석이론, 인지발달이론 및 사회발달이론으로 구분하여 살펴보면 다음과 같다(김문희, 2009).

(1) 정신분석이론

정신분석가들이 놀이에 관심을 가지게 된 것은 프로이트로부터 시작되었으며, 왈더(Walder), 에릭슨(Erikson) 등으로 이어지면서 이론이 체계화되었다. 1940년대는 유아의 언어, 사회, 정서 발달단계를 강조하기 시작한 시기이다. 정신분석학자들은 유아기에 일반적으로 나타나는 공포 혹은 수줍음, 공격성 같은 행동들을 유아의 발달 단계 특성에 따라 어떻게 다루어야 하는가에 관심을 가졌다.

① 이론의 배경

1930년부터 1960년에 이르기까지 정신분석이론(Psychoanalytic Theory)이 놀이이론을 지배하였다. 이 시기에 놀이에 관한 연구들의 주제는 대부분 놀이치료, 유아 정서진단에 필요한 도구로써 놀이의 가치, 정서발달에 있어 놀이의 역할에 관한 정신분석학과 관련된 것들이었다. 정신분석학의 창시자인 프로이트는 유아의 정서 발달에 놀이가 중요한 역할을 담당한다고 주장하였고, 그는 상처받은 사건과 연관된 부정적 정서를 놀이를 통해서 정화할 수 있다고 주장하였다. 특히, 반복놀이(repetitive play)는 유아가 부정적 정서를 다룰 수 있는 또 다른 정화기제가 된다. 정서적으로 감당하기 어려운 상처받은 경험을 유아가 다룰 수 있을 만큼 작은 부분으로 나누어 놀이로 계속 반복한다. 이렇게 놀이활동을 이행함으로써 유아는 그 경험과 연관된 부정적 정서를 천천히 정화시킬 수 있게 된다.

② 놀이의 가치

자유롭고 다양한 목적을 부여하는 가운데, 목적보다는 방법을 중시하고 자발적이며 스스로 선택하는 것이 놀이의 본질이다. 놀이는 활동 자체에 의한 것이기 보다는 무의식으로부터 내적 충동을 감소시키기 위한 동기로 발생된다. 유아들은 주위 상황과 자기의 내적 자신을 숙달하기 위해 적극적으로 놀이활동에 참여한다. 정신분석이론에서 강조하는 놀이의 가치는 표 4-4와 같다.

표 4-4. 정신분석이론의 놀이의 가치

- 놀이는 무의식적 정서의 상징적 표출이므로 내적 정서의 진단 도구로서의 가치를 지닌다.
- 놀이를 통하여 갈등과 좌절을 이행하고 재정비함으로써 부정적 정서의 정화(catharsis) 기능이 있다.
- 정해진 규칙으로부터의 자유는 자아의 기능을 강화하여 수용적 태도를 유발하도록 돕는다.
- 자신의 욕구를 공상하고, 상상하며 그것을 놀이에 이행함으로써 현실의 주변 세계 숙달을 돕는다.

(2) 인지발달이론

스푸트니크호[1]의 발사는 과학에 있어 소련의 승리라는 상징을 부여하였다. 이에

1) 스푸트니크는 세계 최초의 인공위성으로 1957년 10월 4일에 발사되었다. 스푸트니크는 러시아어로 '어린 동반자'라는 뜻이다. 스푸트니크 1호의 근지점은 약 228km, 원지점은 947km, 무게는 83.6kg이었다. 4개의 안테나를 단 이 공 모양의 인공위성은 그 안에 2대의 송신기를 장비하고 대략 시속 3만km의 속도로 지구궤도를 96분마다 한 바퀴씩 23일 동안 돌면서 지구를 향해 비프 시그널을 보냈다. 소련은 스푸트니크에 지구에서 인구가 가장 조밀한 지역 위로 낮게 발사될 수 있도록 궤도와 궤적을 주어, 성능 좋은 망원경만 있으면 지구에서도 때로 그 모습을

반하여 미국에서는 1950년대에 들어오면서 교육의 질에 관한 의문이 제기되기 시작하였다. 몇몇의 대학과 학교들에서 전개됐던 빈곤층 학생들의 낮은 학업성취도에 관한 연구들을 통해 부족한 학업기술들을 보완할 수 있는 실험적인 유아교육 프로그램의 필요성이 언급되었다. 그 후 몇 년 동안 보상교육에 관한 실험의 확산 결과로 수많은 헤드스타트(Head Start) 프로그램이 등장하게 되었다. 1960년대에 들어오면서 영유아의 지적 발달에 있어서 놀이가 중요한 역할을 담당한다고 주장한 피아제와 더불어 동 시대의 러시아 학자 비고츠키(Vygotsky)에 의해 많은 영향을 받게 되었다. 스밀란스키(Smilansky)는 피아제의 이론을 준거로 하여 유아놀이에 관한 연구를 교사들과 연구자들이 실제에 적용할 수 있도록 조직하여 1968년에 발표했다. 이 외에도 브루너(Bruner)와 스미스(Smith)도 놀이가 인지발달에 중요한 효과가 있다는 것을 주장하였다.

① 이론의 배경

1960년대에 들어오면서 피아제와 비고츠키의 인지이론(Cognitive Theory)에 학계의 관심이 모아지자 정서적 적응에서의 놀이의 역할을 관망하던 추세에서 인지발달에 놀이가 미치는 영향에 관심을 갖기 시작하였다.

유아는 성인과 같은 사고 능력을 갖게 될 때까지 4단계의 인지발달단계(감각운동기→전조작기→구체적 조작기→형식적 조작기)를 거치면서 발달한다. 유아는 발달하는 과정에서 자신의 인지능력과 부합된 유형의 놀이에 참여하게 된다. 표 4-5는 피아제가 제시한 인지발달단계와 그와 부합되어 나타나는 놀이유형이다.

볼 수 있었다. 스푸트니크 1호는 그 이듬해 1월 4일 대기권에 돌입해 불에 타 사라졌다.

표 4-5. 피아제의 놀이발달단계

연령	인지발달단계	놀이유형
0~2세	감각운동기	연습놀이(Practice play)
2~7세	전조작기	상징놀이(Symbolic play)
7~11세	구체적 조작기	규칙이 있는 게임(Game with rules)

② 놀이의 가치

유아 스스로 선택하고 시작하는 활동을 기초로 사고를 구성하도록 유도하는 것이 놀이의 역할이라고 피아제는 주장하고 있다. 놀이는 결과보다는 과정에 더 중요한 가치가 있으며, 외부로부터 부과되는 규칙과는 상관없이 놀이의 목적은 유아에 의해 전개된다. 뿐만 아니라 상황을 이해하는 방향에 따라 그 목적을 변화시켜도 무방하다. 피아제(1962)와 비고츠키(1976)는 놀이에 있어서 규칙은 외부 상황에 의해 부과되는 것보다 놀이 자체내에서 형성되는 것으로 보았다. 인지이론에서 주장하는 놀이의 가치는 표 4-6과 같다.

표 4-6. 놀이의 가치

- 유아의 인지, 언어발달 정도가 놀이행동에 표출되므로 인지발달 정도를 파악하는 준거가 된다.
- 호기심, 탐구력, 창의력, 사물 상황 역할의 상징적 전환능력, 물리적 표상능력, 논리적 추리력, 사회적 지식, 보존능력, 연속성, 시간의 순서, 분류, 조망능력 등과 연결된 인지능력을 발달시킨다.
- 유아 놀이활동은 인지발달의 도구적 기능으로 규정하고 있는 또 다른 측면은 놀이가 활동에 적극적으로 참여하도록 내적으로 동기를 유발시키는 데 매체가 된다는 것이다.

(3) 사회발달이론

놀이에 대한 사회발달이론의 입장은 1932년 유아들에게 제공할 수 있는 적절한 교육환경에 관한 연구를 이행했던 파튼(Parten, 1932, 1933)의 연구결과에 기초를 두고 있다. 파튼은 자신의 연구에서 남녀 유아들이 선호하는 놀이자료와 영역에 관한 정보와 유아의 사회놀이 발달단계를 파악하였다. 이는 오늘날에도 유아의 사회놀이 발달단계에 준거가 되고 있다. 유아의 사회놀이행동은 유아의 사회적 능력과 문제해결기술이 반영되어 표출한다.

① 이론의 배경

피아제(1962)는 놀이와 사회적 기능에 관해서도 언급을 하였다. 또래들과의 놀이활동에서 유아는 다른 유아들이 자신의 견해를 인정하지 않을 때도 있다는 것을 인식하게 된다. 이런 상황에서 유아는 상대 유아의 생각에 관하여 스스로 질문하고 고려를 하며 나아가 자신이 생각을 재규정하고 재정비함으로써 사회학습이 발생한다. 그러므로 피아제는 자기중심성(self centrism)을 감소시키는 것이 사회놀이의 가장 중요한 기능이라고 주장하였다.

유아들은 자기중심적이기 때문에 또래들과의 갈등이 항상 일어난다. 피아제는 유아들은 서로의 갈등에 긍정적 가치를 부여하였는데, 갈등을 해결함으로써 유아는 주위의 환경을 적절하게 조절할 수 있는 방법을 배운다는 것이다. 만약 놀이활동 동안 유아들이 서로 동의하면 근본적으로 동화(assimilation)활동이 일어나는 것이며, 유아들이 서로 의견 차이를 보이면 갈등을 해결하기 위해 놀이조작에서 탈피한 후 놀이활동에서의 조절(accomodation)활동이 일어난다는 것이다. 놀이활동을 통하여 유아는 '탈중심화' 되어 가며, 사회적 세계에 관한 지식을 확장하게 된다.

② 놀이의 가치

놀이는 사회성 발달에 중요한 역할을 담당한다(Sponseller, 1974). 이삭스(1972), 피아제(1962), 스밀란스키(1968), 루빈(1980)도 다른 유아들을 인지하고, 또래들과 상호적 활동에 참여하고 협동하는 놀이활동은 자기중심적 유아에서 사회에 적응할 수 있는 한 사회인으로 전환시켜 준다고 주장하고 있다. 포맨과 힐(Forman & Hill, 1980)은 '사회적 역할놀이는 자기중심적 견해를 넘어 자신의 행동을 확장할 수 있는 자유를 유아에게 허용한다. 주어진 타인의 역할을 이행할 때, 유아는 다른 사람의 행동과 견해가 자신의 것과 다르다는 것도 인식하게 된다'고 사회학습을 발생시키는 놀이의 역할을 강조하였다. 사회발달이론에서 주장하는 놀이의 가치를 살펴보면 표 4-7과 같다.

표 4-7. 놀이의 가치

- 사회기술을 발달시킨다.
- 사회 인지능력을 배양한다.
- 사회놀이행동에 유아는 사회능력의 발달정도를 표출하므로 사회성 발달 측정의 준거가 된다.

4) 놀이의 유형

놀이의 유형을 사회적 놀이와 인지적 놀이로 구분하여 자세하게 살펴보면 다음과 같다(김문희, 2009).

(1) 사회적 놀이

사회적 능력은 유아기 동안에 점차 발달되어 유아가 유치원에 들어갈 연령이 되면 친구들과 함께 어울려 노는 사회적 놀이를 할 수 있다. 유아의 사회적 놀이 발달과정을 분석한 대표적인 학자는 파튼(1932)이다. 그는 유아원의 자유 놀이 시간을 관찰하여 유아의 사회적 참여도에 따라 놀이를 표 4-8과 같이 여섯 가지 형태로 분류하였다.

표 4-8. 파튼의 놀이 유형

구분	내용
비참여 행동	엄밀한 의미에서 놀이로 볼 수 없는 행동으로 순간적인 흥미에 따라 어떤 것을 몰두해서 바라볼 뿐이다. 흥미 있는 것이 없을 때에는 자신의 몸을 만지작거리거나 의자에 앉았다 일어서는 행동을 반복하기도 하며, 또 여기저기 돌아다니거나 선생님을 따라다닌다.
방관자적 행동	이 행동은 다른 친구의 놀이를 지켜보는 것으로 가끔씩 자신이 구경하고 있는 친구에게 말을 걸거나 질문을 하기도 하며, 제안을 하기도 한다. 그러나 놀이에 직접 참여하지는 않는다. 이 행동이 비참여행동과 다른 점은 특정 유아 집단을 바라본다는 점과 가까운 거리에서 지켜봄으로써 필요한 경우에는 말을 걸을 수도 있다는 점이다.
단독놀이	주변에 있는 유아들과 이야기를 나눌 수 있는 위치에서 친구가 사용하는 놀잇감과는 다른 놀잇감을 가지고 혼자서 독자적으로 놀이하는 형태이다. 곁에 있는 친구와 가까워지려는 시도는 전혀 하지 않는다.
병행놀이	이 놀이는 유아가 주변의 다른 친구들과 동일한 놀이를 하지만 서로 접촉하거나 간섭하지 않고 혼자서 놀이하는 형태이다. 다른 유아와 함께 논다기보다 다른 유아 곁에서 논다고 할 수 있다.
연합놀이	다른 유아와 함께 노는 집단놀이의 일종으로 놀이내용에 대해 이야기를 주고받거나 놀잇감을 빌려주기도 하지만, 역할을 분담하거나 놀이내용이 조직적으로 전개되지 못한다.
협동놀이	한두 명의 유아가 지휘권을 가지고 역할을 서로 분담하여 공동의 목표 달성을 위해 진행하는 조직적인 놀이이다.

파튼의 연구 결과에 의하면, 2세~3세반 유아는 병행놀이, 3세~4세반 유아는 연합놀이, 4세반 이후 유아는 협동놀이를 주로 한다. 그러나 1971년에 보고된 반스(Barnes)의 연구에서는 3, 4세 유아들이 비참여 행동, 방관자적 행동, 단독놀이를 많이 하고 연합놀이와 협동놀이는 덜 하는 것으로 나타났다. 우리나라 유아의 실외놀이를 관찰한 지혜련(1980)의 연구에서는 3세 유아는 단독놀이, 병행놀이를 많이 하고, 5세 유아는 협동놀이를 많이 하는 것으로 나타났으며, 최미숙(1994)의 연구에서도 혼자놀이는 6세 유아보다 4세 유아가 많이 하고, 집단놀이는 6세 유아가 4세 유아보다 더 많이 하는 것으로 보고하고 있다.

(2) 인지적 놀이

피아제는 유아의 인지가 발달함에 따라 놀이가 점차 복잡해져서 연습놀이, 상징놀이, 규칙 있는 게임의 세 단계로 발달된다고 주장하였다〈표 4-5 참조〉. 피아제 외에도 스밀란스키, 프로스트(Frost)와 클라인(Klein), 파커(Parker) 등이 인지 발달적 관점에서 놀이유형을 제시하고 있는데, 이를 간략하게 제시하면 다음과 같다.

① 기능놀이

기능놀이(functional play)는 기능적인 즐거움을 위해 반복적으로 되풀이하는 단순한 놀이행동을 뜻한다. 예를 들어, 매달려 있는 놀잇감을 우연히 건드려서 이리저리 흔들거리면 자기 행동의 결과로 놀잇감이 움직이게 된 것을 매우 기뻐하며 이 행동을 반복하게 된다. 기능놀이에는 특별한 놀이기술이나 상징이 포함되지 않는데, 피아제(1962)는 이 놀이를 연습놀이라고 불렀으며, 이를 다시 6단계로 세분하여 설명하였다〈표 4-9〉.

표 4-9. 피아제의 연습놀이 6단계

구분	내용
제1단계 (출생~1개월)	어린이는 빨기, 잡기 등의 선천적인 반사행동을 주로 하는데 배고픈 욕구가 충족되었음에도 불구하고 빨기를 계속하는 등 놀이로 간주할 수 있는 행동이 나타난다. 이러한 놀이 비슷한 행동은 빠는 행동에 숙달되기 위한 적응적 목적에서 행해지므로 진정한 의미의 놀이로 취급될 수 없다.
제2단계 (1~4개월)	이 시기에 어린이는 특별한 동기 없이 반복적인 행동을 한다. 피아제에 의하면 놀이는 조절과 동화가 분리되는 순간부터 시작된다. 즉, 어린이가 잡기, 던지기, 흔들기 등의 행동을 새로운 상황에 조절하여 학습한 이후에는 잡기나 던지기를 즐기기 위한 목적에서만 하게 된다. 한마디로 말하면 어린이는 더 이상 탐색이나 학습을 위해 행동하는 것이 아니고 행동에 숙달되는 즐거움과 자신의 능력을 과시하는 즐거움을 위하여 행동을 반복하는 것이다.
제3단계 (4~8개월)	진정한 의미에 놀이가 나타나는 시기이다. 이 단계에서 어린이는 놀이의 특징인 동화에 의한 행동을 하게 된다. 가령 어린이가 딸랑이를 손으로 건드렸을 때 소리가 나면, 이것이 재미있어서 옆에 있는 다른 장난감을 의도적으로 흔드는 놀이를 계속한다.

구분	내용
제4단계 (8~12개월)	이 시기에 어린이는 이미 학습한 행동들을 새로운 상황에 보다 적극적으로 적용한다. 예를 들어, 목적을 달성하기 위하여 장애물을 제거하는 것을 학습한 어린이는 목표물인 장난감에 수건이나 종이를 씌워서 감추어 놓아도 장애물을 치우고 장난감을 찾을 수 있다. 나중에는 물건을 찾는 목적보다 행동 자체를 즐기면서 반복하기도 한다.
제5단계 (12~18개월)	이 단계는 결과를 보기 위해서 실험을 시도하는 시기로 여러 가지 시행착오 행동이 나타난다. 피아제는 이 시기의 특징을 그의 딸의 행동을 통해 설명하였다. 즉, 재클린(Jacqueline)은 목욕을 하던 중에 우연히 손으로 물을 튀기게 되었는데, 다음에는 손에 높이를 다르게 하여 물 튀기기를 즐겼으며 목욕을 할 때마다 이런 행동을 하였다.
제6단계 (19~24개월)	어린이는 이 시기가 되면 외부세계의 여러 가지 현상을 내적으로 표상화시켜 사고할 수 있는 능력을 갖게 된다. 피아제의 딸 재클린은 자신의 베개가 연상되는 옷감을 보자 이것을 움켜쥐고 손가락을 빨면서 자러 가는 흉내를 내었다.

② 구성놀이

구성놀이(constructive play)는 유아가 다양한 사물을 직접 조작해 보는 과정에서 사물, 사물에 대한 자신의 행위, 결과에 대한 반응이 강조되는 놀이이다. 즉, 다양한 자료를 다루어 보는 과정에서 대안적인 방법을 발견하고 이전에 알고 있던 방법과의 관련성과 차이점을 비교하는 과정을 통해 유아 스스로 지식을 구성하는 놀이라고 할 수 있다.

유아기 어린이는 이러한 구성놀이를 많이 하는데, 루빈 등(1983)의 연구에서는 3세 어린이가 하는 놀이의 40%, 4~6세 어린이의 경우는 51%가 구성놀이를 하는 것으로 보고하고 있다.

스밀란스키(1968)에 의하면, 구성놀이는 기능적 활동으로부터 창조적 활동으로의 전환을 뜻한다. 생후 22~24개월 된 영아는 다양한 놀잇감을 활용하여 무엇인가를 창조하는 놀이를 시작한다. 예를 들어, 블록이나 여러 가지 끼워 맞추는 놀잇감, 목공놀이 도구나 미술자료를 가지고 자동차 만들기, 성 쌓기, 터널 만들기 등의 놀이를 한다. 이러한 변화는 사물을 조작하는 단계로부터 사물을 구성하는 단계로의 발전을 의미하는 것이다.

그러나 피아제(1962)는 스밀란스키와는 달리 구성놀이를 하나의 독립된 놀이단계로 인정하지 않았다. 만일 어떤 유아가 나무를 파고 돛을 달아서 배를 만들고 있다면, 이런 행동을 하나의 놀이로 볼 것인지, 모방이나 자발적인 작업으로 볼 것인지에 문제가 생긴다는 것이다. 따라서 그는 구성놀이를 상징놀이와 규칙 있는 게임에 중간 또는 놀이와 지적 활동에 중간, 놀이와 모방의 중간 위치에 있다고 주장하였다.

③ 상징놀이

2세 말경이 되면 손에 아무것도 없는데 무엇을 마시는 시늉을 하는 등의 상징놀이를 한다. 일반적으로 상징놀이란 눈에 보이지 않는 대상을 표상하거나 사물이나 상황을 실제와 다르게 변형시켜 표상하는 놀이로, 학자나 이론에 따라 상상놀이(imaginative play), 가상놀이(pretending play), 가장놀이(make believe play), 극놀이(dramatic play) 등의 각기 다른 용어로 불리는 개념이다. 학자들이 강조하는 가치나 이론에 따라 용어 사용이나 해석에는 차이가 있지만 상징놀이, 극놀이, 가상놀이에는 가작화 요소(as if elements)가 포함되어 있다는 공통점이 있다. 유아가 상징놀이를 하는 이유로 유아는 성인이 지배하는 세상에 살고 있으므로 유아의 지적 · 정서적 욕구를 충족시키지 못하는 경우를 들 수 있다. 따라서 자기 자신을 현실에 조절하기보다는 현실을 자신의 욕구에 동화시켜서 새로운 세계를 창조해 나가는 상징놀이를 하게 된다는 것이다.

④ 사회극놀이

사회극놀이(sociodramatic play)는 상징놀이가 더욱 발전된 놀이형태로, 한 명 이상의 친구와 함께 참여하는 극놀이를 의미한다. 스밀란스키에 의하면, 사회극놀이에는 현실적 요소와 비현실적 요소가 내포된다. 즉, 유아는 자신이 현실 세계에서 직접 경험한 상황이나 사람의 역할을 모방하는 사회극놀이를 많이 하는데, 이것이 바로 현실적 요소, 또는 모방적 요소이다. 그런데 유아는 자신이 관찰한 내용을 정확하게 모방할 능력이 부족하기 때문에 비현실적 요소, 또는 가작화 요소가 개입된다고 보았다. 가작화 요소가 작용됨으로써 사회극놀이의 내용이 다양하고 창의적이 될 뿐 아니라 유아에게 더 큰 만족감을 준다. 스밀란스키가 제시하는 수준 높은 사회극놀이의 여섯 가지 조건은 표 4-10과 같다.

표 4-10. 수준 높은 사회극놀이의 조건

구분	내용
역할의 가작화	가상스러운 역할을 언어나 행동으로 표현
사물의 가작화	사물의 용도를 다양하게 가상해서 언어나 행동으로 표현
행동과 상황의 가작화	상황이나 행동을 언어로 가작화
지속성	한 가지 놀이 주제를 적어도 10분간 계속 유지
상호작용	동일한 놀이 주제를 가지고 두 명 이상의 놀이자가 상호작용을 함
언어적 의사소통	놀이주제에 대해 놀이자 간에 언어적 의사소통을 함

⑤ 규칙 있는 게임

유아의 인지능력이 발달하면서 놀이에도 변화가 일어난다. 예를 들어, 공기놀이를 하는 경우, 2세에는 공깃돌을 굴리고, 컵에 담거나 흔들어 보는 기능놀이를 주로 한다. 그러나 3세경이 되면 공깃돌을 다양한 패턴으로 나열하거나 모래 케이크 윗부분을 장식하는 데 사용하며, 4세경에는 공깃돌을 계란으로 가상하여 사회극놀이를 한다. 그리고 6세경이 되면 공깃돌을 가지고 목표물 안에 던져서 집어넣는 규칙 있는 게임을 즐길 수 있다.

규칙 있는 게임은 구체적 조작기에 주로 나타나는 가장 발전된 형태의 놀이로, 정해 놓은 규칙에 따라 2명 이상의 또래와 경쟁하면서 승부를 겨루는 활동이다(Hughes, 1999). 유아가 정해진 규칙을 잘 지키면서 게임을 하려면 규칙을 올바르게 이해하고 적절하게 적용하며, 주어진 범위 내에서 자기행동을 통제할 수 있어야 한다. 규칙 있는 게임의 종류는 네 가지로 분류할 수 있는데, 이를 구체적으로 살펴보면 표 4-11과 같다.

표 4-11. 규칙 있는 게임의 종류

구분	내용
경기장 게임	경계선과 결승점이 표시된 사각형 모양의 커다란 경기장에서 이동하면서 진행하는 게임
테이블 게임	게임을 하는 장소의 규모가 작으며 주로 손과 발을 움직여서 게임 도구를 사용하는 게임
영상 게임	사람이나 사물의 그림이 그려져 있는 카드나 종이판을 사용하는 게임으로 놀이판 게임과 카드 게임이 포함
단어 게임	특별한 게임 도구 없이 말로 진행되며 기억력, 재치, 능변 등을 겨루는 게임으로 스무고개와 같은 게임이 이 유형에 포함

2. 유아놀이와 창의성

현대 유아교육에서 놀이의 중요성이 강조되는 이유 중 하나는 놀이가 유아들의 생활일 뿐만 아니라 학습의 기본 형식이기 때문이다. 놀이를 통해 자연스런 방식으로 앎의 지평을 넓혀 가며 감각운동적인 능력과 기능을 형성할 수 있고 또한 놀이 기술이나 규칙에 친숙해지고 놀이의 내용을 알게 되며 새로운 고안과 창작도 할 수 있게 된다. 놀이는 유아에게 지적 이해를 가능하게 해 주며 동시에 정서적 발달과 사회적 학습의 기회를 제공해 준다.

이런 놀이가 유아의 학습의 효과적인 수단이라는 사실은 놀이를 유아교육의 매체로 적극 활용해야 할 필요성을 강력하게 시사한다. 이상금(1987)은 유아교육의 본질적 기능 가운데 놀이의 중요성을 "놀이는 유아기 교육의 조화적인 발달, 종합적인 학습을 성취시키는 최상의 방법이다. 유아교육은 놀이를 왕성하게 유도함으로써 종합적이고 유연성 있는 지도가 가능하고, 인간 교육의 목표도 달성할 수 있다"고 주장하였다. 즉, 놀이는 유아들이 자유로운 환경 속에서 자발적으로 자신을 표현할 수 있는 기회를 제공하는 것은 물론, 인지, 창의성, 사회성, 신체발달과 같은 다양한 분야를 하나로 통합하는 기능을 가지고 있어 현대 유아교육에서 놀이에 대한 관심이 부각되고 있는 것이다.

또한 현재까지 많은 발달심리학자와 교육학자들은 놀이가 유아기 어린이의 창의성 발달을 촉진시킨다고 주장해 왔으며, 놀이와 창의성의 관계는 주로 다음 두 가지 관점에서 논의되고 있다(Pepler, 1986).

첫째, 놀이행동 자체의 특성에 초점을 맞추어 창의성 발달과의 관계를 지적하는 관점이다. 즉, 놀이에는 실험 행동이 많이 내포되어 유아가 놀이를 하면서 다각적인 탐색을 하며 이로 인해 다양한 기술과 광범위한 반응 레퍼토리를 습득하게 되고 아울러 융통적인 사고를 하게 되며 그 결과로 창의성이 증진된다는 것이다.

둘째, 일련의 학자들은 놀이를 통해 유아의 구체적 사고력이 추상적 사고력으로 전환되기 때문에 놀이와 창의성 발달이 깊은 관계가 있다고 주장한다. 예를 들어, 피아제와 같은 학자는 놀이에서 강아지 놀잇감을 진짜 강아지처럼 생각하는 상징적 표상화가 일종의 추상적 사고라고 설명하면서, 유아가 이러한 과정을 통해 구체적인 사물 이외의 것에도 주목하고 새로운 연상을 하여 창의성이 발달되는 것이라고 주장하였다.

놀이와 창의성 발달과의 관계는 놀이행동과 확산적 사고력의 상관을 연구한 학자들에 의해 제기되기 시작하였는데, 리버만(Lieberman, 1965)은 이러한 상관관계를 최초로 연구한 학자로, 유아기 어린이의 장난기(playfullness)와 확산적 사고와의 상관을 분석하였다. 리버만에 의하면 장난기란, 놀이의 질적 특성을 나타내는 하나의 양식(mode)으로 신체적 자발성, 사회적 자발성, 인지적 자발성, 즐거움의 표현, 유머감각 등 다섯 가지 특성을 지닌다. 리버만의 연구 결과, 장난기와 확산적 사고 간에 높은 상관이 있는 것으로 나타났다.

지금까지 진행되어 온 놀이와 창의성에 관한 국내·외 연구들을 종합해 보면 표 4-12, 영유아기의 놀이와 창의성 발달의 관계를 요약하면 표 4-13과 같다(이숙재, 2008; 전경옥, 2008).

표 4-12. 놀이와 창의성의 관련성에 관한 연구

구분	연구결과
Rummo(1973)	유아의 놀이성 요인과 창의성이 정적 상관이 있음을 밝혔다.
Taylor(1992)	일본 유아들에게서 놀이성과 창의성의 관계가 통계적으로는 유의미하지 않게 나타났지만 질적 분석 정보에서 어느 정도 관련성이 있다고 하였다.
Lieberman(1965)	놀이의 질이 창의적인 사고 능력을 예측할 수 있는가를 발견하기 위해 놀이성과 창의성과의 관계를 연구한 결과 창의성이 높은 유아가 신체적, 인지적, 사회적 자발성이 높고 즐거움의 표현과 유머 감각이 풍부하며 놀이성이 높은 유아일수록 창의성의 요소인 유창성, 독창성, 융통성이 높은 것으로 나타났다. 또한 요인을 분석한 결과 놀이성은 단일 행동 변인이며 이러한 아동의 놀이성은 성인이 보여 주는 창의성의 기초가 된다고 주장하였다
Singer & Rummo(1973)	52개월에서 77개월의 중류층 아동을 대상으로 놀이성과 창의성의 관계에서 남아와 여아의 차이를 보았는데 그 결과 창의성 수준에 관계없이 여아가 덜 개방적인 것으로 나타났지만, 창의적인 남아들은 더욱 개방적이고 호기심이 많고 놀이를 좋아하며 표현적인 것으로 나타나 유아 성별에 따른 창의성에 차이가 있음을 밝혔다.
Dansky & Silverman(1973)	놀이경험과 창의성의 관계 연구에서 놀이자료를 제공받은 실험집단과 제공받지 못한 통제집단과의 비교연구에서 실험집단의 유아들이 유의한 차이로 익숙하지 않은 놀이자료들에 다양하고 독창적으로 반응하며 더 놀이다운 태도를 가지고 자발적으로 확산적 과제에 접근함을 밝혔다.
유애열(1994)	유아의 상상놀이와 교사 개입에 관한 관찰 연구에서 유아의 놀이성과 상상놀이 수준 간의 관계, 놀이성과 창의성 간의 관계 연구에서 상상놀이 수준과 놀이성의 하위 요인인 즐거움의 표현, 유머 감각과 정적인 상관이 있는 것으로 나타났다.
송민영(1998)	창의성의 총점과 놀이성의 다섯 가지 하위 요인인 신체적·사회적·인지적 자발성, 즐거움의 표현, 유머 감각에서 유의미한 정적 상관을 밝혔고 놀이성의 총점과 창의성의 하위 요인인 유창성, 독창성, 정교성, 개방성 간에도 유의미한 정적 상관이 있음을 나타냈다.

구분	연구결과
김준희(1999)	유아의 놀이성과 창의성의 관계 연구에서 유아의 놀이성 총점은 성별에 차이가 없고 하위 요인인 신체적 자발성에서만 남아가 여아보다 통계적으로 유의미하게 높았다. 유아의 창의성 총점 및 하위 요인 모두 성별에 따라 차이가 없는 것으로 나타났고 유아의 놀이성과 창의성과의 관련성은 통계적으로 높은 정적 상관이 있음을 보여 주었다.
한미현(2002)	유아의 창의적 수준에 따라 놀이성의 하위 요인 중 사회적 자발성에서 유의미한 차이를 보였고 정서지능 수준에 따라 놀이성에 차이가 있는 것으로 나타났다.
유혜순(2001)	창의적 사고력이 높은 유아들이 창의적 사고력이 낮은 유아보다 주도적 놀이 스타일을 많이 나타낸다고 하였다.
고소영(2003)	창의성과 놀이성에 대한 연구에서 창의성과 놀이성 간에 정적 상관이 있다는 연구결과를 보여 주었다.
전경옥(2008)	유아의 놀이성이 유아의 창의성에 영향을 미치고 있음을 밝혔다. 유아의 유머감각과 사회적 자발성은 유창성에 정적인 영향을 주며, 유아의 인지적 자발성, 사회적 자발성은 정교성에 정적인 영향을 미친다.
김예향(2022)	정형화되지 않은 놀잇감을 활용한 자유놀이를 경험한 실험집단은 창의성과 창의성의 하위 요인인 유창성, 융통성, 독창성, 상상력 중에서 상상력을 제외한 나머지 모두에서 통계적으로 유의미한 향상을 보였으나, 통제집단은 창의성과 창의성의 하위 요인인 유창성, 융통성, 독창성, 상상력 모두에서 통계적으로 유의미한 향상을 보이지 않았다. 이는 정형화되지 않은 놀잇감을 활용한 자유놀이가 유아의 창의성에 긍정적인 영향을 미치는 것을 의미한다.
박영림(2022)	유아의 놀이성은 가상놀이의 완전매개효과를 통해 확산적 사고에 미치는 영향이 유의한 것으로 나타났다. 즉, 유아의 놀이성이 높을수록 가상놀이의 수준이 높아지며, 유아가 더욱 다양하고 독창적인 사고를 하였다.
장은지(2022)	'천 놀이' 프로젝트를 통하여 유아의 독창성과 정교성이라는 창의적 사고가 신장되었으며, 자발성과 개방성이라는 창의적 태도가 신장되었다.

표 4-13. 놀이와 창의성 발달의 관계

- 놀이를 하면서 창의성의 정의적 요소인 호기심, 자발성, 민감성이 발달한다.
- 놀이를 통해 다각적인 탐색을 하게 되어 확산적 사고 능력이 증진된다.
- 놀이 가운데 '~인척 하는' 가작화 요소(as if element)가 내포된 상상놀이를 하면서 상상력이 발달한다.
- 놀이 중에 새롭고 독특한 아이디어를 생각할 기회가 많아져 독창성이 발달한다.

Chapter 05

창의성과 융합

배울내용

1. 창의융합인재
2. 창의융합교육의 개념
3. 창의융합교육의 교수학습방법
4. 창의융합교육의 사례

학습목표

1. 창의융합인재의 개념을 파악한다.
2. 창의융합교육의 개념을 숙지한다.
3. 창의융합교육의 교수학습방법을 설명할 수 있다.
4. 창의융합교육의 사례를 통해 활용방안을 모색해 본다.

Chapter 05

창의성과 융합

1. 창의융합인재

2000년대 초반 휴대폰 시장에서 상승세를 이어 가던 노키아는 애플에 그 주도권을 넘겨주게 되었다. 전 세계인의 마음을 사로잡은 스티브 잡스(Steve Jobs)의 아이폰이 등장했기 때문이다. 디지털 기술에 소비자 중심의 디자인을 고려하여 감성을 불어넣은 결과였다. 키네틱 아티스트 테오 얀센(Theo Jansen)은 해변에 거대한 작품을 설치하였는데, 이 작품에는 엔진이나 모터가 없지만 바람이 불면 스스로 움직여 마치 생명체가 걸어가는 듯한 느낌을 주었다. 그는 물리학을 전공한 과학도로서 컴퓨터 공학자, 기계 제작자 등을 거쳐 예술가가 되었다. 두 사례는 과학, 과학기술과 서로 다른 지점에 있을 것만 같은 디자인과 예술이 융합된 대표 사례로 볼 수 있다.

테오 얀센

출처: https://news.koreaherald.com/

이처럼 문제의 해결방안을 찾거나 무언가 창조하기 위해 독립된 한 분야 내의 지식, 기술만을 활용하기보다는 서로 다른 분야와 교섭하고 서로의 것을 합하여 새로운 것을 만들어 내는 것을 강조하는 시대가 되었다. 이는 17세기 이후 형성된 이성 중심의 지배적 논리가 해체되고 감성의 가치가 재인식되며 감성과 이성, 감각과 논리의 조화 및 공존을 시도하려는 노력의 일환으로 볼 수 있다(곽영숙 외, 2020). 현대는 융합의 시대라고 일컫을 만큼 융합이 강력한 문화 코드로 급부상했다(김성숙, 2013). 따라서 현대 사회에서 강조되고 있는 융합과 창의융합인재를 알아보고, 이를 위한 교육의 방향성을 살펴보고자 한다.

1) 융합의 개념

융합의 어원은 라틴어 '함께(con)'와 '수렴하다(vergere)'가 합쳐진 'convergere'로 '한 곳으로 수렴한다'의 의미를 내포하고 있다(조대현, 2015). 우리나라 국립국어원은 융합을 '다른 종류의 것이 녹아서 서로 구별이 없게 하나로 합하는 일'로 정의하고 있고(국립국어원 표준국어대사전, 2022), 김성숙(2013)은 융합을 다양한 종류의 것 혹은 이질적인 것이 서로 교섭하면서 새로운 가치를 생성해 내는 것이라 하였으며,

김덕현(2011)은 융합을 독립적으로 존재하던 개체들의 화학적 결합을 통해 가치가 커진 새로운 개체를 창조하기 위한 의도적 생산공정이라 정의하고, 그 결과물이 기술이나 제품을 그저 섞는 것이 아니라 가치에 수렴한다는 의미가 포함되어 있는 개념이라고 하였다. 융합에 대한 다양한 정의를 토대로 융합의 의미를 정리해 보면 '융합'이란 여러 학문 혹은 영역 간 조화를 토대로 창조적인 과정을 통해 더 큰 가치를 지닌 산출물을 제작하는 것으로 볼 수 있다.

한편, 이러한 융합은 종종 통합(integration)과 비교되는데, 통합이 물리적 결합에 해당된다면 융합은 화학적 결합으로 설명된다. 즉, 마트에서 라면을 5개씩 포장하여 하나의 번들로 판매한다거나, 호텔, 항공권, 관광지 가이드 등의 서비스를 묶어 판매하는 여행 패키지 등은 물리적 결합인 통합에 해당하고, 길 안내 기능, 라디오 기능, TV 기능, 하이패스의 기능 등 서로 다른 기능을 묶어 새로운 제품인 내비게이션을 창작한 것은 융합에 해당한다(곽영숙 외, 2020). 즉, 융합은 통합보다 진보된 개념으로, 그 대상이 무엇이든 간에, 창조적 생각과 창의적 재해석 · 재결합을 통해, 더 큰 가치의 새로운 것을 만드는 행위이다(이경화, 태진미, 2015).

2) 창의융합인재의 개념

최근 교육계에서는 '창의융합형 인재상'이 대두되고 있다. 창의적 인재, 창의융합인재, 융합인재는 비슷한 개념으로 통용되고 있는데, 교육부(2015)는 창의융합형 인재를 인문학적 상상력, 과학기술 창조력, 바른 인성을 겸비하여 새로운 지식을 창조하고 다양한 지식을 융합하여 새로운 가치를 창출할 수 있는 사람으로 정의하고 있으며, 곽영숙 등(2020)은 창의적인 생각을 기반으로 각 분야의 다양한 지식을 융합하여 문제를 해결할 수 있는 인재를 창의융합인재라고 정의하고 있다.

이처럼 창의와 융합은 떼려야 뗄 수 없는 관계로 표현되기도 하는데, 이는 창작

과정이나 문제해결과정에서 창의력과 융합능력이 동시에 요구되기 때문이다. 곽영숙 등(2020)은 여러 분야를 융합하여 새롭고 가치로운 것을 창출하기 위해서는 창출과정에서 겪게 되는 문제상황에 유연하게 대처하고 적응하며, 자신이 갖고 있는 능력을 최대한 활용하는 능력이 필요한데, 이를 복합성으로 표현할 수 있으며 창의적인 사람은 대부분 복합적인 능력, 다시 말해 융합적인 능력을 발휘하는 사람이라고 주장한다.

3) 창의융합인재와 교육

창의융합형인재를 기르고 양성하는 것이 중요해진 시점에서 창의융합인재를 양성하기 위한 교육의 방향을 모색할 필요가 있다. 이를 위해 '창의'와 '융합'의 관계를 어떻게 설정할 것인가에 대한 논의가 선행되어야 한다. 즉, '두 개의 관계가 대등한 것인가?, 더욱 우세한 것이 있는가?, 아예 새로운 개념으로 봐야 하는가?'에 대한 관점이다.

유아를 대상으로 교육을 할 때 '창의'를 교육의 목표로 삼고, '융합'을 이러한 목적과 목표를 달성하기 위한 교육의 방법으로 여기는 것이 바람직하다(곽영숙 외, 2020). 왜냐하면 융합 그 자체가 교육의 목적이 아니라 '융합'을 토대로 하여 창의적 사고를 신장하고 문제해결능력을 갖춘 인재를 길러 내는 것이 필요하기 때문이다. 이러한 방향성에 근거하여 창의력, 소통능력 등을 길러 주고자 하는 창의융합교육이 이루어지고 있다. 이에 창의융합교육에 대해 살펴보면 다음과 같다.

2. 창의융합교육의 개념

창의융합교육은 분절되어 있는 학문의 경향성에서 벗어나 초학문적, 간학문적 접근의 시도에서 출발한 교육으로 미국, 핀란드, 독일 등 전 세계에서 다양한 형태로 이루어지고 있으며, STEAM 교육으로 일컬어진다. STEAM 교육은 과학(Science), 기술(Technology), 공학(Engineering), 예술(Arts), 수학(Mathematics)의 첫 글자를 조합하여 만들어진 것으로 다섯 개의 학문 영역이 서로 관계를 맺으며 연결된 새로운 접근 방식의 교육을 의미한다(송민서, 김형재, 2016).

STEAM 교육의 배경은 미국의 STEM 교육에서 출발한다. 미국 과학 재단(NSF: National Science Foundation)은 1990년, 과학, 기술, 공학, 수학의 약어로 STEM 교육을 지칭하며 융합교육을 연구하기 시작하였다(김경화, 장기범, 2015). 이후 2006년 야크만(Yarkman)이 전인교육을 위해 기존의 STEM 교육에 예술(Arts)을 포함시킨 STEAM 교육을 제안하였다(김진수 외, 2020). 이러한 STEAM 교육은 2007년 우리나라에 소개된 이후, 2011년 교육부에서 초·중등 STEAM 교육 강화 정책을 발표하였다. 2015년에는 창의융합인재 양성을 목표로 교육과정을 개정하여 교육과정에 STEAM 교육이 반영되기 시작하였다. 초등 이상 학교급에서는 STEAM 교육 연구 및 선도학교 운영, 교사 연구회 운영 등을 통해 STEAM 교육의 활성화를 꾀하고 있다.

유아교육 분야에서는 2013년 한국유아교육학회에서 STEAM 교육을 주제로 학술대회를 개최하면서 논의가 되기 시작되었다. 이후 2018년 서울특별시교육청유아교육진흥원에서 '누리과정 내실화를 위한 유아 STEAM교육 프로그램'이 개발되었으며, 일부 대학과 대학원 교육과정에 STEAM 교육 관련 교과목이 개설되고, 영유아 교육기관의 교사 연수 및 컨설팅 등이 이루어지고 있으며 STEAM 교육의 현장 적용을 위한 노력이 이루어지고 있다.

1) STEAM 교육의 정의

과학, 기술, 공학, 예술, 수학의 교육내용을 융합한 STEAM 교육은 교육학자나 공인된 단체에 의해 지속적으로 개념 정의가 이루어지고 있다. STEAM 교육에 대한 다양한 정의를 살펴보면 표 5-1과 같다.

표 5-1. STEAM 교육에 대한 정의

학자 및 단체	정의
교육과학기술부(2010)	과학기술에 대한 흥미와 이해를 높이고, 과학기술기반의 융합 사고와 문제해결 능력을 배양하는 교육
교육과학기술부(2011)	다양한 내용과 교수법을 접목하고자 시작된 통합적이고 융합적인 교육 방안으로, 과학, 기술, 공학, 예술, 수학 등 교과 간의 통합적 접근 방식을 의미하는 새로운 교육의 틀
김진수(2012)	과학, 기술, 공학, 예술, 수학의 과목 또는 내용을 통합하여 가르침으로써 과학기술에 대한 학생들의 흥미와 이해력을 높이고 창의적 문제해결능력을 기를 수 있는 융합교육
신재한, 최은경(2018)	융합의 개념을 바탕으로 두 개 이상의 교과나 학문을 단순히 통합하는 것뿐만 아니라 두 개 이상의 교과나 학문에서 요구하는 지식, 기능, 태도 등을 완전히 분리하여 하나의 새로운 교과나 학문을 만들 수 있는 것
조형숙 등(2018)	과학, 기술, 공학, 예술, 수학의 내용을 통합하여 문제를 해결하는 경험을 통해 과학기술에 대한 흥미와 이해를 향상시키고 창의적 문제해결능력을 기를 수 있는 융합교육

표 5-1과 같이 STEAM 교육에 대한 정의는 이처럼 다양하지만 과학, 기술, 공학, 예술, 수학의 교육 내용의 통합 및 융합, 문제해결 경험을 통한 과학기술에 대한 흥미와 창의적 문제해결능력 배양이 강조되는 것을 알 수 있다. STEAM 교육을 교육 현장에 적용하기 위해서는 STEAM 교육의 다섯 개 내용 요소인 과학, 기술, 공학, 예술, 수학에 대한 기본적인 이해가 필요하다고 할 수 있는데, 각 요소의 내용을 구체적으로 살펴보면 표 5-2와 같다.

표 5-2. STEAM 교육의 각 요소별 정의 및 기능

구분	정의	기능
과학(S)	자연 그 자체에 대한 학문	지식 기반
기술(T)	가치재를 만드는 방법 또는 그 기술	지식 기반
공학(E)	조건하에 가치를 창출하기 위한 방법론	사고 기반
예술(A)	감성을 통한 순화 및 표현	감성 기반
수학(M)	수리에 따른 체계적이고 논리적인 언어	언어개념 기반

출처: 박현주, 백윤수(2011): 신재한(2013: 54)에서 재인용.

과학은 객관적으로 존재하는 자연현상을 있는 그대로 기술 · 설명 · 이해 · 예측 · 통제하고자 하는 지식 체계이다(조희형, 1996). STEAM 교육에서의 과학은 물리학 · 화학 · 생물학 · 지구과학 관련 개념으로 볼 수 있으며, 유아교육과정에서는 물체와 물질, 생명체, 자연환경, 자연현상의 내용을 포함한다.

기술은 과학 이론을 적용하여 자연의 사물을 인간 생활에 유용하도록 가공하는 수단 또는 사물을 잘 다루는 방법이나 능력을 의미한다(강충인, 2015). 이를 STEAM 교육에 적용해 보면, STEAM 교육에서의 기술은 목적에 맞게 사물을 유용하게 가공하는 수단이자, 목적에 맞는 산출물을 제작하는 과정에서 활용되고 향상되는 사물을 다루는 방법이자 기술이라고 할 수 있다. 유아 STEAM 교육에서의 기술은 유아들이 다양한 재료와 도구를 탐색하고, 목적에 맞는 산출물을 제작하는 과정에서 활용되는 방법이나 기술을 의미한다.

공학이란 인간의 삶의 질 향상을 위해 과학적 지식과 기술을 이용하여 인간에게 유용한 제품을 만드는 학문으로, 다양한 분야에 과학적 원리, 지식, 도구를 활용하여 새로운 제품과 도구를 만드는 학문이다(강충인, 2015; 곽영숙 외, 2020). 이에 STEAM 교육에서의 공학은 문제에 대한 설계, 모형 만들기, 문제에 대한 해결책 제시하기를 포함한다(곽영숙 외, 2020). 이를 유아교육에 적용해 보면 유아 STEAM 교육에서의 공학은 유아가 일상의 문제발견, 문제해결을 위한 아이디어 모색, 계획

수립 및 계획 수정의 과정 전반을 포함한다.

예술은 감상의 대상이 되는 아름다움을 표현하려는 인간의 활동 및 그 작품을 의미하는 것으로(국립국어원 표준국어대사전, 2022), 아름다움의 표현과 창조, 감상을 아우르는 의미이다. 유아 예술교육은 탐색, 표현, 감상의 경험이 균형 있게 다루어지는 것이 바람직하며, 유아 STEAM 교육에서의 예술 요소는 음악, 미술, 동작, 문학의 내용을 포함한다.

수학은 순수논리만으로 특수하고 복잡한 요소 사이의 배열 결합의 형식적 관계를 구하는 연역과학(사이언스올 과학사전, 2022)으로, 대수학, 위상수학, 기하학 등으로 구분할 수 있다. 수학은 각 교육내용을 연구하는 것에서 나아가 이를 응용하여 생활에 적용시키는 것을 포함하는데, 이를 위해 문제해결, 추론, 의사소통, 표현과 같은 사고과정을 중시한다. 유아 STEAM 교육에서의 수학요소의 내용은 수와 연산, 기하, 측정, 규칙성, 자료 분석을 포함한다.

2) STEAM 교육의 핵심역량

우리나라는 STEAM 교육을 통해 함양할 수 있는 역량(capability)으로 4가지 역량을 강조하고 있다. 4가지 역량은 창의(Creativity), 소통(Communiation), 내용융합(Convergence), 배려(Caring)이며, 이를 4C 역량으로 부르기도 한다(백윤수 외, 2012). STEAM 교육의 핵심 역량과 관련 요소를 살펴보면 표 5-3과 같다.

표 5-3. STEAM 교육의 핵심 역량 및 요소

핵심 역량	인재상	관련 역량 요소
창의 (Creativity)	창조와 혁신을 추구하는 인재	창의력, 문제해결능력, 문제확인능력, 정보수집능력, 정보분석능력, 의사결정능력, 평가능력
소통 (Communication)	소통 능력을 갖춘 인재	언어적 소통, 시청각적 소통, 학문적 능력, 글로벌 소통능력, 소통하는 태도, 협력하는 태도

핵심 역량	인재상	관련 역량 요소
내용융합 (Convergence)	융합 지식을 이해하고 활용하는 인재	다양한 지식의 이해, 다양한 지식 간의 연결성 및 연관성에 대한 이해, 새로운 가치적 관점의 융합 지식의 창출, 융합 지식의 활용
배려 (Caring)	배려와 존중을 실천하는 인재	자기애, 자신감, 자아정체감, 자아효능감, 타인을 위한 배려, 타인 존중, 다문화 이해, 감성

출처: 백윤수 외(2012).

3) STEAM 교육의 모형

STEAM 교육의 모형은 교육과정 통합에 대해 연구한 야콥스(Jacobs, 1989), 포가티(Forgaty, 1995) 등의 모형부터 STEAM 교육에 중점을 둔 김진수(2011)의 모형, 신재한과 최은경(2018)의 모형, 실생활 중심의 한국과학창의재단(2015)의 모형까지 다양한 모형들이 있다. 이러한 여러 모형 중 STEAM 교육에 중점을 둔 모형인 김진수(2011)의 모형과 한국과학창의재단(2015)의 모형을 살펴보면 다음과 같다.

(1) 김진수의 STEAM 교육 모형

김진수(2011)는 학문의 통합 방식 및 연계 정도에 따라 STEAM 모형을 연계형, 통합형, 융합형으로 제안하였다(그림 5-1). 연계형은 특정 주제를 중심으로 여러 학문으로부터 내용을 선정하여 구성하는 다학문적 통합(Multidisciplinary Intergration) 유형이고, 통합형은 각각의 학습 분야에서 공통적인 학습 요소에 초점을 두는 간학문적 통합(Interdisciplinary Intergration)이며, 융합형은 탈학문적 통합(Extradisciplinary Intergration)에 해당한다.

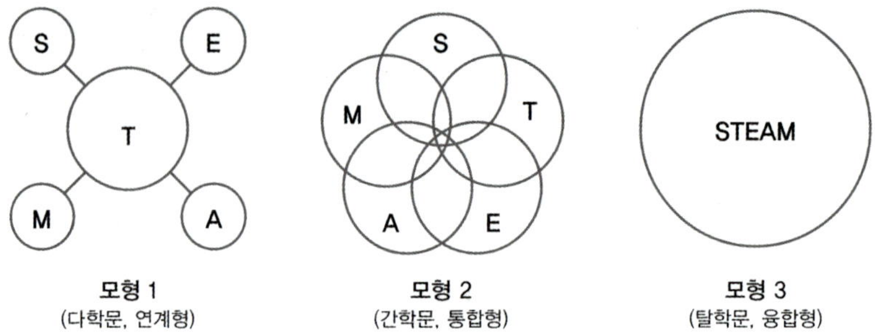

그림 5-1. 김진수의 STEAM 통합 모형

출처: 김진수(2011). STEAM 교육을 위한 큐빅 모형. 한국기술교육학회지, 11(2), 124-139.

김진수(2011)는 통합교육과정 이론, STEAM 교육에 대한 문헌 연구를 바탕으로 창의적 STEAM 교육을 위한 '큐빅 모형(Cubic Model)'을 제안하였다(그림 5-2). 큐빅 모형은 X축, Y축, Z축의 3차원으로 구성되어 있는데, X축은 학문의 통합 방식(다학문, 간학문, 탈학문), Y축은 학교급(초등학교, 중학교, 고등학교, 대학교), Z축은 통합 요소(활동중심, 주제중심, 문제중심, 탐구중심, 흥미중심, 경험중심, 기능중심, 개념중심, 원리중심)를 나타낸다.

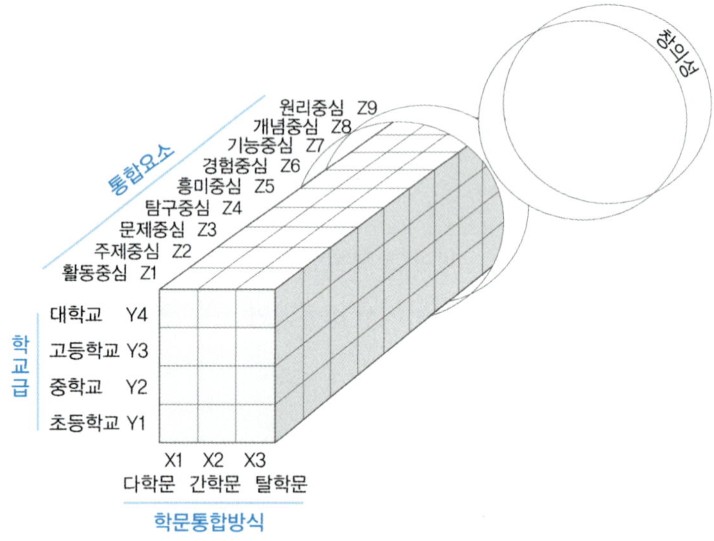

그림 5-2. 김진수의 창의적 STEAM 교육을 위한 '큐빅 모형'

출처: 김진수(2011). STEAM 교육을 위한 큐빅 모형. 한국기술교육학회지, 11(2), 124-139.

큐빅 모형에 유아교육 분야는 제시되어 있지는 않지만, 유아교육 분야에서는 이미 통합교육이 이루어지고 있었고, 활동중심, 주제중심, 문제중심, 흥미중심 등의 활동 역시 이루어지고 있었다. 따라서 김진수(2011)의 큐빅 모형은 유아교육 분야에 적용이 가능하다고 할 수 있다.

(2) 한국과학창의재단의 실생활 중심 STEAM 모형

초기에 STEAM 교육에 초·중등학교에 적용되었을 때 특정 주제를 미리 선정하고 그에 따른 교과와 단원을 찾아 STEAM 요소를 연결하는 방식으로 이루어졌다. 이러한 접근 방식은 연결이 매끄럽지 못하다는 문제점이 있었다(한국과학창의재단, 2015). 따라서 특정 주제나 교과를 중심으로 STEAM 교육이 시작되는 것이 아니라 실생활 문제중심의 자연스러운 융합 모형을 제안하게 되었다(그림 5-3).

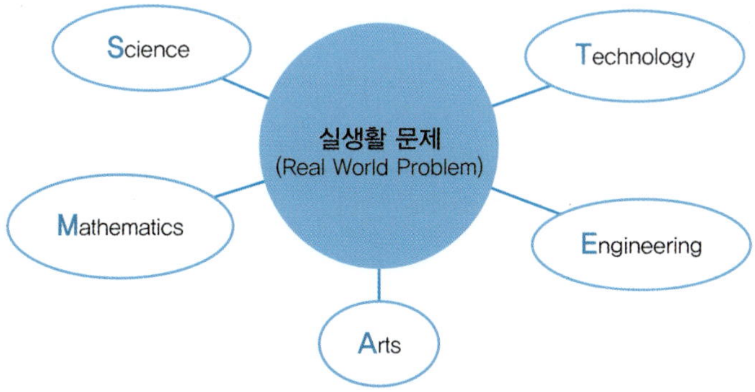

그림 5-3. 한국과학창의재단의 실생활 중심 STEAM 모형

출처: 한국과학창의재단(2015). 융합인재교육(STEAM) 평가 모델 개발 연구.

이 모형은 학습자가 자신의 주변에서 접하게 되는 실생활 속의 문제를 발견하고, 이를 해결하는 과정에서 융합 개념을 학습하게 된다는 모형으로 STEAM 교육을 현장에 적용하기에 용이한 설계 모형이다(곽영숙 외, 2020).

3. 창의융합교육의 교수학습방법

창의융합교육을 현장에 적용하기 위해서는 창의융합교육의 기본 전제 조건, 학습준거틀(교수학습 과정) 및 교사의 역할에 대한 이해가 필요한데, 이에 대해 구체적으로 살펴보면 다음과 같다.

1) STEAM 교육의 전제조건

STEAM 교육을 유아교육현장에 적용할 때 기존의 통합교육과정 혹은 프로젝트 접근법과의 차이점이 무엇인지 혼동하는 경우가 있다. 통합과 융합의 개념적 차이, STEAM 교육이 과학교육에서 시작된 통합교육의 사조라는 것을 인지하여 그 차별성을 염두에 둘 필요가 있다. 나아가 STEAM 교육의 두 가지 전제조건을 반영함으로써 통합교육 및 프로젝트 접근법과 차별성을 둘 수 있다(백윤수 외, 2012). STEAM 교육의 두 가지 전제 조건은 표 5-4와 같다.

표 5-4. STEAM 교육의 전제 조건

구분	내용
전제조건 1	STEAM 교육의 5요소인 과학(Science), 기술(Technology), 공학(Engineering), 예술(Arts), 수학(Mathematics) 중 '두 개 이상의 요소'를 포함해야 한다.
전제조건 2	학습 준거틀(교수학습 과정 혹은 학습 단계)가 되는 '상황 제시, 창의적 설계, 감성적 체험'을 반영해야 한다.

STEAM 교육의 첫 번째 전제조건은 앞서 살펴본 과학, 기술, 공학, 예술, 수학 중 두 개 이상의 요소를 포함해야 한다는 것이다. STEAM 교육은 각 교육내용의

융합을 지향하지만 반드시 하나의 교육활동 안에 다섯 개의 내용 요소를 모두 포함해야 하는 것은 아니다. 교사가 STEAM 교육을 실행할 때 이와 같은 전제조건을 이해하지 못할 경우, 한 개의 활동에 다섯 개의 교육내용을 모두 포함시켜야 한다는 부담감을 갖게 되어 STEAM 교육의 적용을 어렵게 한다. 그리고 STEAM 교육은 전제조건 1을 충족함과 동시에 전제조건 2를 충족할 필요가 있다. 전제조건 2는 STEAM 교육의 학습준거틀인 '상황 제시, 창의적 설계, 감성적 체험'의 기본 절차를 반영해야 한다는 것이다.

한국과학창의재단(2017)은 STEAM 교육의 학습준거틀을 제안하였는데, 학습준거틀은 수업의 단계나 절차와 유사한 형태를 가지고 있어, 교수학습 과정 혹은 교수학습 단계로 통용되고 있다. 한국과학창의재단(2017)이 제안한 학습준거틀은 그림 5-4에 제시되어 있는데, STEAM 교육을 실시할 때는 이러한 학습준거틀을 반영하여 계획하여야 한다.

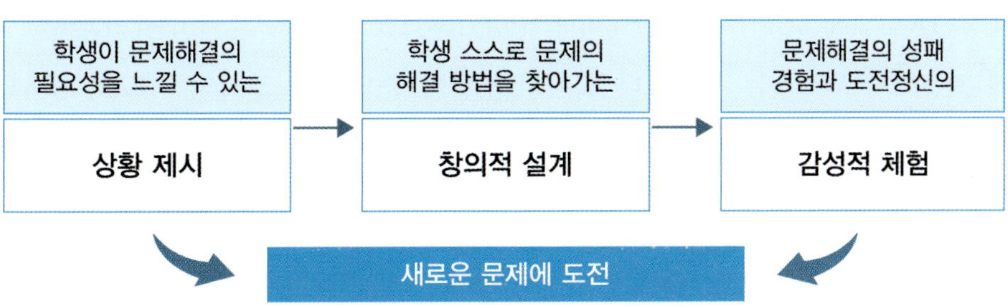

그림 5-4. STEAM 교육의 학습준거틀

출처: 한국과학창의재단(2017). STEAM 프로그램 활용 가이드북.

학습준거틀의 각각의 준거에 대해 구체적으로 살펴보면 다음과 같다. 첫째, '상황 제시'는 문제해결의 필요성을 느끼도록 관심을 유발하고 동기를 부여하는 단계이다. 해결하고자 하는 문제를 발견하여 유아가 제안할 수 있고, 교사가 유아의 일상생활을 면밀히 살펴 관련 문제를 제안할 수 있다. 제안된 문제에 대해 해결하고자 하는 마음을 갖는 단계이다.

둘째, '창의적 설계'는 문제해결을 위한 다양한 아이디어를 모색하고, 아이디어를 구현하기 위한 창의적 설계와 제작을 하는 과정이다. 이 과정에서 다양한 해결방안을 떠올리고 협의하며, 산출물로 제작이 가능한 아이디어를 선정하여 제작을 시도하는 단계이다.

셋째, '감성적 체험'은 창의적 설계 단계에서 제작한 산출물을 공유하고 평가하는 단계이다. 완성된 산출물을 직접 활용하며 해결하고자 하는 문제가 잘 해결되었는지 평가한다. 감성적 체험 단계를 통해 학습에 대한 자신감, 새로운 문제에 대한 용기, 문제에 대한 몰입, 성취의 기쁨을 느낄 수 있다.

2) STEAM 교육을 위한 교사의 역할

창의융합인재 양성이라는 목표하에 주목받고 있는 STEAM 교육이 유아교육현장에 적용되기 위해서는 무엇보다 교사의 역할이 중요하다. 교사의 STEAM 교육의 이론에 대한 전반적인 이해뿐만 아니라 구체적으로 어떻게 적용할 수 있을지에 대한 이해가 뒷받침될 때 STEAM 교육의 현장 적용이 이루어질 수 있다.

STEAM 교육의 학습준거틀에 따라 교사에게 요구되는 역할에 대해 살펴보면, 첫째, '상황 제시'는 문제해결의 필요성을 느끼고 동기를 부여하는 단계이므로 무엇보다 해결하고자 하는 문제를 발견하고, 해결이 가능한 문제를 선정하는 것이 중요하다. 유아는 교실 안팎의 환경에서 실험적인 놀이를 하고 창작을 하는 것을 즐기고(Sylvia & Gary, 2013), 그 과정에서 크고 작은 문제들을 만나 문제해결 경험을 한다. 그러나 자신이 발견한 문제를 교사나 친구에게 주도적으로 제안하는 경험은 많지 않다. 이에 교사는 유아의 놀이상황이나 생활 전반을 면밀하게 살피며 유아가 겪게 되는 문제상황이 무엇인지에 관심을 두고 발견해야 한다. 발견한 문제가 유아 수준에서 해결하기 적합한지 판단하여 유아에게 제안한다. 해결해야 할 여러 문제가 발견되면, 문제의 수준이 유아의 발달에 적합한지, 문제를 해결할 자료나 공간이 구비되어 있는지 등 영유아교육기관의 환경을 고려하여 문제를 최종 선정한다. 이 과정에 유아를 참여시킬 수도 있다. 만약 해결하고자 하는 문제가 교사가 제안한 문제라면 유아가 관심을 가질 수 있도록 스토리텔링, 사진, 영상 등 흥미로운 매체를 활용하여 소개한다.

STEAM 활동을 통해 문제를 스스로 해결할 수 있다는 자신감을 갖게 된 유아들이 스스로 일상생활 속 불편한 문제를 발견하여 상황을 제시한다면 가장 바람직한 상황 제시라고 할 수 있다. 이를 위해 교사는 평소 문제를 발견하는 것을 격려하고 편안한 환경을 조성해 주는 것이 필요하다.

둘째, '창의적 설계' 단계는 문제의 해결을 위해 계획을 세우고 산출물을 제작하는 과정이다. 이 단계에서 교사는 해결해야 하는 문제를 명료화해야 한다. 예를 들어, 층간 소음 때문에 어려움을 겪는 경우, '층간 소음을 해결해 보자'라는 문제의 방향성은 폭이 넓어 어떤 방향으로 결과물을 제작해야 할지 어려움을 경험할 수 있다. 이에 층간 소음을 해결할 방법을 다양하게 브레인스토밍하고, 그중 '층간 소음을 줄이는 슬리퍼 만들기' 혹은 '놀이 소음을 줄이는 매트 만들기' 등으로 해결 문제의 방향성을 명료화하는 것이 필요하다. 이후에는 문제해결에 필요한 재료를 지원하여 유아들이 활발하게 재료를 탐색하도록 도와야 한다. 또한 구체적인 상호작용을 통해 결과물을 어떻게 제작할 것인지 구상할 수 있도록 돕는 것이 필요하다.

결과물을 제작하는 과정에서 유아는 실패의 경험을 하게 되기도 한다. 하트 모양을 만들고 싶어서 그리고 오렸지만 완성해 보니 찌그러진 딸기모양이 되기도 하고, 휴지 속심으로 퀵보드 장식품을 만들었지만 크기가 맞지 않아 퀵보드 손잡이에 끼워지지 않는 어려움을 겪게 되기도 한다. 이는 모든 측면을 완벽하게 설계하기 어렵기 때문이기도 하고, 만드는 과정에서 기술적인 어려움이 발생하기 때문이기도 하다(문가영, 2019). STEAM 활동에서의 이러한 실패는 '생산적 실패(productive failure)'

로 실패를 통한 학습의 기회가 된다(Kapur, 2016). 따라서 이 과정 자체를 격려하고 충분한 시간을 제공하여 다시 시도해 볼 수 있도록 도와야 한다. 다만, 유아가 제작 과정의 어려움으로 인해 포기하고자 할 경우에는 교사가 만드는 과정에서 약간의 도움을 줄 수도 있다.

셋째, '감성적 체험' 단계는 제작한 결과물을 소개하고 직접 사용해 본 뒤 평가를 하는 단계이다. 따라서 유아가 만든 산출물을 적극적으로 공유하고 소통할 수 있는 장이 마련되도록 한다. 제작과정이나 결과물에 대한 내용을 가정통신문이나 QR 코드에 담아 배부하거나, 전시회 등을 열어 공유할 수 있다.

4. 창의융합교육의 사례

STEAM 교육의 유아교육 적용 사례를 두 가지 관점에서 살펴보고자 한다. 첫째는 일상생활의 문제를 발견하고 이를 해결하기 위한 문제기반 STEAM 교육사례이며, 두 번째는 유아의 놀이상황에서 촉발되어 놀이를 지원 및 확장하기 위해 이루어진 놀이기반 STEAM 교육 사례이다.

1) 문제기반 STEAM 교육: '자외선 알리미'를 만들어요[1]

일상생활의 문제를 발견하고 이를 해결하기 위한 문제기반 STEAM 교육의 활동

1) 본 활동은 2019년 한국유아교육협회 제54회 영유아교육 교사연수에서 발표된 Making STEAM 활동(문가영, 2019)임.

개요, 활동내용 및 활동방법은 표 5-5와 같다.

표 5-5. 문제기반 STEAM 교육의 활동개요, 활동내용 및 활동방법

활동소개
우리는 태양으로부터 오는 빛과 열 에너지를 받으며 살아가고 있습니다. 태양은 우리에게 꼭 필요한 에너지원이지만, 환경오염으로 자외선이 지구에 유입되는 양이 많아지며 문제점이 생기기도 했어요. 강한 자외선이 피부에 닿으면 피부가 손상되고, 아주 심할 경우에 피부암이 발생하기도 합니다. 자외선 지수가 강한 날에는 피부를 보호할 수 있는 자외선 차단제를 바르거나 모자를 착용하는 등 자외선으로부터 우리 피부를 보호하는 것이 필요합니다. 본 활동은 자외선으로부터 피부를 보호하기 위해, 자외선이 있음을 알려 주는 물건을 만들어 보는 활동이에요. 자외선을 받으면 색이 변하는 자외선 비즈를 이용하여, 나를 위한 물건, 가족을 위한 물건을 만들어 보는 활동입니다. 물건을 사용하는 사람에 따라 어떤 물건이 필요할지를 계획하고 디자인하여 만들어 볼 수 있도록 상호작용을 해 주세요. 완성된 물건을 가족들에게 선물하고, 가족들의 사용 소감을 들어 본다면 의미 있는 감성적 체험까지 이루어질 수 있을 것입니다.

활동개요	
상황제시	• 한쪽 얼굴에 자외선을 많이 받아 피부가 상한 할아버지의 사진을 보고 이야기 나눈다. • 자외선으로부터 피부를 보호하는 것의 중요성에 대해 알아보고, 자외선이 있음을 느낄 수 있는 물건을 만들어 보기로 한다.
창의적 설계	• 자외선 비즈를 탐색해 보며, 자외선이 있을 때 색이 변하는 것을 살펴본다. • 자외선 비즈를 이용해서 가족들에게 선물할 수 있는 물건을 계획하고 디자인한 뒤 만들어 본다.
감성적 체험	• 완성된 물건을 소개하고, 가족들에게 선물한다. • 가족들에게 자외선 비즈를 이용하여 만든 물건을 사용해 본 소감을 들어 본다.

활동목표	• 자외선이 사람에게 위험할 수 있음을 안다. • 자외선 비즈를 이용하여, 가족에게 어울리는 물건을 디자인하고 만들 수 있다. • 직접 제작한 물건을 선물하며 성취감을 느낀다.
활동자료	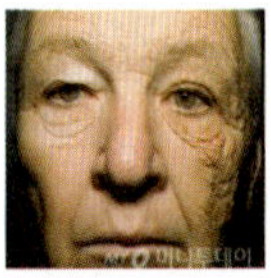 사진 자료 제작 자료[자외선 비즈, 낚싯줄, 끈, 가방고리, 열쇠고리, 헤어 악세사리(머리핀, 머리끈, 머리띠 등), 캡모자, 핸드폰 케이스, 반지, PVC케이스, 목공용 풀 등] 설계도, 그리기 도구

■ 활동방법

(1) 상황제시

① 자외선 때문에 한쪽 피부가 상한 할아버지의 사진을 보며 이야기 나눈다.

| 상호작용 예시

- 선생님이 준비한 사진을 함께 보며 이야기 나누어 보자.
- (사진을 보여 주며) 사진 속에 누가 있니? 할아버지의 모습이 어때 보이니?
- 할아버지의 얼굴 양쪽이 어떻게 달라 보이니?
- 왜 한쪽은 훨씬 더 주름이 많고, 더 나이 들어 보이는 걸까?
- 이 사진은 아주 오랫동안(28년) 트럭을 운전하신 할아버지의 사진이야. 할아버지가 트럭을 운전하실 때 태양 빛으로부터 피부를 보호해 주는 선크림(자외선 차단제)을 바르지 않으셨대. 그리고 운전을 하실 때 창가 가까운 쪽 얼굴이 햇빛을 많이 받게 되어서 이렇게 되셨대.
- 할아버지의 얼굴을 이렇게 주름지게 만든 것이 무엇이었니?
- 햇빛은 사람이나 동식물이 잘 자랄 수 있도록 에너지를 주지만, 햇빛(자외선)을 너무 많이 받으면 이렇게 피부가 빨리 상하기도 한대. 이런 햇빛을 '자외선'이라고 부르기도 해.
- 사람들은 자외선이 강한 여름에는 자외선을 막아 주는 선크림을 바르기도 하고, 모자를 쓰면서 피부를 보호한다고 해.

② 자외선으로부터 피부를 보호할 수 있도록 도와주는 물건을 만들기로 한다.

| 상호작용 예시

- 너희도 여름에는 선크림을 바르거나 모자를 써서 피부를 보호하니?
- 혹시 선크림을 바르거나 모자를 쓰는 것을 깜박하기도 하니?
- 여름에도 선크림을 바르지 않고 모자를 쓰지 않는 사람들이 있을까?

- 만약 자외선이 아주 강한 날에도 피부를 보호하지 않는다면 어떻게 될까?
- 우리가 자외선으로부터 피부를 보호할 수 있도록 자외선이 있다는 것을 알려 주는 물건을 만들어 보면 어떨까?
- 그 물건이 있다면 선크림을 바르는 것을 깜박한 사람들도 선크림을 바를 수 있을까?(선크림을 바르거나 모자 쓰는 걸 귀찮아하는 사람들에게도 도움을 줄 수 있을까?)
- 우리 함께 자외선이 있음을 알려 주는 물건을 만들어 보기로 하자.

(2) 창의적 설계

① 자외선 비즈에 대해 알아보고, 자외선을 받으면 비즈의 색이 변하는 것을 확인한다.

자외선 비즈의 색이 햇빛에서 변하는지 확인해 보아요

| 상호작용 예시

- 어떤 물건으로 자외선이 있다는 걸 알려 줄 수 있을까?
- 선생님이 자외선을 알려 줄 수 있는 물건을 고민하다가 자외선 비즈라는 것을 발견했단다. (자외선 비즈를 보여 주며) 자외선 비즈를 한번 살펴볼까?
- 어떤 모양으로 생겼니? 어떤 색이니?
- 이 비즈가 어떻게 자외선이 있다는 것을 알려 줄 수 있을까?
- 자외선 비즈는 자외선이 있는 곳에서 색이 변한다고 해. 어떤 색으로 변할

것 같니?

- 자외선이 있는 곳에 가서 확인해 볼까? 어디에 자외선이 있을 것 같니?
- 자외선 비즈를 나누어 줄 테니, 두 개씩 들고 나가서 색이 변하는지 확인해 보자. 교실 안에 있을 때 비즈의 색이 어떤 색이었는지 기억하기로 하자.
- (자외선 비즈를 들고 나가) 비즈를 손에 잘 쥐고 있니? 어디에서 비즈의 색이 변하는지 확인하면 좋을까? 햇빛이 어디가 강한 것 같니?
- 햇빛이 강한 곳에 서서, 손을 활짝 펴고 비즈가 햇빛을 받을 수 있도록 해 보자.
- 비즈가 어떻게 되고 있니? 비즈의 색이 변했니?
- 색이 변한 걸 보니 자외선이 많이 내리쬐고 있구나.
- 이렇게 비즈의 색이 변하면 피부를 보호하기 위해 무엇을 하면 좋을까?
- 그럼 이 비즈를 이용해서 자외선이 있는 걸 알려 주는 물건을 만들어 볼 수 있을까?

② 자외선 비즈를 이용하여 나를 위한 물건을 만들어 본다.

나를 위한 물건을 디자인하고 만들어 보아요

| 상호작용 예시

- 자외선 비즈를 이용해서 나를 위한 물건을 만들어 볼까?
- 자외선 비즈로 무엇을 만들면 외출할 때마다 하고 다닐 수 있을 것 같니?
- 자외선 비즈를 이용해서 나를 위한 물건을 만들어 보고 소개하기로 하자.
- (나를 위한 물건을 만든 뒤에) 물건을 잘 만들어 보았니?
- 자외선 비즈를 이용해서 나를 위한 물건을 만들어 보니 어땠니?
- 그런데 자외선으로부터 우리의 피부만 보호하면 되는 걸까?

③ 자외선 비즈를 이용하여 가족을 위한 어떤 물건을 만들어 볼 수 있을지 생각해 본다.

| 상호작용 예시

- 가족들도 자외선으로부터 피부를 보호해야 하겠구나.
- 가족 중 누구의 물건을 만들고 싶은지 생각해 보자.
- 만약 엄마(할머니)를 위한 물건을 만든다면, 어떤 물건을 만드는 것이 좋겠니?
- 물건을 만들어 줄 사람들을 잘 떠올려 보면서, 그 사람들에게 어떤 걸 만들어 주면 잘 사용할 수 있을지 생각해 보자.

④ 가족을 위한 물건을 디자인하고 만들어 본다.

〈가족을 위한 물건을 디자인하고 만들어 보아요〉

| 상호작용 예시

- 누구를 위한 물건을 만들지, 어떤 물건을 만들지 결정하였니?
- 선생님이 준비한 설계도에 누구를 위한 물건인지, 어떤 물건을 만들건지 미리 그림으로 표현해 보기로 하자.
- 자외선 비즈 말고 필요한 재료가 있니?
- 계획한 대로 만들어 볼까? 너희가 설계도에 표현한 것을 보면서 만들어 보기로 하자.

(3) 감성적 체험

① 가족을 위한 물건을 소개하고 평가한다.

엄마를 위한 모자

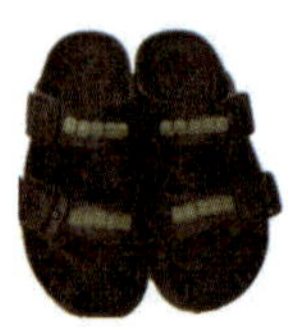

동생을 위한 슬리퍼

할머니를 위한 가방고리

가족을 위한 물건을 만들었어요

| 상호작용 예시

- 우리가 만든 가족을 위한 물건을 소개해 보기로 하자. 어떤 물건을 만들어 보았니?
- ○○이는 엄마(아빠)를 위한 물건을 만들었구나. 왜 가방고리(자동차 장식품 등)를 만들어야겠다고 생각했니?
- ○○이가 만든 물건은 어떤 점이 특별한 것 같니?
- 다른 친구의 물건도 소개해 보자.

- ○○이가 만든 물건은 언니를 위한 머리구나. ○○에게 물어보고 싶은 점이 있니?
- 자외선 비즈를 이용해서, 가족을 위한 물건을 만들어 보니 어땠니?
- 어떤 점이 재미있었니?, 어려웠던 점도 있었니?

② 가족에게 선물을 하고, 가족들이 사용해 본 소감을 들어 본다.

| 상호작용 예시

- 가족들에게 우리가 만든 물건을 선물한다면 어떨 것 같니?
- 선물할 때 어떤 말을 해 줄 수 있을 것 같니?
- 가족들에게 우리가 만든 물건을 선물하기로 하자. 그리고 사용해 보니 어떠셨는지 이야기를 들어 보자.
- (가족들에게 선물을 한 뒤) 가족들에게 선물할 때 어떤 마음이 들었니?
- 가족들이 우리가 만든 물건을 받고 어떤 말씀을 하셨니?
- 가족들이 잘 사용하시는 것 같았니?, 직접 사용해 보니 어떻다고 하셨니?
- 우리가 가족들의 피부 건강을 지키기 위해 자외선 비즈를 이용해서 가족에게 필요한 물건을 만들어 선물했구나. 가족에게 멋진 물건을 만들어 선물한 마음이 어떠니?
- 기쁘고 행복한 마음을 표정으로 함께 표현해 보자.

2) 놀이 기반 STEAM 교육: 신비아파트 영상 놀이를 해요[2)]

유아의 놀이상황에서 촉발되어 놀이를 지원 및 확장하기 위해 이루어진 놀이기

2) 본 활동은 2020년 청룡 어린이집에서 진행된 놀이 기반 STEAM 활동임.

반 STEAM 교육의 활동개요, 활동내용 및 활동방법은 표 5-6과 같다.

표 5-6. 놀이기반 STEAM 교육의 활동개요, 활동내용 및 활동방법

활동소개
유아의 놀이를 지원해 주고자 유아를 관찰하던 선생님은 학급 내 유아의 놀이에서 두 가지 관심을 찾을 수 있었습니다. 몇몇의 유아는 유튜버 놀이를 즐기며 영상을 찍고 시청자들과 소통하는 놀이를 하였고, 몇몇의 유아는 애니메이션 '신비아파트'에 관심을 갖고 역할극으로 꾸며 놀이를 하였습니다. 교사는 두 가지로 나타난 유아의 놀이 관심을 어떻게 지원을 해 줄 수 있을지 고민을 하다 '신비아파트'를 주제로 영상을 촬영하는 놀이를 떠올리고, 이를 STEAM 교육과 연계하여 지원해 주고자 하였습니다. 본 활동은 신비아파트 영상 놀이를 하기 위해 유아들과 촬영 장면을 선정하여 등장인물과 대사, 동작 등을 결정하고, 필요한 소품을 제작하고 크로마키 기법을 이용하여 직접 영상을 촬영해 보는 놀이로 전개된 STEAM 활동입니다. * 크로마키 기법이란 일기예보나 영화 촬영 등에 많이 활용되는 기법으로 색의 차이를 조정하여 등장인물과 배경을 분리하고, 등장인물을 다른 화면에 합성하는 원리입니다. 최근에는 전문 스튜디오에 가지 않고도 애플리케이션을 활용하여 쉽게 크로마키 기법을 활용한 사진이나 영상 촬영이 가능합니다.

활동개요	
상황제시	• 유아들이 즐겨 하는 신비아파트 역할극 놀이, 영상을 촬영하는 유튜버 놀이를 회상한다. • 신비아파트를 주제로 영상을 촬영하는 놀이를 제안한다. • 교사, 유아가 함께 영상 촬영을 위해 필요한 것들을 준비하여 신비아파트 영상 놀이를 해 보기로 한다.
창의적 설계	• 영상 촬영을 위해 필요한 크로마키 기법에 대해 알아보고, 크로마키 기법을 활용하여 놀이해 본다. • 영상 촬영을 위해 필요한 신비아파트 장면을 선정하고, 등장인물, 대사와 동작을 결정한다. • 영상 촬영을 위해 필요한 소품을 제작한다. • 역할을 분담하여 영상을 촬영한다.
감성적 체험	• 촬영한 영상을 함께 감상하고 평가한다. • 영상을 가족과 다른 반 친구들에게 보여 준다. • 크로마키 기법을 활용한 다른 영상을 촬영하며 놀이할 계획을 세운다.

활동목표	• 크로마키 기법을 이해하고, 이를 활용하여 영상을 촬영하는 경험을 한다. • 영상 촬영을 위한 대본을 구성하고 대본에 어울리는 언어적, 비언어적 표현을 할 수 있다. • 영상 촬영을 위한 소품을 제작할 수 있다. • 영상 촬영을 하며 즐거움과 성취감을 느낀다.
활동자료	스마트폰 애플리케이션(크로마키, 카메라), 크로마키 배경 자료(초록색 천), 신비아파트 동영상 자료, 소품 및 제작 자료(초록색 티셔츠, 신비아파트 놀잇감, 종이, 색연필, 가위 등)

■ 활동방법

(1) 상황제시

① 유아들이 즐겨하는 유튜버 놀이, 신비아파트 역할놀이를 회상한다.

| 상호작용 예시

- 요즘 우리가 즐겁게 하는 놀이는 어떤 놀이가 있니?
- 어떤 내용의 유튜버 놀이를 하고 있니?
- 신비아파트 역할극 놀이는 어떤 내용으로 하고 있니?
- 이 놀이를 할 때 기분이 어떠니?

② 신비아파트 영상 놀이를 해 보기로 한다.

| 상호작용 예시

- 유튜버가 되어 영상을 찍는 놀이를 즐기기도 하고, 신비아파트 역할극 놀이를 즐기기도 하는데, 우리가 함께 신비아파트 영상을 촬영하는 놀이를 해 보면 어떨 것 같니?
- 어떤 점이 제일 재미있을 것 같니?

(2) 창의적 설계

① 영상 촬영을 위해 크로마키 기법을 알아보고, 크로마키 기법을 활용하여 놀이해 본다.

| 상호작용 예시

- 실감 나는 영상 촬영을 하기 위해서 어떤 것을 준비하면 좋을지 고민하다가 선생님이 크로마키 기법에 대해 알게 되었단다. 크로마키 기법이란 초록색 배경 앞에서 사진이나 영상을 촬영하면 배경을 우리가 원하는 장면으로 바꾸어 주는 거란다.
- 초록색 배경을 바꿀 수 있다면 어떤 배경으로 바꿔 보고 싶니?
- 선생님이 준비한 초록색 배경 앞에서 사진을 찍어 보고 함께 영상을 바꾸어볼까?

② 촬영할 에피소드를 결정하고, 등장인물과 대본을 협의하여 정한다.

〈어떤 이야기(에피소드)로 촬영하고 싶은지 소개해요〉

〈결정된 이야기를 감상해요〉

| 상호작용 예시

- 신비아파트 애니메이션에 여러 가지 이야기가 있는데, 어떤 이야기(에피소드)로 촬영 놀이를 해 보고 싶니?
- 촬영해 보고 싶은 이야기를 그림으로 그려서 소개해 보고 투표를 해서 결정해 볼까?

- 우리가 촬영하기로 한 이야기가 어떤 내용인지 자세히 알아보기 위해 함께 신비아파트 영상을 감상해 보자.
- 어떤 등장인물이 필요하니?
- 등장인물의 대사가 무엇이었니? 바꾸고 싶은 부분이 있니? 우리가 새롭게 대사를 만들어 보기도 할까?

③ 촬영에 필요한 소품을 협의하여 결정하고 제작한다.

〈필요한 소품을 그림으로 표현해요〉

〈소품을 제작해요〉

상호작용 예시

- 촬영놀이를 하기 위해 필요한 소품에는 무엇이 있니?
- 결정한 소품 중에서 선생님이 준비해 줄 것과 너희가 스스로 만들어 볼 것을 나누어 보자.
- 만들기로 한 것을 역할을 나누어서 만들어 보자. 더 필요한 재료가 있으면 준비해 줄게.

④ 준비된 소품을 활용하여 영상을 촬영한다.

〈소품을 착용하고 촬영을 준비해요〉

〈준비한 대로 촬영을 해 보아요〉

상호작용 예시

- 우리가 준비한 소품을 이용해서 촬영놀이를 해 보자.
- 역할을 맡은 어린이들도 준비가 되었니?
- 초록색 천 앞에서 자신이 준비한 대사와 동작을 해 보자.

(3) 감성적 체험

① 촬영한 영상을 감상하고 평가한다.

| 상호작용 예시

- 함께 촬영한 영상을 감상해 보자.
- 우리가 준비한 대로 영상이 잘 완성된 것 같니?
- 영상을 보니 어떤 마음이 드니?
- 영상 촬영을 준비하고 촬영을 직접 해 보니 어떠니?
- 어려운 점이 있었니? 어떤 점이 가장 기억에 남니?

② 가족, 다른 반 친구들에게 영상을 소개한다.

| 상호작용 예시

- 우리가 제작한 영상을 가족(친구)에게 소개해 보자.
- 가족(친구)이 영상을 보고 어떤 말을 해 주었니?
- 직접 촬영한 영상을 가족(친구)에게 보여 주니 어떤 마음이 드니?

③ 신비아파트 촬영 놀이를 지속할 방안을 논의한다.

| 상호작용 예시

- 신비아파트 촬영 놀이를 더 해 보고 싶니?
- 어떤 부분을 바꾸어서 놀이를 더 해 보고 싶니?

Chapter 06

유아의 창의성 측정과 평가

배울내용

1. 확산적 사고의 측정 및 평가
2. 수렴적 사고의 측정 및 평가
3. 창의적 성향 및 환경의 측정과 평가

학습목표

1. 확산적 사고의 측정 및 평가방법을 숙지한다.
2. 수렴적 사고의 측정 및 평가방법을 숙지한다.
3. 창의적 성향 및 환경의 측정 및 평가방법을 숙지한다.

Chapter 06

유아의 창의성 측정과 평가

과거에는 창의성에 대한 의견들이 사회관계 속에서 특이한 문제해결법을 사용하는 소수의 능력을 이야기 하였다면 점점 사람의 인지에 초점이 맞춰지고 있는 최근에는 전체적인 경험을 융합하는 통찰력을 창의성이라 일컫는다. 이경화(2002)는 그림 6-1과 같은 창의성 측정을 위한 Volcano 모형을 고안하였는데, 창의적인 산출물을 얻기 위해서는 각 개인의 유전이나 가정환경과 같은 개인 내적 환경이 기초가 되어, 창의적 능력(지능 · 지각 · 사고력)과 창의적 성격(성격 · 동기)이 서로 상호작용하면서, 각 과제 영역(문학 · 예술 · 과학 · 수학 · 정보통신)에 따라 다양한 창의성을 나타낸다고 주장하고 있다. 또한 창의성이 발현되는 사회 · 문화적인 환경은 창의적 산출물의 생산과 창의성의 지속에 있어서 중요한 역할을 한다는 것이다(이경화, 유경훈, 2016).

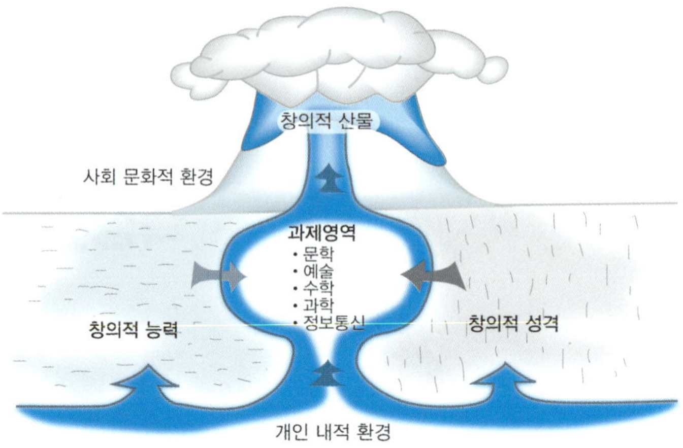

그림 6-1. 창의성 측정을 위한 'Volcano Model'

출처: 이경화(2002). 4, 5세 유아의 창의적 능력과 창의적 성격. 교육심리연구, 16(3), 147-160.

그리고 이경화와 유경훈(2016)은 창의성을 창의적 사고능력과 창의적 성향으로 나누고, 창의적 사고능력은 다시 확산적 사고(유창성, 융통성, 정교성, 독창성)와 수렴적 사고(비판적 사고력, 논리적 사고력, 분석적 사고력, 종합적 사고력)로 분류하였으며 창의적 성향은 개방성, 과제집착력, 호기심, 독립심, 자기신뢰감, 민감성, 모험심으로 분류하였다.

창의성의 중요성을 인식하게 된 이후로 연구자들은 창의성을 평가하기 위한 방법을 찾기 위해 노력해 왔으며, 창의성의 정의와 구성요소 및 창의성의 접근법에 따라 창의성 측정도구를 개발해 왔다.

현재 사용되고 있는 창의성의 측정방법으로는 사고 및 인지능력 검사와 성격 및 인성검사, 창의성 행동검사, 전기적 질문지, 교사와 동료에 의한 평정, 창의적 활동 및 성취에 대한 자기보고, 산출물에 대한 평가 등이 있다. 이러한 다양한 창의성 측정방법 중 본 장에서는 유아의 창의성을 측정하는 방법으로 확산적 사고, 수렴적 사고 및 창의적 성향 및 환경의 측정과 평가에 대해 구체적으로 살펴보고자 한다.

1. 확산적 사고의 측정 및 평가

확산적 사고와 창의성의 관계에 대한 길포드(1950)의 미국 심리학회(APA) 회장 취임 연설은 창의성을 지능으로부터 분리하여 또 하나의 구인으로서 연구될 수 있도록 해 준 계기가 되었다. 즉, 확산적 사고의 개념에 대한 길포드의 제시는 모호하고 주관적인 판단에 의존하던 창의성의 개념을 보다 이론적으로 정립하는 데 기여하였다(황정규, 2010).

초기에 제안된 길포드(1950, 1967)의 확산적 사고능력 측정을 위한 검사 속에는 아이디어가 생성된 후 그것을 평가하는 능력을 비롯해 수렴적 사고를 포함하는 다른 기술들도 포함되어 있었다. 길포드는 창의적 사고능력 외에도 성격특징과 동기와 같은 전인적 특징들의 총합이 창의적 생산성을 보장한다고 생각했다. 따라서 그는 확산적 사고 검사를 창의적으로 사고할 수 있는 잠재력을 측정하고자 하는 목적으로 사용해야 한다고 주장하였다.

길포드(1950)는 지능(IQ)검사로 측정되는 사고를 넘어서는 창의적 사고에 대한 연구를 제안하였다. 그는 지능을 측정하고 학교에서의 수행력을 예측하는 데 사용될 수 있는 시험을 개발하는 데 성공했던 것처럼 창의적 잠재력을 측정하는 검사를 만들고 싶어 했다. 길포드는 창의적 사고에서 지식이 하는 역할에 관하여 형태주의 심리학자들과 유사하게, 창의적 사고과정에 과거로부터 벗어나는 중요한 단계가 있음이 틀림없으며, 확산적 사고가 그 기능을 한다고 추론했다. 그는 확산적 사고가 수많은 아이디어를 생산하면, 수렴적 사고가 확산적 사고가 생산한 아이디어의 범위를 좁혀 작용 가능한 산물로 만든다고 생각했던 것이다(Weisberg, 2009).

플루커와 렌줄리(Plucker & Renzulli, 1999)는 그들의 창의성의 심리측정학적 접근에 관한 연구에서, '확산적 사고 검사(Divergent Thinking Test)는 특정 자극에 여러 가지 반응을 생산해 내는 것을 요구하며, 그것은 정확한 하나의 답을 요구하는 학업

성취도 또는 그 능력을 검사하는 대부분의 표준화된 검사와는 확연히 다르다'고 언급하였다.

길포드는 지능과 관련시킬 수 있는 창의적 사고를 만드는 인간의 능력(ability)으로 분류하여 발전하는 데 기여한 최초의 연구자 중 하나이다. 길포드와 그의 동료들(Wilson, Guilford & Christensen, 1954)은 창의성과 관련된 24가지의 지적(intellectual) 능력들을 상정했다.

1) 확산적 사고 검사지

지은림과 주언희(2012)은 창의적 인재역량 측정을 위한 구인 탐색 및 척도 개발 연구에서 확산적 사고를 표현과 적용, 아이디어 산출로 정의하였으며, 확산적 사고를 측정하기 위한 검사지를 표 6-1과 같이 제시하였다.

표 6-1. 확산적 사고 검사지

본 검사는 여러분들이 생활 속에서 어떤 생각을 어떻게 하는지 알아보고자 하는 것입니다. 다음의 질문을 잘 읽고 성실하게 대답해 주시기 바랍니다. 여러분의 답에는 정답과 오답이 없습니다. 문항의 내용을 자세히 읽고 자신의 생각과 일치하는 것을 5가지 내용 중 1개만 ㅇ나 V로 선택해 주시기 바랍니다.

구분	번호	질문내용	아주 가끔 ①	가끔 ②	보통 ③	자주 ④	매우 자주 ⑤
표현과 적용	1	나는 수업시간에 배운 내용을 충분히 이해하였으며 배운 내용을 다른 영역에 적용할 수 있다.	①	②	③	④	⑤
	2	나는 수업시간에 배운 내용을 잘 이해하고 이를 표현할 수 있다.	①	②	③	④	⑤
	3	나는 수업시간에 배운 내용을 친구에게 이야기해 줄 수 있다.	①	②	③	④	⑤

아이디어 산출	4	나는 남과 다른 생각을 하며 문제를 해결할 수 있다.	①	②	③	④	⑤
	5	나는 교과서에 있는 방식이 아닌 나 스스로 생각하여 문제를 해결한다.	①	②	③	④	⑤
	6	나는 짧은 시간에 많은 아이디어를 사용하여 문제를 해결할 수 있다.	①	②	③	④	⑤
	7	나는 예전보다 새로운 아이디어를 생각해 낼 수 있다.	①	②	③	④	⑤
	8	나는 떠오른 생각을 다듬어 좋은 아이디어로 정리할 수 있다.	①	②	③	④	⑤

2) 유아용 종합 창의성 검사(K-CCTYC)

유아의 창의성을 평가할 목적으로 전경원(1995)은 '유아용 종합 창의성 검사(Korean Comprehensive Creativity Test for Young Children: K-CCTYC)'를 표준화하였는데, 이 검사는 4세~6세 유아들을 대상으로 유아의 유창성, 융통성, 독창성 및 상상력을 측정하기 위해 네 가지 하위 검사로 구성되어 있으며, 각 소검사에 대한 구체적인 내용은 표 6-2와 같다.

표 6-2. 유아용 종합 창의성 검사의 구성

영역	구분	시간	내용	측정내용
언어	검사1 빨간색 연상하기	3분	검사도구지에 제시된 빨간색 종이를 보여 주고 떠오르는 물건이나 느낌 및 생각을 적어 보게 한다.	유창성, 융통성, 독창성
도형	검사2 도형 완성하기	3분	불완전한 도형을 이용하여 그림을 그리게 한 후, 그림의 제목을 붙이도록 하는 검사로서 S자 모양의 선을 9개 제시하고, 그 선을 하나씩 사용하여 어떤 그림을 그리는 것이다.	유창성, 융통성, 독창성

영역	구분	시간	내용	측정내용
신체	검사3 동물 상상하기	7분	전통놀이의 비석치기와 같은 형식으로 세워져 있는 창의나무를 색다른 방법으로 쓰러뜨리도록 한다.	상상력
	검사4 색다른 나무치기	3분	우리나라의 전래동화에 자주 등장하는 5가지 동물들에 대해 말로 설명해 주면서 각 동물의 모양을 상상하여 흉내 내어 보도록 한다.	유창성, 융통성, 독창성

3) Torrance 창의력 검사(TTCT)

Torrance 창의력 검사(TTCT)는 대표적인 창의력(창의성) 검사이며, '확산적(발산적) 사고'를 창의력이라고 정의하고 있다. 즉, Torrance 창의력 검사(The Torrance Tests of Creative Thinking: TTCT)에는 'TTCT: 언어' 검사와 'TTCT: 도형' 검사의 두 가지 종류가 있고, 이들 각기에는 동형검사로 A형과 B형이 있다.

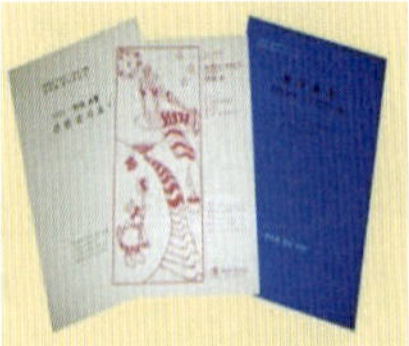

언어 A형

언어 B형

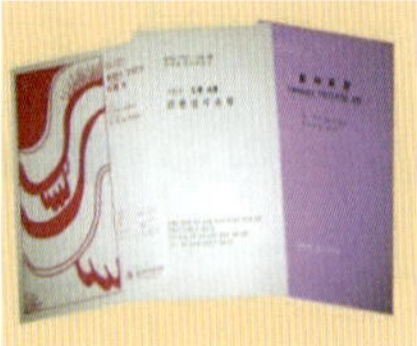

도형 A형

도형 B형

그림 6-2. Torrance 창의력 검사(TTCT)

토랜스는 창의성이란 매우 복합적인 현상이며 인간이 창의적일 수 있는 이유에는 여러 가지가 있다고 믿었다. 인간의 지능이 여러 가지로 다중적인 것처럼 창의력도 여러 가지로 다중적이라 전제한다. 다시 말해, 사용하고 있는 과제에 따라 요구되는 창의력이 여러 가지로 다를 수 있다. 예를 들어 과제가 언어적인 것일 때, 도형적인 것일 때, 또는 소리나 신체동작적인 것일 때마다 요구되는 창의력의 수준이나 형태는 매우 다를 수 있다는 것이다. 따라서 'TTCT: 언어' 검사와 'TTCT: 도형' 검사는 내용이 서로 다를 뿐만 아니라 검사 결과도 비교적 독립적이다.

그중 'TTCT: 도형' 검사는 시각적인 도형과제를 사용할 때의 창의력을 진단한다. 즉, 검사는 시각적이고 도형적인 과제를 다룰 때 새로운 아이디어들을 얼마만큼 많이 그리고 다양하게 생성해 낼 수 있는지를 진단하는 것이다. 이 검사도구는 그림 구성하기, 불완전 도형완성하기, 선 더하기의 3문항으로 구성되어 있으며, 각 문항 당 10분씩 총 30분 동안 주어진 도형을 기초로 하여 그림을 그리고 제목을 붙이도록 하고 있다.

이 검사를 통하여 유창성, 독창성, 제목의 추상성, 정교성, 성급한 폐쇄에 대한 저항(resistance to premature closure)과 함께 창의적 강점인 정서적 표현, 이야기의 명료성, 움직임이나 활동, 제목의 표현성, 불완전한 도형의 결합, 선의 결합, 독특한 시각화, 내적 시각화, 경계의 확장 혹은 깨뜨림, 유머, 심상의 풍부함, 다채로운 심상, 환상을 측정할 수 있다. TTCT 도형 검사지의 구체적인 내용은 표 6-3, 표 6-4, 표 6-5과 같다.

표 6-3. TTCT 검사의 활동 1. 그림 구성하기[1)]

다음 페이지에는 구부러진 형태의 그림이 있습니다. 이 그림을 한 부분으로 사용하여 그릴 수 있는 그림이나 물건을 생각하십시오. 아무도 생각해 낼 수 없는 것을 생각하도록 하십시오. 가능한 한 재미있고 극적인 것이 되도록 처음 생각에 새로운 생각을 더해 가십시오. 그림이 완성되면 제목이나 이름을 생각해서 그림 아래에 있는 빈칸에 써 넣으십시오. 되도록 기발하고 색다른 제목을 만드십시오. 그림을 이용해 이야기를 꾸며 보세요.

제 목: ____________________

1) 그림 구성하기의 검사시간은 10분이다. 검은 달걀모양의 곡선형태가 하나 제시되어 있는데, 수검자는 이것의 일부가 되는 어떤 도형이나 물건을 생각하여 도형을 그리고 거기에 아이디어를 더하여 재미있는 이야기의 내용이 되게 한다. 도형을 완성한 후에는 제목을 붙인다.

표 6-4. TTCT 검사의 활동 2. 불완전 도형 완성하기[2)]

다음 두 쪽에 있는 미완성의 형태에 선을 그어서, 재미있는 물건이나 그림을 그리십시오. 남들이 생각하지 않는 그림이나 물건이 되도록 노력하십시오. 처음의 생각을 발견시키고 확대하여 될 수 있는 한 완전하고 재미있게 만드십시오. 여러분의 그림 각각에 재미있는 제목을 생각해서 아래의 빈칸에 써 넣으십시오.

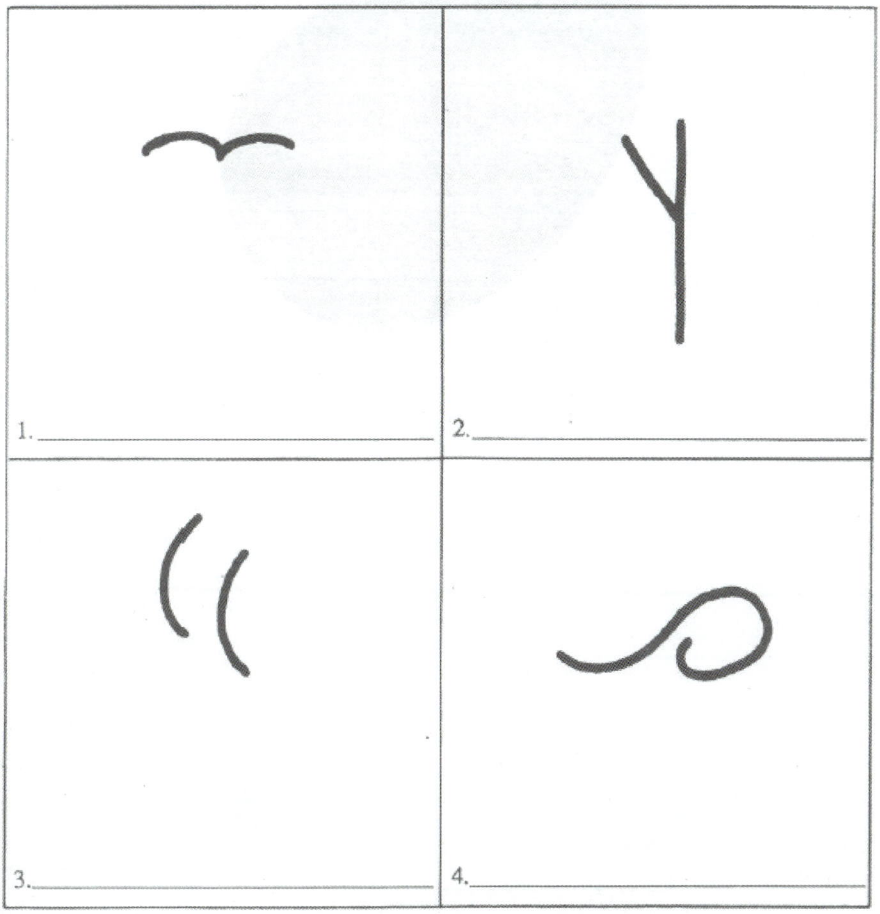

2) 불완전 도형 완성하기의 검사시간은 10분이다. 10개의 네모 칸 안에 각기 다른 불완전한 도형들이 제시되어 있다. 수검자는 될 수 있는 대로 이야기가 완전하고 재미있는 물건이나 그림을 그린다. 그림을 완성한 후 제목을 붙인다.

5. ______________________

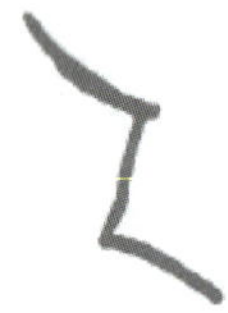

6. ______________________

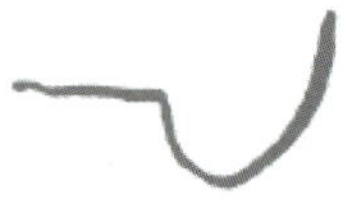

7. ______________________

8. ______________________

9. ______________________

10. ______________________

표 6-5. TTCT 검사의 활동 3. 선 더하기[3)]

다음에 있는 한 쌍의 직선을 가지고 얼마나 많은 물건이나 그림을 만들 수 있겠는지, 10분 동안 잘 생각해 보십시오. 무엇을 만들더라도 이 한 쌍의 직선이 반드시 포함이 되어야 합니다. 연필이나 크레용을 가지고 선을 그려 넣어 여러분의 그림을 완성하십시오. 선과 선 사이, 선의 위나 바깥의 어디든지 원하는 곳에 그려 넣을 수 있습니다. 아무도 생각하지 못할 것을 생각하도록 노력하십시오. 가능한 한 많은 물건과 그림을 만들고, 많은 생각을 담아서 그림들이 재미있고 완성된 이야기가 되도록 하십시오. 여러분의 그림 각각의 제목을 생각하여 아래의 빈칸에 써 넣으십시오.

3) 선 더하기의 검사 역시 검사시간은 10분으로 제한되어 있다. 세로로 쌍을 이루고 있는 30쌍의 직선이 제시되어 있다. 수검자는 원하는 대로 선들을 더하여 어떤 물건이나 그림을 될 수 있는 대로 많이 생각하여 그린다. 그림을 그린 후, 각각에 대하여 이름이나 제목을 붙인다.

7. ____________ 8. ____________ 9. ____________

10. ____________ 11. ____________ 12. ____________

13. ____________ 14. ____________ 15. ____________

16. ____________ 17. ____________ 18. ____________

19. ______

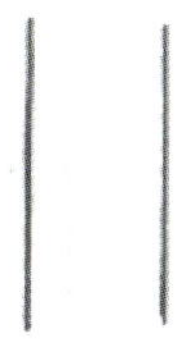
20. ______

21. ______

22. ______

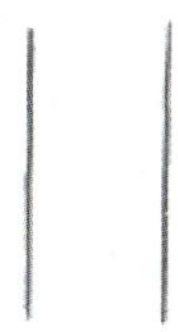
23. ______

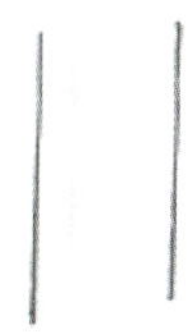
24. ______

25. ______

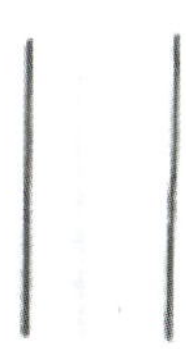
26. ______

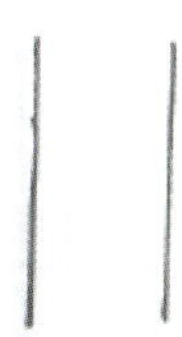
27. ______

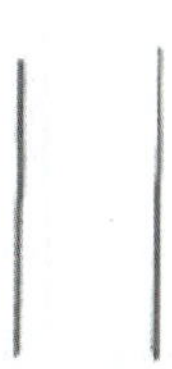
28. ______

29. ______

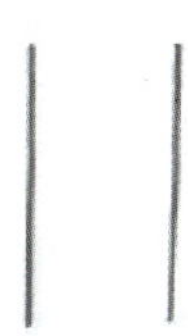
30. ______

이 검사의 채점방식은 5개의 규준 관련 척도(Norm Referenced Measures)와 13개의 준거 관련 척도(Criterion Referenced Measures)를 포함한다. 규준 관련 척도는 유창성, 독창성, 제목의 추상성, 정교성, 성급한 폐쇄에 대한 저항(resistance to premature closure)을 포함하며, 준거 관련 척도는 정서적 표현(emotional expressiveness: 도형과 제목에서), 이야기의 명료성(storytelling articulateness: 맥락, 환경), 움직임이나 활동(movement or action: 달리기, 춤추기, 날기, 떨어지기 등), 제목의 표현성(expressiveness of titles), 불완전한 도형의 결합(synthesis of incomplete figures: 두 개 이상의 종합), 선의 결합(synthesis of lines: A형에서, 선의 두 세트 이상의 종합), 독특한 시각화(unusual visualization: 위, 아래, 각 등), 내적 시각화(internal visualization: 내부, 교차 등), 경계의 확장 혹은 깨뜨림(extending or breaking boundaries), 유머(humor: 제목, 자막, 도형 등), 심상의 풍부함(richness of imagery: 다양성, 발랄함, 강함 등), 다채로운 심상(colorfulness of imagery: 흥분 등), 환상(fantasy: 신화적 형태, 우화, 요정 이야기, 공상과학 등)을 포함한다.

아동의 창의성 도형검사는 우선 유창성, 독창성, 제목의 추상성, 정교성, 성급한 폐쇄에 대한 저항(resistance to premature closure) 점수를 제공한 후 특수한 창의적 강점의 증거를 찾는다. 앞의 다섯 가지 항목에 대한 채점 후에 채점자는 특수한 창의적 강점의 증거가 있을 때 +(강함), ++(강함이 반복적으로 나타남)을 창의적 강점 체크 리스트의 각 항목에 부여한다(Torrance, Ball & Saffer, 1992). 각 하위 검사의 내용에 따른 구체적인 채점방식은 표 6-6과 같다.

표 6-6. 아동의 창의성 도형검사(TTCT-figural A)의 소검사가 측정하는 내용

소검사	측정내용	
	규준 관련 척도	준거 관련 척도
소검사 1 (그림 구성하기)	독창성, 제목의 추상성	정서적 표현, 이야기의 명료성, 움직임이나 활동, 제목의 표현성, 독특한 시각화, 내적 시각화, 유머, 심상의 풍부함, 다채로운 심상, 환상

소검사	측정내용	
	규준 관련 척도	준거 관련 척도
소검사 2 (불완전 도형 완성하기)	유창성, 독창성, 제목의 추상성, 정교성, 성급한 폐쇄에 대한 저항	정서적 표현, 이야기의 명료성, 움직임이나 활동, 제목의 표현성, 불완전한 도형의 결합, 독특한 시각화, 내적 시각화, 유머, 심상의 풍부함, 다채로운 심상, 환상
소검사 3 (선 더하기)	유창성, 독창성, 정교성	정서적 표현, 이야기의 명료성, 움직임이나 활동, 제목의 표현성, 선의 결합, 독특한 시각화, 내적 시각화, 경계의 확장 혹은 깨뜨림, 유머, 심상의 풍부함, 다채로운 심상, 환상

4) 유아 창의성 행동검사(TCAM)

유아 창의성 행동검사(Thinking Creatively in Action and Movement: TCAM)는 창의성을 측정하기 위해 토랜스(1981)가 개발하였으며, 정민자(2005)가 번안하였다. 이 검사는 3세에서 8세를 대상으로 제작된 도구로, 글이나 그림으로 자신의 생각을 표현하기에는 발달이 덜 진행된 유아들을 위해 언어뿐만 아니라 행동을 통해서 표현이 가능하도록 이루어져 있는 검사이다. 이 검사는 언어를 사용한 응답을 허용하지만 반드시 언어로 대답할 것을 요구하지는 않는다. 대부분의 유아 대상 검사들이 언어적 반응이나 그림을 그리는 방법으로 실시되고 있지만 이 검사는 운동감각적 양식을 통하여 자신의 생각을 표현하도록 격려한다는 점이 특징이다.

이 검사는 유아가 자신의 창의적인 사고능력을 나타내기 위해 가장 중요하다고 생각되는 네 가지 활동으로 구성되어 있다. 유아 창의성 행동검사의 구체적인 내용은 표 6-7과 같다.

표 6-7. 유아 창의성 행동검사(TCAM)의 구성과 내용

구분	내용	측정내용
소검사 1	소검사 1은 '얼마나 많은 방법이 있을까?(How many ways?)'라는 과제로 유아들이 다양하게 이동하는 방법을 생각해 내는 능력을 통해 유아의 유창성과 독창성을 측정한다. 바닥에 4m가량의 간격을 두고 시작점과 도착점을 테이프로 표시한 뒤, 유아에게 그 사이를 이동하는 방법을 생각해 보도록 한다. 언어적 응답과 행동적 응답을 모두 허용하며, 언어와 행동 두 가지를 결합한 응답도 수용한다.	유창성, 독창성
소검사 2	소검사 2는 '~처럼 움직일 수 있을까?(Can you move like?)'라는 과제로 유아들의 상상력, 감정이입, 공상하는 능력, 익숙하지 않은 역할을 가정해 보는 능력을 측정하며 소검사 2를 통해 유아의 상상력을 측정할 수 있다. 이 검사에서는 유아에게 여섯 가지 상황을 제공하는데 그중 네 가지는 유아로 하여금 동물이나 사물들의 흉내를 내게 하는 것이고, 나머지 두 가지는 다른 사물들과 연관된 역할을 하도록 구성되어 있다.	상상력
소검사 3	소검사 3은 '다른 방법이 없을까?(What other ways?)'라는 과제로 검사자가 제시한 통에 종이컵을 넣는 방법에 대해 생각해 보도록 한다. 단순한 과제를 수행하는 활동을 통해 유아가 기존의 방식과는 전혀 다른 새로운 방법을 생각해 내거나 창의적인 방법을 많이 고안해 내도록 한다. 아동의 언어적 응답과 행동적 응답을 모두 허용하며, 이 검사를 통해 유아의 유창성과 독창성을 측정할 수 있다.	유창성, 독창성
소검사 4	소검사 4는 '무엇이 될 수 있을까?(What might it be?)'라는 과제로 유아는 종이컵을 본래의 목적과는 다른 용도로 사용하는 방법을 생각해 보게 된다. 평범한 물체를 사용하여 자신의 환경에 맞는 놀이감 등을 즉석에서 만들거나 기존과는 다른 용도로 사용하는 방법을 생각해 내는 활동을 통해 유창성과 독창성을 측정할 수 있다.	유창성, 독창성

유아 창의성 행동검사에서 측정하는 유창성은 사고의 속도 개념으로서 특정한 문제 상황에서 제한된 시간 내에 가능한 많은 아이디어나 반응을 산출하는 능력이다. 본 검사에서는 소검사 1, 3, 4에 나타난 반응의 총 수를 합한 결과를 유창성의 점수로 부여한다.

그리고 독창성은 가능한 한 특이하고 새로운 방식으로 기존과는 다른 독특하고 비상한 아이디어를 산출하는 능력이다. 본 검사에서는 소검사 1, 3, 4에 나타난 우리나라 유아들의 문항별 반응에 대한 빈도를 구하여 전체 반응의 2% 미만 반응인 경우 3점, 2~5%의 반응인 경우 2점, 5~10%의 반응인 경우 1점, 10% 이상의 반응은 0점으로 하여 측정하고 있다.

또한 상상력은 모방, 실험, 물건의 변형, 동물의 변형, 극화 등으로, 유아들의 상상놀이를 기반으로 마음속에 있는 풍부한 심상을 가능한 한 풍부하고도 정교하게 표현하는 능력을 요구한다. 본 검사에서는 소검사 2에 제시한 총 6가지 상황에 각 5단계 평정점수를 매긴 후, 여섯 점수를 합산하여 상상력 점수로 부여한다.

유아 창의성 행동검사(TCAM)의 실시를 위한 소검사별 구체적인 지시문은 표 6-8과 같다.

표 6-8. 유아 창의성 행동검사(TCAM)의 지시문

구분	지시문
소검사 1 (얼마나 많은 방법이 있을까?)	오늘 우리는 재미있는 활동을 할 거야. 나는 네가 뛰거나 걸을 수 있는 방법을 가능한 많이 생각해 냈으면 좋겠어. 여기 바닥에 빨간 테이프선이 보이지?(검사자와 아동이 함께 선다). 우리는 이제 여기서 뛰어가거나 걸어서 저기 있는 노란 테이프선까지 갈 거야(아동과 함께 양쪽 지점 사이를 걸어간다). 이제 네가 한번 해 보자. 네가 생각할 수 있는 재미있는 방법을 많이 생각해 봐. 자 이제 시작(아동이 보여 준 방법을 하나하나 기록한다).
소검사 2 (~처럼 움직일 수 있겠니?)	이번에는 우리가 흉내를 내는 거야. 이제 우리는 새가 되기도 하고 코끼리나 말도 될 수 있어. 또 공을 던지거나 받는 흉내를 낼 수도 있어(아동과 함께 동작을 하면서 아동을 격려한다). 이제 내가 어떤 이름을 말하면 네가 할 수 있는 흉내를 내는 거야. 나에게 말할 필요는 없고, 그냥 보여 주기만 하면 된단다. 1. 네가 나무라고 상상하고, 바람이 몹시 불고 있어. 바람이 부는데 서 있는 나무처럼 보여 줄 수 있겠니? 1 2 3 4 5 동작을 하지 않음 동작이 적절함 동작이 뛰어남 2. 네가 토끼라고 상상하고, 누군가가 너를 쫓고 있을 때 네가 어떻게 뛰는지 보여 주렴. 1 2 3 4 5 동작을 하지 않음 동작이 적절함 동작이 뛰어남

구분	지시문
	3. 네가 강에 사는 물고기라고 상상하고, 헤엄치는 모습을 보여 주렴. 1 2 3 4 5 동작을 하지 않음 동작이 적절함 동작이 뛰어남 4. 네가 수풀 속을 기어가는 뱀이라고 상상하고, 기어가는 모습을 보여 주렴. 1 2 3 4 5 동작을 하지 않음 동작이 적절함 동작이 뛰어남
	5. 네가 고속도로 위에서 차를 운전한다고 상상해 보고, 운전하는 모습을 보여 주렴. 1 2 3 4 5 동작을 하지 않음 동작이 적절함 동작이 뛰어남 6. 커다란 코끼리가 네가 원하는 어떤 것 위에 서 있다고 상상해 보자. 네가 원하는 것에서 코끼리를 밀어내는 동작을 보여 주렴. 1 2 3 4 5 동작을 하지 않음 동작이 적절함 동작이 뛰어남
소검사 3 (다른 방법이 없을까?)	여기 네가 주스를 마시는 것과 같은 컵이 있어. 이것을 통에 넣을 수 있을까? 어떻게 넣을 수 있는지 보여 줄래?(잠시 시간을 준다). 이제는 네가 얼마나 많은 방법으로 이 컵을 통에 넣는지 보여 주렴. 말할 필요는 없고 그냥 보여 주기만 하면 된단다. 컵은 네가 원하는 대로 쓸 수 있을 만큼 많이 있어(아동의 모든 반응을 기록한다. 동작으로 잘 표현되지 않는 언어반응도 응답에 포함시킨다).
소검사 4 (이 종이컵으로 무엇을 할 수 있을까?)	이제 네가 이 컵을 가지고 무엇을 할 수 있는지 여러 가지 것들을 될 수 있는 한 많이 생각해서 나에게 보여 주거나 말해 주렴. 네가 사용할 수 있는 컵은 많이 있단다(아동의 모든 반응을 기록한다).

5) 원격 연합 검사(RAT)

메드닉(1962)은 사고자 간의 결정적인 차이는 그들이 가진 연상적 위계의 조직, 즉 자극상황에 대한 연상반응들의 집합에서 기인한다고 하였다. 다시 말해, 창의적이지 않은 사람들은 사고의 가파른 위계를 가지고 있어서 주어진 상황에 대해 강하고 우세한 반응이 있는 반면 창의적인 사람은 평평한 위계를 가지고 있어서 상황에 대해 여러 반응을 이용할 수 있고 그중 어느 것도 특별히 강하지 않다고 주장한다. 그러므로 그런 경우 특이한 반응을 생산하는 경향이 클 것이라고 가정한다.

이처럼 사람들의 연상적 위계를 측정하기 위해 메드닉(1962)은 원격 연합 검사(Remote Associates Test: RAT)를 개발하였다. 각기 다른 세 단어들은 단일한 목표 단어와 모두 관계가 있다. RAT는 각 문항에 단일한 정답이 있다는 점에서 창의적 사고를 요구하지 않는 것처럼 보이기 때문에(Ochse, 1990), 주로 확산적 사고를 기반으로 한 창의적 사고 검사에 위배된다는 의견도 있다. 이에 대해 메드닉(1962)은 창의적 사고를 직접 측정하는 게 아니라 창의적 사고능력을 측정하고 있다는 점에서 강조되어야 하며 실상 길포드 검사의 기본 맥락도 이와 같다고 주장하였다. 결국 원격 연합 검사(RAT)의 문항에 정확하게 답할 수 있다면 그것은 아마 그가 평평한 위계를 가지고 있기 때문일 것이고 그것은 창의적 사고를 요구하는 상황에서도 이용될 수 있다고 말한다.

창의성은 무(無)에서 유(有)를 창조하는 것이 아닌 기존 지식으로부터 새로운 지식을 창안하는 것이다. 전화기와 컴퓨터를 조합에서 스마트폰을 개발하고, 시계 혹은 안경을 정보기기와 조합해서 웨어러블 기기가 탄생하였듯이 원격 연합 검사(RAT)는 창의성을 새로운 결합을 만들어 낼 수 있는 능력으로 보고 있다. 이진아(2021)는 이러한 원격 연합이론에 기반하여 문제해결 및 문제발견형 창의성 검사도구를 개발하였는데, 구체적인 검사 내용은 표 6-9와 같다.

표 6-9. 원격 연합이론 기반 문제해결 및 문제발견형 창의성 검사

성별		나이		이름	

※ 다음은 각각의 세 단어와 관련된 공통 단어를 찾는 퀴즈입니다. 〈보기〉와 같이 풀어 보세요.

보기

바퀴	책	여행

⬇

예: 벌레, 가방

◇ 그렇게 생각하는 이유
- 벌레: 각 단어마다 벌레를 붙이면 바퀴벌레, 책벌레, 여행벌레와 같이 또 다른 의미가 생길 수 있어서
- 가방: 바퀴가 달린 가방(캐리어), 책가방, 여행용 가방 등 가방과 연관된 단어라고 생각해서

정답은 정해져 있지 않으며, 떠오르는 단어가 여러 가지면 여러 개를 적어도 됩니다. 다른 사람들이 생각하지 못한 재미있는 단어를 찾아내면 더욱 좋습니다. 단, 〈보기〉와 같이 이유를 작성해 주세요.

연습하기

바퀴	책	여행

⬇

◆ 그렇게 생각하는 이유

퀴즈 풀이 방법이 이해가 됐으면 바로 본 퀴즈로 넘어가도 좋습니다. 정해진 정답이 없으니 부담 갖지 말고 편하게 풀어 보세요.

언어형 활동 1 퀴즈 맞추기

※ 다음 주어진 세 개의 단어와 관련된 공통된 단어를 쓰세요(총 8개).

1.

손목	벽	초

⬇

◆ 그렇게 생각하는 이유

2.

병	구두	창문

⬇

◆ 그렇게 생각하는 이유

3.

비행기	나무	컵

⬇

◆ 그렇게 생각하는 이유

4.

나무	장갑	지우개

⬇

◆ 그렇게 생각하는 이유

5.

소금	모래	사자

◆ 그렇게 생각하는 이유

6.

하늘	잠	꽃

◆ 그렇게 생각하는 이유

7.

밤	고양이	담

◆ 그렇게 생각하는 이유

8.

넥타이	번데기	날개

◆ 그렇게 생각하는 이유

언어형 활동 2 **퀴즈 만들기**

※ 지금까지 풀었던 퀴즈를 내가 직접 만들어 봅시다. 재미있는 생각이 여러 개가 떠오르면 빈 여백에 문제를 더 많이 만들어도 좋습니다. 남들이 생각하지 못한 좋은 문제들은 다음 퀴즈 제작 시 활용될 예정입니다.

1.

⬇

?

◇ 답안지도 만들어 주세요.
정답: (   ), 이유: ______________________________

출처: 이진아(2021). 원격 연합이론 기반 문제해결 및 문제발견형 창의성 검사도구 개발 및 타당화. 인천대학교 대학원 박사학위논문.

2. 수렴적 사고의 측정 및 평가

확산적 사고와 수렴적 사고의 복합적인 작용을 통해서 창의적인 문제해결방법을 도출할 수 있다〈그림 6-3〉. 특히 수렴적 사고는 이용 가능한 정보를 이용해서 주어진 문제에 단일의 해답을 도출해 내는 인지과정으로, 해답이 존재하는 상황, 주어진 정보에서 회상될 필요가 있는 경우, 또는 관습적이고 논리적인 탐색, 재인, 그리고 의사결정전략에 의해 이미 알려진 것으로부터 해답이 작용되어야 할 경우에 효과적이다.

다양한 방법으로 확장된 사고 / 한 가지로 정리된 사고

확산적 사고 / 수렴적 사고

그림 6-3. 확산적 · 수렴적 사고의 정의

출처: 이정현(2019). 확산적 · 수렴적 사고기법 유형을 통한 디자인 문제해결 향상 연구. 한양대학교 대학원 박사학위 논문.

다시 말해, 수렴적 사고는 의사결정, 선택, 실험, 판단 그리고 평가 등이 관여되는 인지과정을 말한다. 따라서 모든 수렴적 사고에서 특별히 강조하고 있는 것은 '긍정적인 판단'이다. 대안의 강점이나 긍정적인 측면을 살펴보고, 단점을 버리기보다는 단점에 대하여 '어떻게 하면 이러한 단점을 보완할 수 있을까?', '어떻게 하면 이 부분을 해결할 수 있을까?'와 같은 질문을 통하여 단점을 수정하고 보완해 나간다(이정현, 2019).

이경화와 유경훈(2016)은 수렴적 사고를 표 6-10과 같이 비판적 사고력, 논리적 사고력, 분석적 사고력 및 종합적 사고력으로 분류하고 있다.

표 6-10. 수렴적 사고의 구분 및 내용

구분	내용
비판적 사고력	주어진 내용을 깊이 있게 생각하고 진실과 거짓을 따져 보면서, 보다 나은 판단에 이르게 하는 일련의 사고과정으로 어떤 사실이나 다양한 상황의 좋고 나쁨과 옳고 그름을 가려내는 능력
논리적 사고력	경험적 증거나 타당한 논의에 근거하여, 최대한 정확성을 기하며 사고 전개에 있어 전후관계가 일치하도록 하는 사고능력. 즉, 생각의 흐름이나 연결, 순서 등을 앞뒤가 맞게 짤 수 있는 능력
분석적 사고력	언뜻 보기에는 하나로 통일되어 보이는 개념이지만 사물을 요소나 속성으로 분해하여 이해하는 능력. 즉, 대상의 비슷한 점과 차이점을 서로 비교하고 주어진 이야기의 결과, 이유, 방법 등으로 나누어 이해하는 능력
종합적 사고력	나열되고 대립된 사물의 개념들을 통일시켜 하나의 의미로 정립시키는 능력. 즉, 넓거나 많은 내용들을 짧은 말로 요약하는 능력

수렴적 사고는 대안을 분석하고, 평가하고, 효과적인 판단이나 결정을 내리기 위하여 대안을 선택하거나 다듬을 때 사용하는 사고를 의미한다. 창의적인 아이디어를 생성해 내는 것만으로는 충분할 수 없다. 왜냐하면 여러 개의 아이디어(또는 대안) 가운데 우리가 선택하여 실천할 수 있는 것은 한 개 또는 몇 개일 수밖에 없기 때문이다. 그리고 최초의 아이디어들은 심사 · 분류 · 평가하는 가운데서 더 나은 것으로 진화하며 개발해 갈 수 있기 때문이다.

수렴적 사고를 측정하는 도구로서 김현경(2002)이 개발하고 박소연(2016)이 사용한 도구인 비판적 사고 검사 도구는 표 6-11, 조순기(2003)가 개발한 수렴적 사고[4]

의 APC(다른 의견 혹은 대안 생각하기)와 Decision(의사결정)을 측정하는 방법은 표 6-12, 표 6-13과 같다.

표 6-11. 비판적 사고 검사 도구

구분	내용		
개요	본 검사는 서로 다른 관점을 인식하기, 생각을 검증하기, 판단하여 이유를 말하기, 결과를 예측하기, 타인에게 적용한 기준을 나에게 적용해 보기의 5가지 하위요인으로 측정한다. 서로 다른 관점을 인식하기는 타인의 입장에 대해 공감하고 적절한 이유를 진술하는지를 측정하는 항목이다. 생각을 검증하기는 제시된 상황을 미루어 짐작하여 이유를 인식하는지를 측정하는 항목이다. 판단하여 이유를 말하기는 적절하게 판단을 내리고 그에 대한 정당한 이유를 제시하는지를 측정하는 항목이다. 결과를 예측하기는 있음직한 결과를 예측할 수 있는지를 측정하는 항목이다. 타인에게 적용한 기준을 나에게 적용해 보기는 동화에 등장하는 인물이 나일 경우 특정상황에서 어떻게 사고하고 행동할 것인지를 측정하는 항목이다.		
검사실시		사전검사(순이와 어린동생)	사후검사(돼지책)
	비판적 사고 기능		
	서로 다른 관점을 인식하기	• 동생을 찾았을 때 순이는 어떤 느낌이었을까? • 언니가 나타났을 때 영이는 어떤 느낌이었을까?	• 피곳 씨와 사이먼, 패트릭은 피곳 부인이 집을 나갔을때 어떤 느낌이었을까? • 피곳 부인은 집을 나갈 때 어떤 생각을 했을까?
	생각을 검증하기	• 영이는 왜 언니에게 말도 안하고 사라졌을까?	• 피곳 부인은 왜 사라졌을까?

4) 조순기(2003)는 수렴적 사고 기법을 창의적 평가, 하이라이팅 기법, 역브레인스토밍, ALU(강점, 제한, 독특한 특성), P-P-C(긍정적인 면, 가능성, 염려스러운 점) 대화기법, 평가행렬법, 쌍비교 분석법, PMI(강점, 약점, 흥미로운 것 알아보기), CAF(모든 요인들 고려하기), Rules(규칙), C & S(결과 예측하기), AGO(목표 살피기), Planning(계획하기), FIP(가장 중요한 것 고르기), APC(다른 의견 혹은 대안 생각하기), Decision(의사결정), OPV(다른 사람의 견해 살피기) 등으로 구분하고 있다.

<table>
<tr><th>구분</th><th colspan="3">내용</th></tr>
<tr><td rowspan="3"></td><td>판단하여 이유를 말하기</td><td>• 영이가 놀이터로 사라진 행동은 옳다고 생각하니?</td><td>• 피곳 씨와 사이먼, 패트릭이 피곳 씨에게 매일 밥을 달라며 외치고, 도와드리지 않은 것은 옳다고 생각하니?</td></tr>
<tr><td>결과를 예측하기</td><td>• 만약 놀이터에도 영이가 없었다면 어떻게 되었을까?</td><td>• 만약 피곳 부인이 영영 돌아오지 않는다면 어떻게 될까?</td></tr>
<tr><td>타인에게 적용한 기준을 나에게 적용해 보기</td><td>• 네가 순이라면 놀이터에 있는 영이를 보고 어떻게 행동했을 것 같니?</td><td>• 네가 피곳 씨라면 집으로 돌아온 피곳 부인을 보고 어떻게 행동했을 것 같니?</td></tr>
<tr><td>평가기준</td><td colspan="3">각 내용에는 3가지 평가기준이 있으며, 질문에 따른 유아의 대답을 평가기준에 의하여 평가한 후 평가표에 점수를 기입한다. 유아의 반응에 따라 1~3점의 점수를 주고, 무반응은 0점으로 처리한다.</td></tr>
</table>

출처: 박소연(2016). 다문화 흥미영역 활동이 유아의 비판적 사고와 마음이론에 미치는 영향. 중앙대학교 교육대학원 석사학위논문.

표 6-12. 수렴적 사고 측정: APC(다른 의견 혹은 대안 생각하기)

<table>
<tr><th>구분</th><th>내용</th></tr>
<tr><td>안내</td><td>APC(Alternatives, Possibilities, Choices)는 다른 의견(대안) 생각하기입니다. 여러분이 결정을 내리거나 행동을 할 때 아마 처음에는 여러분 마음대로 다른 방법은 생각해 보지 않고 결정하거나 행동할지도 모릅니다. 그러나 만약 여러분이 다른 방법을 찾아본다면 아마 생각했던 것보다 더 많은 방법을 찾을 수 있을 것입니다. 마찬가지로 어떤 사건을 살펴보면 그 사건이 일어나게 된 이유가 처음에는 한 가지만 있는 것처럼 생각되지만 그 사건에 대해 잘 생각해 보면 생각하지 못했던 다른 이유도 있었음을 알 수 있을 것입니다.

다른 의견(대안) 생각하기의 원리는 다음과 같습니다.
1. 다른 새로운 의견을 낼 수 없을 때에는 다른 사람에게 부탁할 수 있습니다.
2. 정말 좋은 생각이나 의견을 찾을 때까지 다른 의견이나 생각을 찾아보아야 합니다.
3. 비록 처음에는 다른 설명이나 이유가 더 이상 없을 것처럼 보여도 또 다른 새로운 설명이나 이유는 반드시 존재합니다.
4. 어떤 의견에 불만이 있을 때에는 다른 의견을 생각해 내는 것이 쉽지만 그 의견에 찬성할 때 다른 의견을 생각해 내는 것은 어려운 일입니다.</td></tr>
<tr><td>보기</td><td>다리 밑에 자동차가 뒤집어져 있었고, 운전자는 죽어 있었습니다. 왜 이런 사건이 일어났는지 APC(다른 의견 혹은 대안 생각하기)를 해 보세요.
1. 운전자가 음주 운전을 해서 다리 위에서 떨어졌을 것이다.</td></tr>
</table>

구분	내용
	2. 누군가 운전자를 다른 곳에서 살해한 후 다리 밑의 자동차에 옮겼을 것이다. 3. 운전자가 너무 과속을 하다가 다리 위에서 떨어졌을 것이다. 4. 운전자의 운전 실력이 안좋아서 다리 위에서 떨어졌을 것이다. 5. 운전자가 갑자기 심장마비를 일으켜서 운전을 할 수 없었기 때문에 다리 위에서 떨어졌을 것이다.
활동	할아버지와 어린 동생을 돌보며 성실하게 살던 5학년 소녀 가장 상희가 일주일 전부터 학교에 나오지 않고 있습니다. 왜 그런 일이 생겼을지 APC(다른 의견 혹은 대안 생각하기)을 해 보세요.

출처: 조순기(2003). 초등학생들의 문제해결 활동을 위한 확산적 사고 및 수렴적 사고 전략이 창의성에 미치는 효과. 경인교육대학교 교육대학원 석사학위논문.

표 6-13. 수렴적 사고 측정: Decision(의사결정)

구분	내용
안내	Decision은 의사결정입니다. 결정을 내리는 것이 쉬울 때도 있고 어려울 때도 있습니다. 우리는 언제나 결정을 해야 합니다. '아침에 어떤 옷을 입고 학교에 갈까? 이 돈을 어디에 쓸 것인가?' 등에 대한 결정을 합니다. 때로는 많은 생각 중에서 선택을 해서 결정을 할 때도 있습니다. 갈림길에서 어느 길로 가야 할지를 결정할 때처럼 당장 결정해야 할 때도 있습니다. 결정을 내릴 때에는 관련된 모든 사항을 생각해 보는 것, 목적에 대해 생각해 보는 것, 결과에 대해 생각해 보는 것, 가장 중요한 사항에 대해 생각해 보는 것, 그리고 다른 새로운 방법에 대해 분명히 생각해 보는 것이 중요합니다. 의사결정의 원리는 다음과 같습니다. 1. 여러분이 결정을 내린 후 왜 그런 결정을 내렸는지 이유를 항상 설명할 수 있어야 합니다. 2. 결정을 내린 후 그 결정을 바꿀 수 있는지, 없는지를 아는 것은 중요합니다. 3. 하나를 얻기 위해 다른 것을 포기할 준비가 되어 있지 않으면 결정을 내리기가 매우 어렵습니다. 4. 결정을 하지 않는다는 것은 아무것도 안하겠다는 것입니다. 5. 결정을 내릴 때 모든 사항을 생각하고, 결과를 생각해 보고, 목적을 분명히 하고, 중요한 사항을 따져 보고, 다른 방법을 찾아보아야 합니다. 이런 일들을 모두 했을 때 결정은 훨씬 쉬워집니다.
보기	저수지에 친구가 빠져서 허우적거리고 있습니다. 수영을 할 줄 모르는 여러분이 그 모습을 보았다면 어떤 결정을 하겠습니까? ☺ 의사결정: 물에 빠진 사람을 직접 구하는 것은 무척 어려운 일입니다. 여러분이 수영을 잘한다고 해도 물에 들어가 친구를 구한다는 것은 너무나 위험하고 어려운 행동인데, 더군다나 수영을 못한다고 했으니 절대로 물에 들어가서는 안됩니다. 주위 사람

구분	내용
	들에게 소리를 질러 알리고, 주위를 둘러보아 물위에 뜰만한 물건이나 줄을 던져 주는 것이 여러분의 가장 현명한 의사결정일 것입니다.
활동	싸움대장 수철이가 교실에서 영숙이 지갑을 훔쳐 가는 것을 여러분이 보았습니다. 선생님과 영숙이가 범인을 찾고 있습니다. 어떤 의사결정을 내리시겠습니까?

출처: 조순기(2003). 초등학생들의 문제해결 활동을 위한 확산적 사고 및 수렴적 사고 전략이 창의성에 미치는 효과. 경인교육대학교 교육대학원 석사학위논문.

지금까지 살펴본 확산적 · 수렴적 사고의 연구는 오랜 기간 발전되어 왔다. 크로플리에 의하면, 연구 초기에는 두 사고가 구분되어 지거나 상호 배타적인 측면을 가지고 있었다. 또한 길포드는 확산적 사고와 수렴적 사고는 사고과정에서 분리해야 하며 주로 확산적 사고 후에 수렴적 사고가 필요하다고 보았다(Guilford, 1986).

하지만 문제해결 교육의 중요성이 대두되면서 사고의 통합 효과에 대해 연구하게 되었고 현재는 많은 대학과 기업에서 통합적 사고를 기반으로 아이디어 발상을 주도하고 있다. 즉, 창의적인 아이디어를 도출하고 문제해결을 위한 사고를 하는 과정에서 나타나는 확산적 사고와 수렴적 사고는 어느 한쪽에 치우치는 것이 아니라 통합적으로 일어나야 한다는 것이다.

3. 창의적 성향 및 환경의 측정과 평가

창의성의 정의적 측면인 창의적 성향은 창의성에 대한 다양한 관심, 태도, 흥미 등에서 나타나는 창의적 성격특성(creative personality)을 의미하는 것으로 개인의 성취를 위해 창의적인 사고력이 최종적으로 작용하는 과정에서 개인에게 요구되는 정의적, 태도적 특성을 의미한다.

1) 유아 창의적 성향 검사

이경화와 유경훈(2016)은 창의적 성향을 개방성과 과제 집중력, 호기심, 독립심, 자기신뢰감, 민감성 및 모험심으로 구분하였는데, 구체적인 내용은 표 6-14와 같다.

표 6-14. 창의적 성향의 구성과 내용

구분	내용
개방성	인간의 태도, 경험, 생각이 기존의 사고방식에 얽매이지 않고, 방해 없이 시간과 공간을 자유롭게 교류하면서 새로운 가능성을 탐색하게 하는 열린 성향이나 태도
과제집중력	특정한 상황이나 주제에 집중하고, 문제를 해결하기 위해서 최대한 다양한 정보를 수집하고 문제가 해결될 때까지 끈질기게 노력하려는 성향이나 태도
호기심	주변 사물과 현상에 대해 의문을 갖고 끊임없는 질문들을 제기하는 성향이나 태도
독립심	문제상황에 적극적으로 대처하며, 타인의 강요나 요구에 의하지 않고 자신의 내적 동기의 필요에 의해 아이디어를 산출해 내려는 성향이나 태도
자기신뢰감	자신이 관심을 가지는 영역에서 문제상황이 생겼을 때 문제를 해결할 것이라는 자신감
민감성	일상생활에서 접할 수 있는 문제 혹은 주위환경에 대한 세심한 관심을 가지고 당연시 여겨지는 것에 대해서도 의문을 품는 성향이나 태도
모험심	실패를 무릅쓰더라도 새로운 일을 도전하려는 도전감과 비슷한 성향이나 태도

이러한 유아의 창의적 성향을 측정하기 위한 검사로는 표 6-15와 같이 이경화(2014)의 유아용 통합 창의성 검사(K-ICT) 중 창의적 성격특성 측정도구와 림(Rimm, 1983)의 창의적 인성을 측정하기 위해 사용한 PRIDE(Preschool and Kindergarten Interest Descriptor)를 정민자(2005)가 수정 보완한 유아 창의적 인성검사 도구가 있다. 본 검사는 총 25문항으로 호기심(5문항), 독특성(5문항), 모험심(5문항), 다양한 관심(5문항), 과제집중력(5문항)을 포함 5개의 하위요인으로 구성되어 있다.

표 6-15. 유아의 창의적 성향 검사

다음 질문들은 유아의 창의적 성향을 알아보기 위한 질문입니다. 각 문항의 내용이 해당 유아의 행동과 일치하는 정도를 생각해 보신 후 오른쪽 번호에 표시(V)해 주세요.

성별	남 여	연령	만 3세 만 4세 만 5세	출생순위	맏이, 중간, 막내, 외동

구분	문항	내용	전혀 그렇지 않다	그렇지 않다	보통이다	자주 그렇다	매우 그렇다
호기심	1	'왜'라는 질문을 자주한다.	①	②	③	④	⑤
	2	장난감을 뜯어 보려고 한다.	①	②	③	④	⑤
	3	사물을 자세히 관찰한다.	①	②	③	④	⑤
	4	'만약 ~라면 어떨까?'라는 생각을 자주 한다.	①	②	③	④	⑤
	5	친구들이 당연하게 보는 것도 그냥 지나치지 않고 의문을 갖는다.	①	②	③	④	⑤
독특성	6	남과 다른 독특하고 기발한 아이디어를 낸다.	①	②	③	④	⑤
	7	특이한 질문을 많이 한다.	①	②	③	④	⑤
	8	놀이, 작품, 이야기하기, 행동 등에서 무언가 남다른 데가 있다.	①	②	③	④	⑤
	9	사물에 대해 설명할 때 독특한 관점으로 설명할 때가 있다.	①	②	③	④	⑤
	10	주어진 문제에 대해 독특한 해결책을 제시한다.	①	②	③	④	⑤
모험심	11	남이 어려워하는 것을 해 보기를 좋아한다.	①	②	③	④	⑤
	12	실패할 가능성이 많은데도 하고 싶은 일은 반드시 한다.	①	②	③	④	⑤
	13	한 번도 시도해 본 적이 없는 일도 주저하지 않는다.	①	②	③	④	⑤
	14	새로운 자극이나 경험에 대해서 특별한 관심을 보인다.	①	②	③	④	⑤
	15	자신이 좋아하는 일에 두려움 없이 활동한다.	①	②	③	④	⑤
다양한 관심	16	여러 가지 관심거리나 취미를 가지고 있다.	①	②	③	④	⑤
	17	무엇이든 배우기를 좋아한다.	①	②	③	④	⑤
	18	어디를 가면 두리번거리며 주변에 관심이 많다.	①	②	③	④	⑤

	19	다양한 경험들을 하길 좋아한다.	①	②	③	④	⑤
	20	자기 주변의 다양한 일들에 관심이 많다.	①	②	③	④	⑤
과제 집중력	21	어떤 일을 하더라도 의욕적이고 적극적이다.	①	②	③	④	⑤
	22	좋아하는 일을 할 때는 누가 옆에서 불러도 대답하지 않는다.	①	②	③	④	⑤
	23	싫어하는 일도 잘 참고 견딘다.	①	②	③	④	⑤
	24	어떤 일을 처리하다가 점점 어려워지더라도 끝까지 포기하지 않으려고 한다.	①	②	③	④	⑤
	25	모르는 문제가 생기면 그것을 알 때까지 파고든다.	①	②	③	④	⑤

출처: 김영랑(2022). 자기효능감의 매개를 통한 유아 창의적 성향의 놀이성에 대한 효과. 군산대학교 대학원 석사학위논문.

2) 유아 창의인성 검사

유아를 위한 창의인성 교육은 새로운 가치를 만들어 내고 더불어 살아갈 줄 아는 인재를 양성하고자 하는 미래 교육의 목적을 가지며, 자신에 대한 이해에서 시작하여 타인에 대한 배려, 관심과 주변 상황과 문제에 대한 창의적인 해결을 위한 노력까지 포함하는 포괄적인 특성을 갖는다. 또한 창의인성은 개방성과 같이 그 자체의 구성요소가 같거나 협동능력 향상과 같이 인성 개발이 창의성 개발로 이어지는 상호동반의 특성을 갖는다(교육과학기술부, 2008).

누리과정에서도 모든 일에 관심과 흥미를 가지며 긍정적인 자아를 형성하고, 주어진 것에 몰입하여 창의적인 생각을 하고 동시에 남을 배려하고 서로가 다름을 인정하는 소양을 갖춘 사람을 추구한다. 유아를 위한 창의인성 교육의 목표와 내용을 도식으로 나타내면 그림 6-4와 같다(조형숙, 2014).

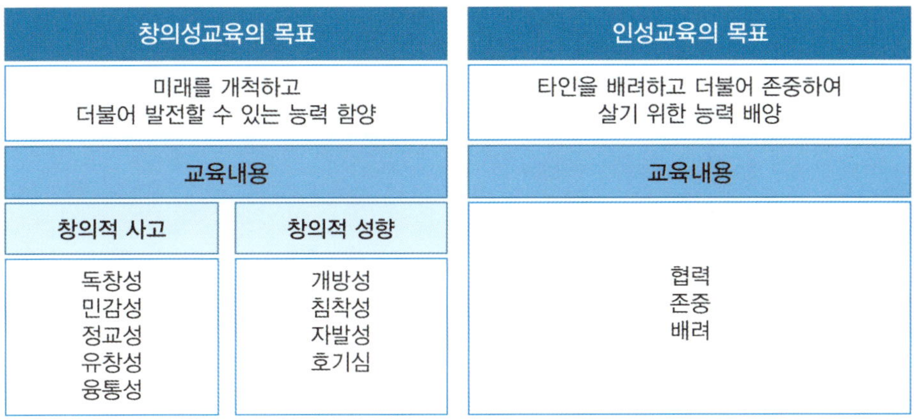

그림 6-4. 창의인성 교육의 목표

창의인성 교육의 중요성이 강조됨에 따라 유아의 창의인성을 측정하기 위한 도구들이 개발되어 왔다. 특히 유아의 창의인성을 측정하기 위하여 림(1983)의 PRIDE (Preschool nad Kindergarten Interest Descriptor)를 정민자(2005)가 수정, 보완한 유아의 창의인성 검사 도구는 다른 유아들과는 다르게 생각하는 특성인 독특성 19문항, 자신을 둘러싼 물체에 관심이 많은 다양한 관심 10문항, 어려운 과제를 쉽게 포기하지 않고 독립적으로 행동하는 경향의 독립성 · 인내심 8문항, 가상놀이와 유머를 즐기는 상상 · 유희성 5문항, 총 42문항으로 구성되어 있다. 유아의 창의인성 하위 요인별 문항구성은 표 6-16, 유아 창의인성 검사의 구체적인 내용은 표 6-17과 같다.

표 6-16. 유아의 창의인성 하위 요인별 문항구성

구분	문항수	문항번호
독특성	19	1, 2, 4, 5, 6, 7, 8, 10, 14, 15, 18, 20, 21, 34, 35, 36, 39, 40, 41
다양한 관심	10	3, 12, 13, 17, 23, 25, 28, 30, 37, 42
독립성 · 인내	8	9, 19, 22, 26, 29, 31, 32, 33
상상 · 유희성	5	11, 16, 24, 27, 38

*역 채점 문항: 13, 29, 30

표 6-17. 유아 창의인성 검사

( )어린이집	만( )세 반	이름		성별	남 / 여

다음의 질문 내용에 대해서 유아를 관찰 또는 면담한 결과를 바탕으로 해당된 칸에 O로 표시하세요.

문항	내용	전혀 아니다	아닌 편이다	그저 그렇다	그런 편이다	아주 그렇다
1	어떤 사물에 대해 오랫동안 관심을 갖는다.	①	②	③	④	⑤
2	질문을 많이 한다.	①	②	③	④	⑤
3	매우 충동적이다.	①	②	③	④	⑤
4	독특한 아이디어를 생각해 내는 것을 좋아한다.	①	②	③	④	⑤
5	다방면에 호기심이 많다.	①	②	③	④	⑤
6	상상놀이나 흉내 내기 놀이를 많이 한다.	①	②	③	④	⑤
7	특이한 질문을 한다.	①	②	③	④	⑤
8	농담이나 우스갯말을 지어내기를 좋아한다.	①	②	③	④	⑤
9	혼자 놀이를 좋아한다.	①	②	③	④	⑤
10	아주 창의적인 것처럼 보인다.	①	②	③	④	⑤
11	나름대로 곡조나 노랫말을 만들어 부른다.	①	②	③	④	⑤
12	책에 관심이 많다.	①	②	③	④	⑤
13	쉽게 싫증을 낸다.	①	②	③	④	⑤
14	다른 사람이 예상하지 못한 독특한 방법으로 사물을 바라보기를 좋아한다.	①	②	③	④	⑤
15	모든 것에 흥미가 많다.	①	②	③	④	⑤
16	그림 그리기를 좋아한다.	①	②	③	④	⑤
17	충동적이기보다는 깊이 생각하고 행동하는 편이다.	①	②	③	④	⑤
18	독특하고 기발한 아이디어를 낸다.	①	②	③	④	⑤
19	옆에서 다른 친구들이 무슨 놀이를 하든지 자기가 하던 놀이를 계속한다.	①	②	③	④	⑤
20	두 가지 일을 동시에 하곤 한다.	①	②	③	④	⑤
21	주변의 일들에 매우 관심이 많다.	①	②	③	④	⑤
22	활동 시 다른 아이들과 다를 때가 있다.	①	②	③	④	⑤
23	무엇이든지 배우기를 좋아한다.	①	②	③	④	⑤
24	악기를 잘 다룬다.	①	②	③	④	⑤

25	연령의 수준보다 어려워 보이는 말들을 할 수 있다.	①	②	③	④	⑤
26	매우 독립적이다.	①	②	③	④	⑤
27	그림을 그려서 그 그림에 색칠하기를 좋아한다.	①	②	③	④	⑤
28	어려운 퍼즐 맞추기를 좋아한다.	①	②	③	④	⑤
29	혼자 가야 한다면 새로운 곳에 가지 않을 것이다.	①	②	③	④	⑤
30	조금만 어려워지면 곧 포기하고 다른 것을 한다.	①	②	③	④	⑤
31	혼자 걷기를 좋아한다.	①	②	③	④	⑤
32	여러 가지를 수집한다.	①	②	③	④	⑤
33	밖에 나가서 노는 것을 좋아한다.	①	②	③	④	⑤
34	새로운 것을 해 보는 것을 좋아한다.	①	②	③	④	⑤
35	색칠공부 책에 색칠하는 것보다는 자기 마음대로 그림 그리는 것을 더 좋아한다.	①	②	③	④	⑤
36	사물에 대해 이야기할 때, 독특한 관점으로 설명할 때가 있다.	①	②	③	④	⑤
37	복잡한 물건을 만들기를 좋아한다.	①	②	③	④	⑤
38	사물(동화책, 물건 등)을 스스로 고르기 좋아한다.	①	②	③	④	⑤
39	우스운 이야기를 자주 하곤 한다.	①	②	③	④	⑤
40	주변의 색다른 점이나 사소한 것을 지적(이야기)하곤 한다.	①	②	③	④	⑤
41	동물에 관한 이야기를 좋아한다.	①	②	③	④	⑤
42	다른 친구의 관점에서도 이해할 수 있다.	①	②	③	④	⑤

출처: 정민자(2005). 유아의 창의성과 어머니의 양육신념, 창의적 특성 변인 간의 구조모형. 경희대학교 대학원 박사학위논문.

3) 창의적인 환경 검사

창의적인 환경 검사는 심리학자 애머빌(1989)이 고안한 검사로 아동의 내적 동기와 창의성을 위한 환경이 얼마나 잘되어 있는지를 알아보는 검사이다. 아동이 문제에 옳고 그른 정답이 없다는 것을 이해한다면 직접 답을 하도록 하고, 그렇지 못한 경우에는 가정이나 환경을 생각하면서 자녀가 어떻게 답할 것이라는 것을 예상하며 신중하고 정확하게 답을 하는 것이 좋다.

각 항목마다 맨 오른쪽(창의적인 환경을 의미하는 내용)에 예, 아니오로 기록되어 있는데, 대답한 내용이 각 문항에 쓰여져 있는 내용과 일치하는 것이 많을수록 창의성을 북돋우는 환경이라는 것을 의미한다. 그리고 제시된 것과 일치하는 것이 적을수록 환경이 개선되어야 함을 암시한다고 할 수 있다. 창의적인 환경 검사의 구체적인 내용은 표 6-18과 같다.

표 6-18. 창의적인 환경 검사지

다음에 있는 각각의 내용은 가정을 어떻게 느끼는가에 대한 것입니다. 정답은 없으며, 그렇다고 느끼면 예, 아니라고 느끼면 아니오를 왼쪽에 써 넣으세요.

예, 아니오	문항	내용	창의적인 환경을 의미하는 내용
	1	집에서는 어떤 질문을 해도 바보 취급을 받을 염려가 없다.	예
	2	어떤 일을 수행하기 위해서 여러 가지를 선택할 수 있다.	예
	3	대부분의 경우 뭔가를 잘 해내면 어떤 이점이 있을지 알고 있다.	아니오
	4	우리 집에서는 지켜야 할 것들이 많다.	아니오
	5	부모님은 대부분의 상황에서 내 생각은 어떤지를 물어보신다.	예
	6	우리 집에서는 변화가 별로 없다.	아니오
	7	무엇인가 새로운 것을 시작할 때는 부모님의 허락을 받아야 한다.	아니오
	8	부모님께서는 내가 어떤 말을 해야 하는가에 대해 신경을 많이 쓰신다.	예
	9	우리 집에서 가장 중요하게 여기는 것은 최고가 되는 것이다.	아니오
	10	부모님께서는 내가 창의적인 사람이 되도록 격려해 주신다.	예
	11	부모님께서는 내가 어떻게 행동해야 할지 말씀해 주신다.	아니오
	12	부모님께서는 보통 내가 무엇을 하는지, 어떻게 하는지에 주의를 기울이신다.	아니오
	13	부모님께서는 내가 스스로 이해하도록 격려해 주신다.	예
	14	집에서는 경쟁할 것이 많다.	아니오
	15	내가 하려는 것에 대해 발언권을 많이 갖는다.	예
	16	대부분의 규칙들을 지켜야 하는 그 이유를 알고 있다.	예
	17	내가 하는 일을 누구의 간섭을 받지 않고 혼자 할 수 있다.	예
	18	중요한 결정을 할 때 내 의견이 반영된다.	예
	19	부모님께서는 뭔가를 시키고 싶으실 때 내가 좋아하는 선물을 준다.	아니오

	20	부모님께서는 창의적으로 일하고자 하신다.	예
	21	실수를 하면 벌을 받는다.	아니오
	22	부모님께서는 뭐든지 아주 즐겁게 하신다.	예
	23	부모님께서는 나에 대해 조바심 내지 않는다.	예
	24	집에서는 조용히 해야 한다.	아니오
	25	부모님께서는 새로운 방법을 생각해 내도록 격려해 주신다.	예
	26	집에서 일하는 것이 재미있다.	예
	27	내가 하는 일들은 대부분 부모님을 기쁘게 해 드리기 위한 것이다.	아니오
	28	우리 집에는 흥미로운 분들이 많이 오신다.	예
	29	부모님께서는 나를 부끄럽게 생각하신다.	아니오
	30	부모님께서는 내가 질문을 많이 하는 것을 좋아하신다.	예
	31	일을 잘해야 한다는 부담감이 크다.	아니오
	32	집에서 가장 중요한 규칙 중 하나는 집 안을 깨끗하게 하는 것이다.	아니오
	33	나는 집에서 자유롭게 행동할 수 있다.	예
	34	부모님께서는 나를 아주 좋아하신다.	예
	35	부모님께서는 내가 좋은 성격을 갖는 것을 중요하게 생각하신다.	아니오
	36	우리 집에는 농담과 웃음이 넘친다.	예
	37	부모님께서는 나를 존중하신다.	예
	38	내가 느끼는 대로 부모님께 말씀드려도 괜찮다.	예
	39	부모님께서는 내가 무엇에 흥미를 가지는지 알고 싶어 하신다.	예
	40	부모님께서는 항상 새로운 것을 시도하신다.	예
	41	우리 부모님이 항상 옳다고 배웠다.	아니오
	42	우리 집에는 흥미 있는 것들이 많다.	예
	43	부모님께서는 나의 활동에 대해 세부 사항들을 계획해 두신다.	아니오
	44	우리 집에서 나는 특별한 사람이라고 생각한다.	예
	45	부모님께서는 항상 새로운 활동을 제안하신다.	예
	46	나 자신의 일을 자유롭게 할 수 있다.	예
	47	내가 집에서 일을 하는 이유도 맛있는 것이나 돈 등을 받기 위한 것이다.	아니오
	48	부모님께서는 나 혼자서나 친구들과 함께 놀 때 상상력을 이용하도록 격려하신다.	예
	49	나는 집에서 비판을 많이 받는다.	아니오
	50	부모님께서는 나와 함께 시간 보내는 것을 좋아하신다.	예

출처: 전경원(2021). 창의성 교육의 이론과 실제. 창지사.

Chapter 07

창의성 사고 기법

배울내용

1. 확산적 사고를 위한 창의성 사고 기법
2. 수렴적 사고를 위한 창의성 사고 기법

학습목표

1. 확산적 사고(브레인스토밍, 브레인라이팅, 마인드맵, 연꽃 기법, 시네틱스, 강제결합법, 스캠퍼, 육색사고모 기법)를 이해하고 구체적인 기법을 익힌다.
2. 수렴적 사고(역브레인스토밍, 하이라이팅, 매트릭스, PMI, PPC, 고든법, SWOT 기법)를 이해하고 구체적인 기법을 익힌다.

Chapter 07

창의성 사고 기법

창의성의 사고 기법에는 크게 확산적 사고를 위한 창의성 사고 기법과 수렴적 사고를 위한 창의성 사고 기법으로 구분할 수 있다. 본 장에서는 확산적 사고와 수렴적 사고를 위한 창의성 사고 기법에 대해 구체적으로 살펴보고자 한다.

1. 확산적 사고를 위한 창의성 사고 기법

확산적 사고(divergent thinking)는 다양한 아이디어를 창의적으로 생성해 내는 사고의 유형이나 과정을 의미하며, 길포드에 의해 제안된 개념이다. 그는 사고의 유형으로 그림 7-1과 같이 확산적 사고와 수렴적 사고를 제안했는데, 확산적 사고는 문제에 대하여 가능한 여러 가지 답을 다양하게 산출하도록 하는 사고의 유형으로,

자유로운 질문과 응답을 좋아하는 창의적인 유형을 말한다. 이에 반해 수렴적 사고는 주어진 문제를 해결하기 위한 다양한 대안을 분석 · 평가하여 최종적으로 가장 적합한 문제를 선택하는 사고의 유형이다.

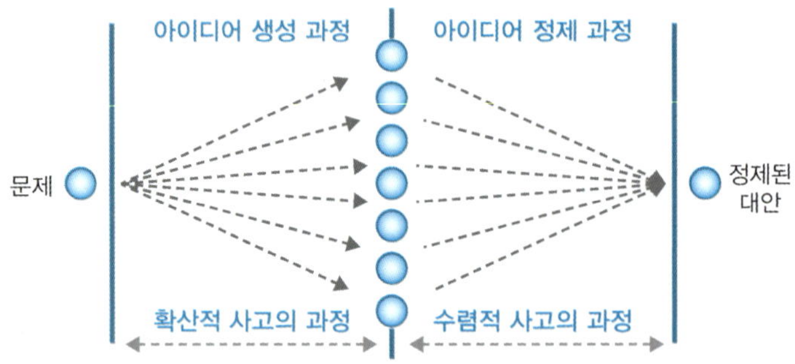

그림 7-1. 확산적 사고와 수렴적 사고

길포드는 창의성을 창의적 성취를 가능하게 하는 정신능력이라고 정의하고, 창의적 성취와 사고에는 확산적인 생성이라는 범주가 포함된다고 보았다. 확산적인 생성이란 주어진 정보에서 시작하여 또 다른 정보를 생산해 내는 것이라고 주장하였다. 즉, 확산적 사고는 주어진 정보에서 또 다른 정보를 생산해 내는 것이다.

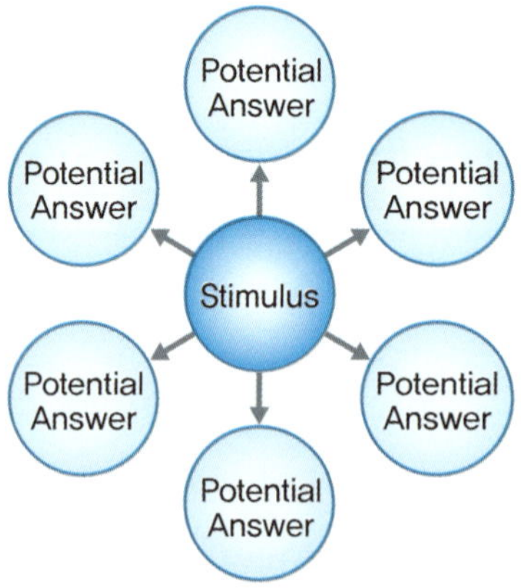

그림 7-2. 확산적 사고의 작용방식에 대한 지도

이러한 확산적 사고를 증진시키는 기법으로는 브레인스토밍(Brainstorming), 브레인라이팅(Brain writing), 마인드맵(Mind map), 연꽃 기법, 시네틱스, 강제결합법, 스캠퍼(SCAMPER), 육색사고모(six thinking hats) 기법 등이 대표적이다.

1) 브레인스토밍

브레인스토밍(Brainstorming)은 하나의 구체적인 문제에 초점을 두고 가능한 많은 수의 아이디어를 생성해 내기 위한 기법으로서 많은 양의 아이디어를 수용하고 제안된 아이디어를 결합하고 개선한다. 브레인스토밍을 실시할 때는 아이디어의 질보다 양을 우선시하며 가능한 많은 아이디어를 산출하도록 하고, 타인의 아이디어에 대한 판단을 보류하도록 한다.

(1) 브레인스토밍의 개념

브레인스토밍은 Brain과 Storming의 합성어로서 두뇌의 폭풍, 정신 착란 상태의 뜻으로 머릿속에서 생각들이 폭풍치듯이 마구 떠오르는 것을 표현한 것이다. 1938년 미국의 BBOD 광고 회사 대리점의 오스본(1953)이 광고 회사 회의 중 아이디어를 얻기 위해 시작되었으며, 1953년 그의 저서 『상상공학(Applied Imagination)』에서 자세하게 소개되었다. 브레인스토밍 기법은 자유분방한 환경에서 참가자들이 새롭고 참신한 아이디어를 많이 발산하고 발산한 아이디어를 자유롭게 개선, 결합하고 발전시킬 수 있는 대표적인 확산적 사고 기법이다. 이러한 브레인스토밍 기법은 몇 가지 창의적 사고 기법 가운데 가장 오래된 것이며, 현재까지 가장 광범위하게 사용되고 있다.

(2) 브레인스토밍의 특징과 규칙

브레인스토밍 할 때 기억해야 할 중요한 규칙은 회의 시 산출된 아이디어에 대한 평가를 차후로 미루는 판단유예라고 할 수 있다(이경화, 유경훈, 2016). 왜냐하면 브레인스토밍은 기본적으로 많은 아이디어를 얻기 위함이라는 전제를 가지고 시작하는 것이므로 집단에서 생성된 아이디어에 대한 비판과 평가는 그 다음 나올 아이디어에 영향을 미치기 때문이다.

다시 말해, 오스본(1953)은 아이디어의 발상을 증대시키기 위하여 평가 및 비판의 배제(Deferment of Judgment), 자유분방(Free Wheeling), 아이디어의 양의 추구(Quantity Yield Quality), 아이디어의 결합 및 개선(Combination & Improvement)의 4가지 규칙이 중요하다고 하였다. 오스본(1953)이 주장하고 있는 브레인스토밍 규칙은 표 7-1과 같다(전은수, 2017; 한은영, 2016).

표 7-1. 브레인스토밍의 규칙

구분	내용
비판배제	아이디어에 대한 평가는 나중까지 유보한다. 아이디어를 제시한 후 바로 평가를 하게 되면 발상이 저해되므로 다른 아이디어의 경로가 막혀 버릴 수도 있다. 즉, 타인의 의견이나 아이디어에 대해 판단하지 않는다.
자유분방	아이디어는 엉뚱하고 자유분방한 것일수록 좋다. 즉, 자유롭게 의견이나 아이디어를 낸다. 이는 많고 좋은 아이디어 목록을 얻기 위해서 엉뚱한 의견을 가지는 것도 장려된다. 새로운 지각을 통해서 혹은 당연하다고 생각해 오던 가정을 의심하는 것으로부터 더 나은 답을 줄 수 있는 새로운 방법이 떠오를 수 있다.
아이디어의 양의 추구	아이디어의 수가 많을수록 좋다. 즉, 질보다 양을 추구한다. 이는 '양이 질을 낳는다(quantity breeds quality)'는 격언을 따라 문제해결을 꾀하는 것으로 발상의 다양성을 끌어올리는 규칙이다. 많은 숫자의 아이디어가 제시될수록 효과적인 아이디어가 나올 확률이 올라간다는 것을 전제로 하고 있다.
결합 및 개선	다른 사람이 제안한 아이디어를 조합시켜 향상된 또 다른 아이디어를 만들 수 있다. 즉, 타인의 아이디어나 의견을 결합하여 새로운 아이디어와 의견으로 개선한다. 이는 1+1이 3이 될 수도 있다는 슬로건에 따라, 아이디어들을 연계시키는 것으로 더 뛰어난 성과를 얻을 수 있다고 생각한다.

표 7-1에 제시된 규칙에 따라 실제 브레인스토밍 활동을 진행할 때 다음과 같은 점을 고려해야 한다(한은영, 2016). 첫째, 다른 사람의 의견을 경청하는 자세가 중요하다. 이는 타인의 의견을 바탕으로 더욱 새로운 아이디어들이 산출될 수 있기 때문이다. 둘째, 타인의 아이디어에 새로운 아이디어를 덧붙여 발표하는 것을 격려하는 자세가 필요하다. 브레인스토밍 활동은 기본적으로 많은 아이디어를 얻는 것을 전제로 하고 있기 때문이다.

오스본(1953)은 자유로운 발상과 비판을 가하지 않고 다른 사람의 발상을 자기 발상의 도약판으로 활용하는 브레인스토밍 조건하에 집단은 개인보다 더욱 독창적이고 또 유용한 아이디어를 더 많이 발상해 낼 수 있다고 주장하였다. 또한 브레인스토밍은 규칙을 잘 따라야 아이디어의 양이 2배 정도 되기 때문에 규칙을 잘 이해하고 적용하는 것은 브레인스토밍에 있어서 무엇보다도 중요하다. 따라서 브레인스토밍의 규칙을 잘 적용하기 위해서는 충분한 연습과 훈련이 필요하다.

(3) 브레인스토밍의 진행방법

브레인스토밍의 참가 인원 수에 대해 오스본(1953)을 비롯하여 많은 연구자들은 6명보다 작거나 10명을 넘으면 좋지 않다고 주장한다. 따라서 브레인스토밍 유경험자의 구성 집단인 경우 적합한 인원은 6~7명이며, 이 경우에 기록자의 아이디어 작성 속도 유지가 가능하기 때문이다. 브레인스토밍 기법을 실제 교육현장에서 활용할 때는 표 7-2와 같은 세부사항 및 절차에 유의하여 진행하도록 한다(김준경, 2009; 한은영, 2016).

표 7-2. 브레인스토밍 적용 시 유의사항

• 가능한 원형으로 모여 앉는다. • 짝수보다는 홀수의 인원으로 구성한다. • 한 집단의 구성원은 6~7명 정도가 적당하다.

- 교사는 수업을 주도적으로 이끌지 않고 학생을 중심으로 수업을 진행하고 학생 중 기록자를 두어 참가하는 학생들이 표현한 아이디어들을 모든 사람들이 보고 검토할 수 있도록 칠판이나 큰 종이에 기록한다.
- 시간의 제한을 두어 한 사람에 편중되어 이끌지 않도록 한다.
- 참여 학생들 모두 아이디어를 낼 수 있도록 동일한 기회를 주어 참여 동기를 높인다.

원형으로 둘러앉은 것은 서로 아이디어를 생성하고 공유하기 위한 학생들의 적극적인 참여를 유도하기 위한 것이다. 또한 브레인스토밍 기법을 진행할 때 리더의 역할이 중요하다고 할 수 있는데 먼저, 규칙을 설명하고 참석 인원 전원이 볼 수 있는 곳에 게시해 두어야 하며, 규칙 위반 시 윽박지르기보다 미리 준비해 둔 벨을 눌러 암묵의 충고를 할 수 있게 한다. 처음부터 끝까지 자유롭고 유쾌한 분위기가 조성되도록 하고 주제에서 이탈하지 않도록 시간을 미리 정해 두는 것이 효과적이다(김진용 외, 2017). 실제 브레인스토밍을 이용해 아이디어를 생성한 결과는 그림 7-3과 같다.

그림 7-3. 브레인스토밍의 예

출처: 한은영(2016). 창의적 사고기법을 활용한 창작무용 학습지도안 개발 연구: 브레인스토밍, 스캠퍼, 마인드맵을 기반으로. 성균관대학교 일반대학원 석사학위논문.

브레인스토밍 기법은 문제확인, 집단구성, 문제제기 및 진행의 순서로 이루어지며, 일반적인 진행 절차 및 연령별 고려사항은 표 7-3과 같다(전은수, 2017). 브레인스토밍의 기록지는 표 7-4, 브레인스토밍의 장점은 표 7-5, 단점은 표 7-6과 같다.

표 7-3. 브레인스토밍의 진행 절차 및 연령별 고려사항

구분	내용
문제확인	교사는 어떤 문제를 해결해야 할 것인지를 확인하여 집단구성 시 고려한다.
집단구성	집단을 구성하고 지도자와 기록원을 정하게 한다.
문제제기	문제를 명확하게 제시한다.
진행	브레인스토밍 규칙 4가지를 숙지하게 한 후 진행한다.
연령	**고려사항**
3세	3세의 브레인스토밍은 대그룹으로 하는 것이 좋다. 3세 연령은 글씨 쓰는 것이 서툴고 소그룹 토의가 어려우므로 유아들은 참여자가 되어 아이디어를 말하고 교사는 리더자와 기록자의 역할을 수행하면서 아이디어를 칠판에 적어 주면서 브레인스토밍 기법을 익히는 것이 필요하다. 또한 유아가 개별적으로 아이디어를 그림으로 표현하는 방법도 가능한데, 이때 교사는 유아가 표현한 브레인스토밍 그림에 어떤 아이디어를 표현했는지 기록해 두는 것이 좋다.
4세	4세의 브레인스토밍은 소그룹이 가능하지만 글씨 쓰기가 가능한 유아와 그렇지 않은 유아의 개인차가 크므로 이를 고려해야 한다. 5명 내외의 소그룹을 지을 때 기록자의 역할을 수행할 수 있는 유아를 적절하게 조율하여 배치하는 것이 필요하다. 4세 연령의 브레인스토밍은 3세에서 언급한 대그룹 브레인스토밍 방법과 소그룹 브레인스토밍을 병행해서 사용하는 것이 유용하다.
5세	5세의 브레인스토밍은 소그룹이 가능하며, 교사는 유아가 리더자, 기록자, 참여자의 역할을 돌아가면서 수행할 수 있도록 안내 및 중재할 수 있어야 한다. 생활주제에 따라 주제를 바꾸어 주거나 생활 속에서 발생한 여러 가지 문제상황을 제시해 주거나, 때로는 유아들이 문제를 선정하여 게시할 수도 있다. 만약 게시된 문제가 생활 속에서 발생한 문제상황이라면 브레인스토밍 아이디어를 토대로 유아들이 직접 실행해 보는 기회를 갖도록 하는 것이 좋다.

표 7-4. 브레인스토밍의 기록지

날짜	
리더	
기록자	
참가자	
주제(문제)	
아이디어	① ② ③ ④ ⑤ ⑥ ⑦ ⑧ ⑨ ⑩ ⑪ ⑫ ⑬ ⑭ ⑮ ⑯ ⑰ ⑱ ⑲ ⑳

표 7-5. 브레인스토밍의 장점

구분	내용
주제의 다양성	브레인스토밍은 쉽게 실행할 수 있고, 다양한 주제를 가지고 실행할 수 있다. '무엇이 옳은지, 어떠한 대안을 선택해야 하는 것이 좋을지'와 같은 판단을 필요로 하는 주제가 아니라면, 어떠한 주제를 가지고도 브레인스토밍을 할 수 있다. 집단의 작은 의사결정부터 큰 의사결정까지 복잡하지 않은 절차를 통해 팀의 구성원들과 아이디어를 공유할 수 있다.
시너지 효과	브레인스토밍은 아이디어의 질보다 양에 초점을 맞춘 것으로 집단의 구성원들은 즉각적으로 생각나는 아이디어를 제시할 수 있다. 그렇기 때문에 브레인스토밍은 다량의 아이디어를 도출해 낸다. 구성원들은 본래 자신이 가지고 있던 기존의 아이디어를 개선하여 더욱 발전된 아이디어를 창출할 수 있다. 왜냐하면 다른 사람의 의견을 참고하여 창의적으로 조합할 수 있기 때문이다. 또한 여러 가지 발상들이 모여 수정되고 개선하는 방안을 거치면 대단한 아이디어가 도출될 수도 있다. 즉, 본인은 무심코 제시하였을지 모르는 의견도 다른 사람들에게는 우수한 아이디어를 도출해 내는 데 좋은 참고가 될 수 있고, 그러한 아이디어들이 모여 새롭고 유용한 아이디어가 창출될 수 있다.
표현의 자유	브레인스토밍은 비판과 비난을 자제하는 것을 원칙으로 삼고 있기 때문에 집단의 구성원들이 비교적 부담 없이 의견을 표출할 수 있다. 브레인스토밍을 하면서 제시된 아이디어에 대한 비판은 추후의 비판적 단계까지 유예된다. 즉, 브레인스토밍은 아이디어를 표출하고 확장하는 데 초점을 맞추는 것이기 때문에 참여자들은 비교적 자유롭게 자신의 의견을 제시할 수 있는 분위기와 환경 속에서 다양하고 독특한 아이디어들을 도출하고 표현할 수 있게 된다.
효율적 시간관리	브레인스토밍은 발상시간의 조정이 가능하다. 회의마다 임의로 발상시간을 늘리거나 줄일 수 있기 때문이다. 즉, 브레인스토밍은 발상시간이 정해져 있으므로, 아이디어 회의의 시간관리가 효율적으로 이루어진다. 보통 회의에서는 어떤 사람은 적극적으로 의견을 표출하는 반면, 어떤 사람은 거의 말을 하지 않는다. 이런 경우 말이 많은 사람이 자신의 주장만을 이야기하여 예정 시간을 훌쩍 넘기는 일이 종종 발생하기도 한다. 하지만 브레인스토밍을 할 때에는 이러한 문제의 해결이 가능하다. 주어진 발상시간 내에 아이디어를 생각해 보고, 모든 참여자들이 자유롭게 말할 수 있기 때문이다. 뿐만 아니라 브레인스토밍은 혼자서도 얼마든지 할 수 있다. 타이머 등을 준비하여 발상의 시간을 정하고, 생각나는 아이디어를 정리할 수 있다. 이렇게 하면 혼자서 미리 생각해 보는 것이기 때문에 업무시간을 효율적으로 관리할 수 있다. 하지만 브레인스토밍이 제대로 이루어지지 않으면 오히려 시간낭비를 불러일으킬 수 있으므로, 체계적인 과정 속에서 이루어져야 한다.

표 7-6. 브레인스토밍의 단점

구분	내용
산출 방해	브레인스토밍은 타인의 이야기를 경청하도록 되어 있기 때문에 타인의 이야기를 들으면서 자신의 사고를 방해하여 개인이 제대로 된 아이디어의 산출을 방해받을 수 있다. 브레인스토밍 집단이 커질수록 자신의 아이디어를 표현하는 데 방해 또는 지연될 가능성이 높으므로 개인의 역량을 온전히 발휘할 수 없게 된다. 또한 제한된 시간 내에서 아이디어를 산출해야 하기 때문에 창의적인 아이디어를 충분히 설명할 시간을 갖지 못해 좋은 아이디어가 사장될 가능성도 있다. 또한 집단 내에 집단적 성향을 가진 사람이 많은 경우, 일치를 강요하는 압력이 있을 경우, 자신의 의견을 왜곡하여 발언하기도 한다.
평가 불안	브레인스토밍 집단 내에 권위 인물이 존재하거나 집단 구성원들이 사회적 상호작용에 대해 불안을 느낄 때 훨씬 적은 아이디어가 생성된다. 이는 권위적 인물 또는 상급자가 자신의 아이디어에 대하여 부정적 평가를 내릴 것에 대한 두려움에서 파생된다. 어떠한 아이디어를 말할 때 상급자 혹은 동급자 내에서 자신의 역량에 대한 부정적 평가를 받기를 꺼리기 때문에 아이디어를 낼 때 자기 검열을 하는 사람이 생기기도 한다. 또한 대다수의 의견과 유사한 아이디어를 제안하는 '강화 현상'이 나타나기도 한다.
무임승차·태만	아이디어들이 집단수준에 합해지기 때문에 다른 구성원들의 노력에 단순히 무임승차하게 될 가능성이 존재한다. 그 결과 링겔만 효과(Ringelmann effect)가 나타날 가능성이 크다. 링겔만 효과는 집단 속에 참여하는 개인의 수가 늘어 갈수록 성과에 대한 1인당 공헌도가 오히려 떨어지는 현상, 즉 집단 속에 참여하는 개인의 수가 늘어날수록 1인당 공헌도가 오히려 떨어지는 현상을 의미한다. 이는 혼자서 일할 때보다 집단 속에서 함께 일할 때 노력을 덜 기울이기 때문에 나타나는 현상이다.
시간 낭비	브레인스토밍은 보통 사람들이 촉박한 마감시한이나 높은 중압감 속에서는 제대로 일을 하지 못한다고 생각하기 때문에 넉넉한 시간을 보장해 준다. 하지만 브레인스토밍 시 아이디어에 대한 기준이나 목적이 불확실하거나, 목표에 대한 성취동기가 없는 구성원들이 브레인스토밍을 할 경우 과도한 시간이 투자되어 오히려 작업효율성이 떨어질 수 있다. 또한 너무 많은 인원이 브레인스토밍에 참여할 경우 주제에 벗어나거나 혼란스러워질 우려도 있으며, 그렇게 될 경우 오히려 시간의 낭비가 일어날 가능성이 있다.

2) 브레인라이팅

브레인라이팅(Brain writing)은 독일에서 개발된 것으로 개인 사고의 특징을 최대한으로 살릴 수 있는 집단 발상법이다. 즉, 브레인라이팅은 침묵을 지키며 진행하는 집단 발상기법으로서 각자가 정해진 용지에 본인의 아이디어를 차례대로 돌아가면서 기록하는 것이다. 브레인스토밍과 유사하지만 브레인스토밍은 기록자가 집단의 아이디어를 기록하는 반면, 브레인라이팅은 개인 각자가 본인의 아이디어를 차례대로 돌아가면서 기록한다는 점에서 차이가 있다. 다시 말해, 브레인라이팅은 참석자 중에 내성적인 사람이 많을 때, 아이디어를 공개적으로 발표하기 어려울 때, 참석자가 너무 많을 때 또는 많은 아이디어를 빠르게 생성하고자 할 때에 적절한 기법으로 전체 집단을 5~6명 단위의 작은 그룹으로 나눈 후, 종이를 나누어 주고 아이디어가 고갈될 때까지 적어 내도록 하는 것이다.

(1) 브레인라이팅의 목적과 진행순서

브레인라이팅 기법은 브레인스토밍처럼 다양한 문제해결 아이디어를 얻는 것으로 질보다 양을 중시하고, 절대 다른 사람의 의견을 비판하지 않아야 하며, 다른 사람의 의견을 참고하여 더 좋은 아이디어를 제출하도록 한다. 즉, 많은 구성원들로 이루어진 기업에서 흔히 사용되는 아이디어 창출 기법으로 자기 주장을 내세우기 꺼려 하는 사람들의 아이디어도 취합할 수 있다는 장점이 있다.

브레인라이팅은 집단의 규모와 상관없이 진행할 수 있다. 우선 대상 집단을 4~6명으로 이루어진 소집단으로 세분한다. 이렇게 나눈 소집단은 회의 안건에 대해 적혀 있는 용지를 한 장씩 받고 원탁에 둘러앉아 각 용지에 3개의 아이디어(그 이상이어도 무방하다)를 적어 내는 것을 원칙으로 한다. 그 용지를 테이블 위에 가져다 놓고, 다른 사람이 마치고 가져다 놓은 용지를 다시 집어 온 다음, 3개의 아이디어를 더 적어 낸다. 다른 사람의 것에 힌트를 얻은 아이디어는 때때로 더욱 창의적이고 기발한 것일 수 있다. 회의는 참가자들의 아이디어가 떨어질 때까지 계속되며 구성원들 모두 원활하게 참여할 수 있으며, 브레인라이팅 과정이 완료될 때쯤이면 모든 참가자가 그 아이디어를 소유하게 된다. 브레인스토밍과는 달리 아이디어를 개별적으로 창출해 종이에 기록하기 때문에, 지배적인 개인들의 영향이 줄어든다.

브레인라이팅의 구체적인 진행순서는 표 7-7과 같다.

표 7-7. 브레인라이팅의 진행순서

진행순서	구분	설명
1	모둠 구성	4~6명을 모둠으로 구성하고 사람들에게 빈 용지를 배분한다.
2	문제 작성	빈 용지 상단에는 해결해야 할 문제를 기록한다.
3	아이디어 작성	5분 동안 첫 줄에 문제해결 아이디어를 3개씩 작성한다.
4	용지 전달	시계 방향으로 옆 사람에게 용지를 전달하고 다른 사람의 기록지를 들고 온다. 가지고 온 기록지의 두 번째 줄에 기존 것을 참고하여 자신의 아이디어 3개 정도를 기록한다. 아이디어가 떨어질 때까지 용지에 아이디어를 이어서 적는 것을 계속한다(반복).
5	작성 완료	참여자의 아이디어가 떨어지면 작성을 중지하고 용지를 모은다.
6	아이디어 기록	중복된 아이디어를 제외한 모든 아이디어를 모아서 기록한다.

(2) 브레인라이팅 기법의 장단점

브레인스토밍 기법은 짧은 시간에 많은 아이디어를 얻기 위한 자유로운 토론으로 많은 사람의 아이디어를 이끌어 내는 기법이다. 하지만 이 기법은 몇몇 발표자가 회의를 주도할 수 있고 발표를 하는 것이 익숙하지 않은 사람들은 회의에서 의견을 내놓지 않는 경우도 있게 된다. 또한 회의가 과열되다 보면 큰 소리로 발언하는 사람들 때문에 차분하게 생각하기 어려운 단점도 있다.

브레인라이팅 기법은 이러한 단점들을 보완해 만든 기법이다. 이 기법은 각자 침묵 속에서 진행하기 때문에 개별 사고의 특징을 최대로 살릴 수 있는 집단 발상법이다. 다만, 브레인스토밍보다 자발성이 떨어질 수 있고 글을 쓰는 것 자체를 두려워하는 사람이 대다수라면 효율적이지 못할 수도 있다. 또한 의견이 비슷해질 수 있으므로 최대한 다른 의견을 내려는 노력이 필요하다.

3) 마인드맵

마인드맵(Mind map)은 지도를 그리듯이 자신이 지금까지 배웠던 내용에 대한 자기관리 등을 할 수 있는 방법 중의 하나로, 계층 구조이며 전체의 조각들 간 관계를 표시하는 것이다. 즉, 마인드맵은 핵심 개념들 간의 상호관련성이나 통합성을 시각적으로 일목요연하게 표현함으로써 창의적인 사고를 유도하는 방법으로서 아이디어를 주제별로 묶어 선으로 연결 지으며 방사적으로 나타내는 것이다〈그림 7-4〉.

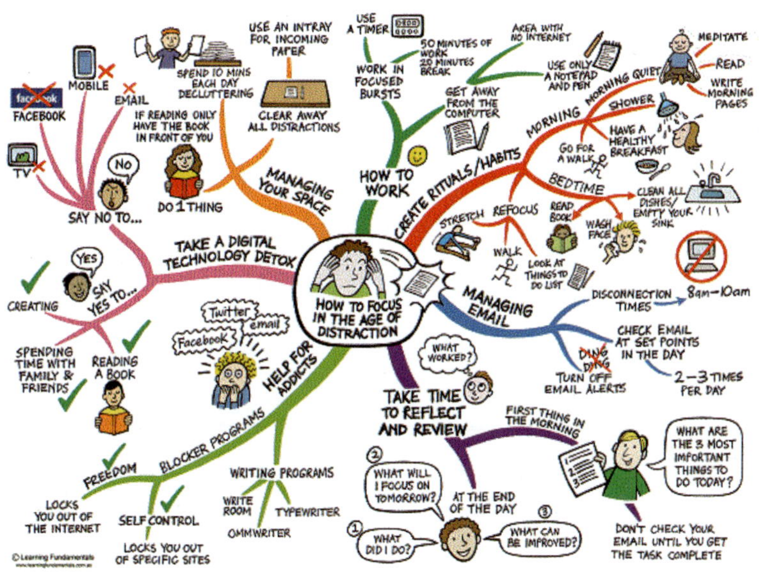

그림 7-4. 마인드맵의 예

출처: http://www.mindmapart.com/how-to-focus-mind-map-jane-genovese/

(1) 마인드맵의 개념

마인드맵은 1970년 영국의 심리학자이자 언론인이었던 토니 부잔(Tony Buzan)이 레오나르도 다빈치, 피카소, 아인슈타인 등 천재들의 좌우 양뇌를 사용한 노트방법을 보고 아이디어를 얻어 고안한 것이다. 고안 초기 그의 목적은 효과적인 필기를 위한 것이었다. 그러나 시간이 지날수록 이것이 필기뿐만 아니라 사고기술을 향상시키는 새롭고도 강력한 수단이 된다는 것을 깨닫게 되었다. 마인드맵핑(Mind maping)의 가치는 전통적인 사고방법이나 노트법과 비교해 보면 가장 잘 이해할 수 있다. 지금까지 우리는 사고를 풀어놓기도 전에 먼저 사고가 형성되는 과정을 방해함으로써 사고형성의 속도와 범위를 제한해 왔다. 우리의 두뇌는 사고를 형성하는 무한한 잠재력을 지니고 있다. 사고를 조직화하기 전에 먼저 사고가 자유롭게 흐를 수 있도록 내버려 둘 때 비로소 두뇌는 가장 활발하게 활동한다. 이런 논리에 근거하여 기존의 직선식 노트방법을 지양하는 수많은 방법들이 개발되었고, 그중에서도 마인드맵핑은 가장 뛰어난 방법으로 두뇌와 노트 간의 '긍정적 피드백 고리'를 창조해 냄으로써 사고과정의 자연스런 흐름을 기록하고 자극하는 체계적인 수단을 제공한다.

무엇보다 마인드맵이 좋은 이유는 두뇌가 자연스럽게 정보를 받아들이고 쏟아내는 방법과 유사하기 때문이다. 그렇기 때문에 누구나 조금만 방법을 숙지하면 쉽고 재미있게 마인드맵을 그리고 그 효과를 경험할 수 있다는 것이다. 이처럼 마인드맵은 우리들이 생각하는 것보다 훨씬 큰 우리의 잠재력을 끄집어 내고, 무한한 용량과 능력의 보물창고인 우리의 두뇌를 효과적으로 계발하고 사용하게끔 해 주는 도구라고 할 수 있다(박민정, 2009).

그림을 그리듯이 노트하고 문자를 이미지화된 그림으로 표현하는 마인드맵은 여러 개념들 사이의 관계를 선, 숫자, 크기, 색상, 기초그림, 입체 등의 시각적 요소로 표현하기 때문에 창의력은 물론 이해력과 기억력 향상에도 도움을 주며 우리 두뇌에 저장되어 있는 방사(放射) 사고를 유도하여 잠재된 능력을 최대한 발휘할 수 있게 해 주는 창의적 활용법이다. 마인드맵을 쉽게 표현하면 '생각의 지도'라고 할 수 있다. 구체적으로 무순서, 다차원적인 특성을 가진 사람의 생각을 표현하는 데 있어 백지 위에 키워드, 이미지로 중심 주제를 적고 가지를 쳐서 핵심어, 이미지, 색상, 기호, 심볼 등을 사용해 방사형으로 펼침으로써 사고력, 창의력 및 기억력을 높이는 두뇌개발 기법이다.

(2) 마인드맵의 구조

마인드맵의 구조를 중심이미지, 주가지, 부가지 및 세부가지로 구분하여 살펴보면 표 7-8과 같다(박민정, 2009).

표 7-8. 마인드맵의 구조

구분	예	내용
중심 이미지		먼저 중심생각(달리 말한다면 '주제'라고도 표현할 수도 있음)을 찾는다. 중심생각은 그림으로 나타내며 가능하면 여러 가지 색깔을 사용한다. 이렇게 하면 중심생각에 항상 두뇌가 집중할 수가 있다. 중심이미지를 표현할 때는 적어도 세 가지 이상의 색깔의 사용하는 것이 좋다. 색상은 두뇌의 상상력을 키우고 시각적인 주의를 이끈다. 그래서 중심이미지는 종이의 중앙에 이미지로 3~4색을 사용하여 입체적으로 표현한다. 주제를 강조하여 한눈에 알아볼 수 있도록 하기 위함이다. 예를 들어, 음악이라는 내용을 마인드맵으로 만들기 위해서는 음악을 대표할 수 있는 이미지를 중심에 그리면 된다. 어떤 글이 아니라 생각을 표현하는 것이기 때문에 '음악'을 상징할 수 있는 그림을 그리는 것이다.
주가지		중심이미지와 관련된 주된 내용들을 중심이미지에서 뻗어 나온 가지 위에 핵심어나 이미지를 사용해서 표현한다. 여기서 주된 내용들은 중심이미지를 설명하는 내용들을 묶어 낼 수 있는 작은 주제들이다. 이미지의 중심에서 뻗어 나가는 이 가지들은 주제를 확실하고 두드러지게 보이기 위해 선명하고 굵은 선을 사용하고 각자 다른 색을 사용한다. 예를 들어, 음악이라는 주제로부터 악기, 음악가(가수), 대중음악, 노래와 같은 주가지가 뻗어나올 수 있다. 아마 여행을 떠난다고 하면 목적지, 함께 갈 사람, 교통편, 준비물과 같은 것들이 주가지로 나올 것이다.

구분	예	내용
부가지	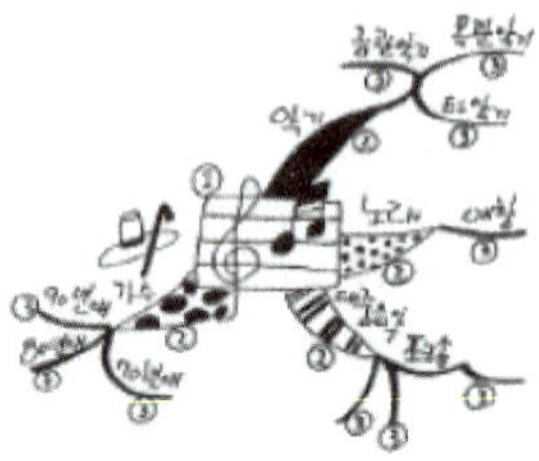	부가지들은 주가지 끝에서 부드러운 곡선으로 연결시켜 준다. 이미지가 아니라 핵심으로 표현할 때는 글씨는 정체로 쓰되 주가지에 썼던 글씨보다 조금씩 작은 글씨로 표현한다. 주가지에서 부드럽게 바깥쪽으로 가지를 펼쳐 나간다. 이 부주제들은 주가지의 내용을 보충 설명해 주는 내용이다. 주가지에 대한 내용 설명이 바로 연결될 수도 있고, 예를 들어 '악기'라는 주가지에서 금관악기, 목관악기, 타악기로 분류한 것처럼 다시 한번 분류할 수도 있다.
세부가지		부가지 내용을 더 자세히 보충할 수 있는 내용이 세부가지에 자리 잡게 된다. 이 세부가지들은 필요하면 얼마든지 덧붙일 수 있다. 그리고 더 자세한 세부사항을 첨가한다. 주제, 부주제 혹은 다른 사항들을 얼마든지 더할 수 있다.

(3) 마인드맵의 작성 기법과 작성방법

마인드맵의 작성 기법과 효과적인 마인드맵 작성방법을 살펴보면, 표 7-9 및 표 7-10과 같다(박민정, 2009).

표 7-9. 마인드맵의 작성기법

구분	내용
중심이미지	• 생각의 주제를 항상 이미지화 해서 중심에 배치하여 그린다.
가지 추가 및 배치	• 하나의 가지 위에 간단명료한 핵심어 하나 내지 두 개만 적는다. • 가지선은 핵심어의 길이만큼만 그린다. • 균형적 공간 활용이 되도록 가지를 배치해 나간다.
과장, 강조, 색상	• 핵심어와 이미지에 과장과 강조 효과를 준다. • 동질성을 갖는 가지들은 같은 가지색을 사용하여 그리고 외곽선으로 테두리를 해 준다. • 중심에서 멀어질수록 작은 글자와 가는 가지선을 사용한다.
관계선, 연결선	• 관련된 핵심어를 연결선으로 연결한다. • 지금까지 나온 가지로부터 연상하거나 결합하여 생각한다.

표 7-10. 효과적인 마인드맵 작성방법

단계	구분	내용
1단계	중심제목, 이미지 선택	중심단어 또는 이미지를 선택함에 있어서는 나중에 보더라도 맵의 내용을 기억할 수 있도록 의미 있고 핵심적인 것으로 선택한다. 이것은 눈을 감고 상상하면 알고 있는 사람이나 가본 경험이 있는 장소에 대한 전체적인 그림이 그려지는 것처럼 뇌의 연상 작용에 큰 도움을 주게 된다. 선택한 한 주제에 대해 맵핑을 시작한 후 다른 생각들이 떠오를 때마다 기존의 맵에 계속 추가시켜 나간다. 그리고 방사형으로 펼쳐진 항목이 너무 많아 기존 맵의 크기가 너무 커지면 새로운 제목으로 분할한다.
2단계	상상하기	목표에 도달하거나 문제를 해결해 나갈 때 무엇보다 긍정적인 마음으로 편안하게 주제에 대해 상상을 시작한다. 떠오르는 생각을 핵심어나 이미지로 재치 있게 뽑아낸다. 마인드맵 작성은 새로운 아이디어를 도출할 수 있도록 유도하고 아이디어 간의 상관관계를 파악하는 기회를 제공해 줄 뿐만 아니라 지금까지 핵심주제에 대해 생각해 보지 못한 독특한 발상도 떠올릴 수 있도록 도와준다.
3단계	연상하기	핵심어로부터 떠오르는 아이디어를 적어 나가다 보면 생각에 꼬리를 물고 계속 연상해 나갈 수 있다. 상관없어 보이는 아이디어라도 주저하지 말고 기록하는 것이 좋다. 매 순간 아이디어를 판단하거나 평가하려는 비판적 욕구를 무시하고 스스로 상상과 연상에만 집중하여 두뇌의 확산적 속성과 탄력을 유지하고 연상의 효과를 극대화해 나가야 한다. 나중에 하찮은 아이디어들이 결합되어 더욱 새롭고 독창적인 아이디어로 창출될 수 있기 때문이다. 연상과정에서 생각이 막히면 빈 줄을 그어 보거나 다른 색의 펜을 사용하는 등 환경을 변화시켜 나간다.
4단계	결합하기	원하는 정도의 아이디어가 나오면 적절한 시점에서 자연스럽게 핵심어 간의 상관관계를 파악하고 선으로 연결하거나 여러 개의 아이디어를 결합해서 생각해 본다. 이렇게 결합된 아이디어는 통합적인 시각을 제시하고 새로운 아이디어를 도출하는 계기로 작용한다. 결합의 시도를 통해 만들어진 새로운 아이디어는 지금까지 기록된 아이디어를 새로운 시각으로 바라볼 수 있게 하고, 한 차원 높은 사고를 불러일으키게 된다. 그 결과 자신의 아이디어에 대한 참신성과 창의성에 놀라는 경험을 하게 된다.

그리고 마인드맵 작성 시 유의할 점으로는 마인드맵의 작성과정을 통해 사고의 흐름을 풀어놓고 두뇌와 신체에 가장 적합한 환경을 제공해 주어 개인에게 맞는 보다 나은 마인드맵핑을 할 수 있도록 하는 것이다.

4) 연꽃 기법

연꽃 기법은 활짝 핀 연꽃 모양으로 아이디어를 다양하게 발상해 가는 데 도움을 주는 사고 기법이다. 이 기법은 일본의 마츠무라 야스오(Matsumura Yasuo)에 의해 개발되었는데, '연꽃 만개법' 또는 'MY 기법'이라고도 한다. 연꽃 기법에 사용되는 차트는 불교의 만다라 형태와 유사하다고 하여 '만다라트(Mandal-Art)'라고 불린다. 이 기법은 그림 7-5와 같이 한 가운데에 기록된 문제를 읽고, 그것을 둘러싼 꽃잎 안에 생각나는 아이디어를 적어 나간다. 가운데에 있는 문제에 관한 이 아이디어들은 각각 다시 또 다른 중심문제가 된다.

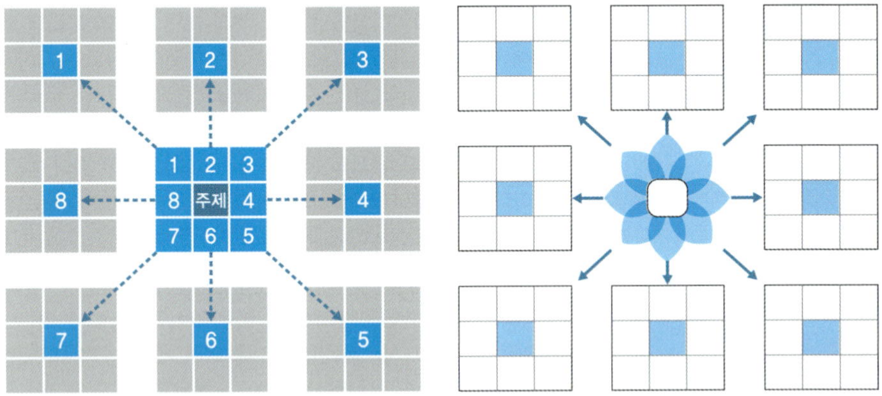

1. 3x3 칸으로 된 사각형을 가로 3개, 세로 3개로 배치하여 총 9개를 제시한다.
2. 중앙에 있는 사각형의 가운데에 해결하고자 하는 아이디어, 문제, 이슈, 주제 등을 적는다.
3. 위에서 제시한 주제의 하위 주제 8개를 적는다. 아이디어, 해결책, 독창적인 용도, 주제의 확대 등을 적으면 된다.
4. 중앙에 있는 사각형 주변에 있는 8개 사각형의 중심에 하위 주제 8개를 옮겨 적는다.
5. 8개의 하위 주제에 대하여 8개씩의 아이디어를 생각하여 칸을 채운다.
6. 총 64개의 아이디어 중 주제별로 최선의 아이디어를 조합하면서 문제해결을 위한 아이디어를 창출한다.

그림 7-5. 연꽃 기법과 양식

연꽃 기법을 실시할 때에는 다이어그램의 가운데에 중심 문제나 주제를 적어 참가자들에게 한 장씩 나누어 준다. 참가자들은 중심 문제나 주제와 관련된 아이디어를 생각해서 둘레에 있는 8개의 상자 안에 적는다. 상자 안에 적어 넣은 8개의 아이디어는 또 다른 하나의 중심 문제나 주제가 되어 각각 8개의 다이어그램을 만들게 된다.

5) 시네틱스

시네틱스(Synectics)는 고든(1961)에 의해 개발된 창의적 발상기법으로, 기술적이고 이론적인 문제의 해결에 있어서 창조적 가능성을 연출하는 새로운 방법이다. 시네틱스의 어원은 그리스어로부터 온 것으로, 서로 다른 무관한 요소들의 결합을 의미한다(Gordon, 1961). 시네틱스 기법은 창의적 사고 기법 중의 하나로 제안되고 있으며, 창의적인 문제해결 과정에서 문제를 정의하고 해결할 때 사용되어 개인이나 집단 모두 창의적인 결과를 얻을 수 있다. 고든(1961)은 시네틱스 이론을 통해 자신의 심리적인 과정을 이해하면 창의적 효율성을 증가시킬 수 있다고 보고, 창의적 문제해결 과정에 참여하면서 자신의 심리적인 과정을 이해할 필요가 있음을 설명하였다(김정섭 외, 2004). 또한 창의적인 결과를 내기 위해서는 인지적이고 합리적인 요소들보다 정서적이고 비합리적인 요소가 새로운 문제를 정의하고 해결하는 데 결정적인 역할을 한다고 주장하였다(조연순 외, 2008).

(1) 시네틱스 기법의 과정

시네틱스 기법에는 기본적으로 두 가지의 과정이 있다. 첫째, 낯선 것을 친숙하게 만드는 것으로, 이 과정에서는 낯선 것을 친숙하게 만들기 위해 문제를 분석하고 이해하며 내면화하는 것을 말한다. 둘째, 친숙한 것을 낯설게 만드는 것으로, 기존의 사고방식에서 벗어나 새로운 시각에서 바라볼 수 있게 의도적인 시도를 하는 과정을 말한다. 고든(1961)이 제시한 시네틱스 기법의 과정을 살펴보면 표 7-11과 같다(김정섭 외, 2004; 차현정, 2016).

표 7-11. 시네틱스 기법의 과정

단계		내용
1단계	문제제시	시네틱스의 첫 과정은 문제제시이다. 문제에 대해 실제 가지고 있는 문제를 정확히 기술하거나, 핵심문제를 숨길 수도 있다. 이는 해결자들이 주어진 문제를 정확한 것이라고 믿고 곧바로 해결하려고 하지 않고 문제의 본질을 스스로 파악하도록 도와주기 위해서이다.
2단계	낯선 것을 친숙하게 만들기	모든 문제는 이전에 드러나지 않았던 어떤 요소를 내포하고 있다는 의미에서 낯선 것이다. 이렇게 낯선 문제를 친숙하게 만드는 것은 그 문제를 해결하기 위해서 중요하다.
3단계	문제이해	문제에 대한 단편적인 정보들을 자세히 검토하기 위해 문제를 심도 있게 분석한다. 즉, 주어진 문제를 소화 · 흡수하는 것이다.
4단계	조작적 기제	이해된 문제와 상응하는 유추를 개발하는 것이다. 이 단계의 목적은 문제를 경직된 방식으로 이해하는 것에서 벗어나 유연하게 볼 수 있도록 도와주는 것이다.
5단계	친숙한 것을 낯설게 만들기	이 단계는 문제를 낯설게 만드는 것이다. 이전에 한번도 본 적이 없는 형태로 문제를 바꾸는 것이다.
6단계	심리적 상태	문제에 대한 심리적 태도는 참여, 분리, 보류, 심사숙고, 공통성의 상태를 포함한다. 이런 심리적 상태는 창의적 활동을 가장 잘 이끌어 내는 분위기이다.
7단계	문제와 통합된 상태	일단 심리적 상태에 도달되면, 가장 알맞은 유추를 문제에 적용한다. 이 단계는 문제를 낡고 경직된 형태에서 벗어나 자유롭게 한다.
8단계	견해	조작적 기제를 통한 유추가 문제해결에 필요한 기술적 통찰을 이끌어 내는 데 효과적일 때 새로운 견해가 활성화된다.
9단계	해결 또는 연구 목표설정	이 단계에서 새로운 견해는 원리를 검증하기 위한 실천으로 전환되거나 추후 연구를 위한 주제가 된다.

고든(1961)은 시네틱스 기법 과정을 생활에서 실천할 수 있는 과정으로 제시하였다. 구체적으로 시네틱스 기법의 과정 중 1단계는 문제를 제시하는 것으로, 해결자들이 문제를 스스로 파악할 수 있게 도와주어야 한다. 2단계는 낯선 문제를 친숙하

게 만드는 것으로 문제를 해결하기 위해서 중요하다. 3단계는 문제를 이해하는 단계로 문제를 심도 있게 분석한다. 4단계는 문제를 유연하게 볼 수 있도록 문제에 상응하는 유추를 개발하는 것이다. 5단계는 친숙한 것을 낯설게 만드는 것으로 새로운 형태로 문제를 바꾸는 것을 말한다. 6단계는 문제에 대한 태도에 참여, 분리, 보류, 심사숙고, 공통성의 심리적인 상태가 포함된다. 이러한 심리적인 상태는 창의적인 활동을 가장 잘 이끌어 준다. 7단계는 심리적 상태에 도달이 되었을 때, 가장 알맞은 유추를 문제에 적용시키는 것이다. 이 단계에서 창의적인 사고를 할 수 있게 사고를 자유롭게 해 준다. 8단계는 견해의 단계로 유추가 문제해결에 필요한 기술적인 통찰을 이끌어 내기에 효과적일 때 새로운 견해가 활성화된다. 9단계에서는 해결 또는 연구 목표설정으로 이 과정의 마지막 단계이다. 이 단계에서는 새로운 견해를 실천하거나 새로운 견해가 추후 연구를 위한 주제가 되기도 한다. 이러한 전체적인 과정은 시네틱스 기법을 사용하여 창의적인 아이디어를 얻는 데 도움이 되는 것이다.

(2) 유추의 유형

시네틱스 기법에서 중요한 점은 고든(1961)이 제시한 실천적 과정의 단계 이 외에 유추를 하는 방법에 있다. 이는 시네틱스 기법의 과정 중 7단계에서 볼 수 있듯이 가장 알맞은 유추를 문제에 적용하는 것이다. 그래서 고든(1961)은 시네틱스 집단을 통해 연구한 결과, 친숙한 것을 낯설게 만드는 데 필요한 다음의 네 가지 기제를 발견하였다. 시네틱스 기법에서 사용되는 개인적 유추(Personal analogy), 직접적 유추(Direct analogy), 환상적 유추(Fantasy analogy), 상징적 유추(Symbolic analogy)가 바로 그것이며, 이 네 가지의 기제는 문제를 정의하고 해결하는 과정에서 꼭 필요하다. 고든(1961)에 따르면, 네 가지의 유추 기제들은 일상생활에서 누구나 사용하고 있는 심리적 도구라고 하였다. 고든(1961)이 제시한 유추 유형의 각각에 대해 구체적으로 살펴보면 표 7-12와 같다(김정섭 외, 2004; 차현정, 2016).

표 7-12. 유추의 유형 및 내용

구분	내용
개인적 유추	개인적 유추(personal analogy)는 해결자 자신을 문제의 한 요소와 동일시함으로써 기존의 시각에서 벗어나 문제를 새로운 시각으로 볼 수 있게 해 준다. 여기에서 친숙한 것을 낯설게 만들기 위해서 문제를 사람으로 비유하는 것이 아니라 사람이 문제의 일부가 되어 보는 것이다. 실제로 캠브리지 시네틱스 집단은 일정한 속도를 유지하는 기계를 개발하기 위해 자신의 양손을 서로 다른 속도로 작동하는 기계에 비유함으로써 유체항속장치를 개발하였다.
직접적 유추	직접적 유추(direct analogy)는 사실, 지식, 기술을 실제 문제와 비교하는 것을 의미한다. 이를 위해 경험과 지식을 탐색하면서 해결할 문제와 유사한 현상을 선택하여 문제와 비교하게 한다. 시네틱스 집단은 한 개를 뽑아도 다음 것이 조금 위로 튀어나와 다음에도 쉽게 사용할 수 있는 어떤 장치를 다양한 상품에 적용할 수 있도록 개발해야 했다. 예를 들어, 티슈 한 장을 뽑으면 다음 장이 입구 밖으로 조금 튀어나와 있는 장치를 개발하는 것이었다. 시네틱스 집단은 말이 똥을 누는 것에 직접 비교하여 이 문제를 해결하였다.
환상적 유추	환상적 유추(fantasy analogy)는 문제에 직면했을 때, 모든 가능한 세계에서 최상의 것을 상상해 보는 것으로 친숙한 것을 낯설게 만드는 과정에서 특히 효과적이며 문제 정의와 문제해결을 연결하는 최고의 기제이다. 더불어 문제 해결자는 환상적 유추를 수행하기 위해 의도적으로 자신을 속여야 한다. 이것은 다른 종류의 유추가 유발될 수도 있기 때문에 아주 중요한 요소이기 때문이다. 고든(1961)은 시네틱스 집단을 통해 공기가 새지 않는 우주복을 개발하는 문제를 해결하기 위해 환상적 유추를 사용하였다.
상징적 유추	상징적 유추(symbolic analogy)는 객관적이고 비개인적인 이미지를 사용하여 문제를 묘사한다는 점에서 개인적 유추와 구별된다. 즉, 상징적 유추는 말이나 이미지가 어떻게 상징되었는지를 파악하고 주제어의 함축성을 이해하고 문제에 숨겨진 의미를 중시하는 것이다. 따라서 상징적 유추는 시적인 표현과 같으며, 개인이 어떤 문제를 관찰할 때 그 기능이나 요소를 압축하여 보는 것이다. 시네틱스 집단은 가로세로가 10cm 이하이고 높이는 1m이면서 무게는 4톤인 상자를 옮길 수 있는 장치를 개발하는 문제를 해결해야 했다. 실이나 밧줄처럼 꼿꼿이 설 수 없는 것을 서게 만드는 인도의 밧줄 마술을 활용하여 문제를 해결하였다. 인도의 밧줄 마술의 특징을 상징으로 이용하여 평상시에는 힘이 없지만 압력을 넣으면 단단해져서 무거운 것을 밀어 올릴 수 있는 장치를 개발하였다.

종합해 보면, 시네틱스 기법은 두 가지의 중요한 강조점이 있다. 하나는 과정적인 문제이며, 또 다른 하나는 가장 알맞은 유추를 문제에 적용하는 것이다. 따라서 이러한 점을 고려하여 시네틱스 사고 기법을 활용한 학습의 기회를 제공한다면,

유아들은 창의적 문제해결의 경험을 통해 창의적인 사고의 증진과 함께 창의적 문제해결력을 향상시킬 수 있을 것이다.

6) 강제결합법

(1) 강제결합법의 개념

창의적이고 독창적인 아이디어는 우리가 전혀 생각하지 못하고, 관련이 없다고 생각하는 사물이나 사고를 연결시킬 때 생겨나는 경우가 종종 있다. 따라서 참신한 아이디어를 얻기 위해서는 사고의 범주를 넓히는 것이 중요하다. 그러나 사람들이 아이디어를 얻는 범주는 주어진 문제와 그 상황을 기초로 하여 이루어지므로 의외의 사고를 이끌어 내는 것은 쉽지 않다. 예를 들어, 브레인스토밍의 경우 참석자들이 비슷한 이해관계에 있기 때문에 그들로부터 얻어진 제안들은 대부분 비슷한 내용일 가능성이 높다(주상윤, 2007). 이러한 문제를 근본적으로 해결하기 위하여 최근에는 전혀 다른 두 가지 이상의 사물이나 아이디어를 결합하여 새로운 것을 창조하는 활동으로 강제결합법(forced relation)이 강조되고 있다(정미선, 2014. 08. 01.).

강제결합법은 어떤 대상의 새로운 점을 찾기 위하여 화이팅(Whiting, 1955)이 고안한 창의적 사고 기법으로 전혀 관계없는 두 가지 대상을 임의로 선정하여 이를 억지로 결합시키는 것이다. 주로 새로운 아이디어를 생성하기 위한 확산적인 상황에서 사용되며, 어떤 아이디어나 사물을 독창적으로 생각해 보는 기회를 제공하는 연합적 사고 활동이라고 할 수 있다.

이를 종합하면 강제결합법은 전혀 상관없어 보이는 두 가지 이상의 아이디어나 사물을 강제로 연결시켜 새로운 아이디어를 산출하는 사고 기법이라고 정의할 수 있다.

(2) 강제결합법의 유형

강제결합법에는 목록표 작성법(Listing Techniques), 카탈로그 기법(Catalog Techniques), 임의의 강제결합법(Arbitrary Forced Relationships) 등 3가지 유형이 있으며, 이를 구체적으로 살펴보면 다음과 같다(김선덕, 2016; 김설아, 2012; 문지현, 2020; 전경원, 2006).

① 목록표 작성법

목록표 작성법은 문제제시 후, 문제해결을 위해 사용할 만한 방법을 목록화하여 유아에게 나누어 주고 제시된 목록과 문제를 연결시켜 보면서 자유연상법을 사용하여 아이디어를 내도록 하는 방법이다. 목록표 작성법을 진행할 때는, 첫째, 문제를 제시하고 목록을 만든다. 이 방법에서는 먼저 유아에게 교육활동과 관련된 문제를 제시한 후 여러 가지 사물이나 아이디어가 나열된 목록화된 표를 나누어 준다. 이러한 표는 교사가 사전에 준비한 것일 수도 있고, 교사와 유아들이 함께 구성한 것일 수도 있다. 이 목록은 제시된 문제와 전혀 관련이 없는 것이 좋은데 문제를 제시하기 전에 목록을 준비하는 것은 유아들이 관련 있는 사물을 고를 가능성을 줄일 수 있기 때문이다. 둘째, 제시된 목록을 문제와 연결시킨다. 유아들은 표에 제시된 사물을 차례대로 문제와 연결시켜 본다. 이때 사물끼리 서로 연결시킬 필요는 없으며 자유연상법을 통해 먼저 떠오르는 생각과 관련을 지으면 된다. 이렇게 관련되어진 것에 대한 평가는 아이디어를 조합하는 과정에서 하지 않도록 한다. 셋째, 아이디어를 평가한다. 관련지은 아이디어를 모두 적은 다음에 유아들이 그 아이디어에 대해 수정 가능성, 발전 가능성, 실행 가능성 등을 평가해 본다. 이때 평가는 ○+ 또는 ○− 로 표시할 수 있다. 모든 반응들에 대해 세 번 정도 검토하는 과정을 거쳐 좋은 아이디어로 발전할 수 있게 계획하는 단계가 되도록 한다. 목록표 작성법에 대한 예는 표 7-13과 같다.

표 7-13. 목록표 작성법의 예

문제

지각을 하지 않으려면 어떻게 해야 할까요?

목록표

왕 / 신문 / 고무줄 / 피아노 / 지갑

목록	연결내용	평가
왕	지각을 하지 않을 때마다 '왕'이라고 불러 준다.	+
고무줄	지각을 하지 않을 때마다 예쁜 고무줄로 소리를 내 준다.	+
지갑	지각을 할 때 지갑을 친구에게 주도록 한다.	−
신문	지각할 때 신문으로 모자를 만들어 씌워 준다.	+
피아노	지각을 하면 피아노로 시끄러운 소리를 만들어 들려준다.	+

출처: 전경원(2021). 창의성 교육의 이론과 실제. 창지사.

② 카탈로그 기법

카탈로그 기법은 앞서 제시한 목록표 작성법과 매우 유사한 측면이 있다. 먼저 문제의 진술이 이루어져야 하고, 다음으로 문제해결책과 연결시켜 생각해 볼 사물을 무작위로 카탈로그로부터 뽑아 관계를 구성해 본다. 두 가지 기법을 비교해 보면 목록표 작성법은 카드식으로 만들어진 목록표에서 유아들이 한 가지씩 카드를 뽑아 차례대로 관련시켜 보는 것이라면, 카탈로그 기법은 여러 가지 사물이나 아이디어가 적혀진 상품 카탈로그처럼 된 책자의 페이지를 무작위로 펼쳐 봄으로써 어떤 대상이든 임의로 뽑아 사용할 수 있다는 것이다. 그리고 이 대상은 문제 진술에 따라 관계를 연결지어 볼 수 있다. 마지막으로 표로 작성했던 목록표 작성법과 같이 평가 및 발전 실행 단계를 거치게 된다. 카탈로그 기법에 대한 예는 표 7-14와 같다.

표 7-14. 카탈로그 기법

문제

새로운 친구를
사귀려면?

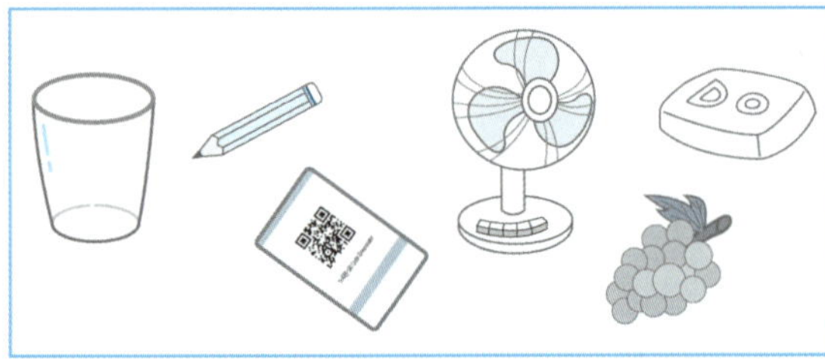

선택한 카탈로그	연결내용	평가
	포도를 먹으면서 새로 만난 친구와 재미있게 놀이를 한다.	

출처: 전경원(2021). 창의성 교육의 이론과 실제. 창지사.

③ 임의의 강제결합법

임의의 강제결합법은 문제의 진술은 필요하지 않고, 여러 가지 사물이나 아이디어 중에서 무작위로 두 개를 뽑아 강제로 관련시켜 보는 것이다. 임의의 강제결합법을 진행할 때는, 첫 번째로, 활동을 실시하기 위해서 먼저 어항과 같은 큰 그릇이나 상자를 준비한 다음 여기에 사물 이름 또는 아이디어를 적은 쪽지를 적어 넣어 둔다. 두 번째로, 이 중 두 개를 무작위로 뽑아서 함께 조합시켜 참신한 아이디어를 구성해 본다. 이렇게 만들어진 아이디어들은 이후에 더 발전시켜 볼 수 있다.

그림 7-6. 임의의 강제결합법의 예

출처: 전경원(2021). 창의성 교육의 이론과 실제. 창지사.

이상으로 살펴본 바와 같이 강제결합법의 유형에는 여러 가지가 있으며, 진행방법에 조금씩 차이가 있지만 공통적으로 서로 상관없는 사물이나 아이디어를 결합하여 새로운 것을 창조하는 것으로, 문제를 새로운 방법으로 해결하기 위한 연합 사고활동을 강조하고 있다.

(3) 강제결합법의 교육적 가치

강제결합법은 유아에서 성인에 이르기까지 다양한 연령층에서 사용할 수 있는 것으로, 기본적인 진행방법 및 절차를 익히면 비교적 쉽게 적용할 수 있는 유용한 기법이다(최한경, 2014). 겉으로 보기에는 전혀 관계가 없어 보이는 두 가지 아이디어나 사물을 억지로 결합시키는 강제결합법을 사용함으로써 고정된 사고의 틀에서 벗어나 새롭게 탐색하는 기회를 가지게 된다(교육과학기술부, 2011). 예를 들어, 우연적인 효과를 이용하여 독특하고 색다른 느낌을 표현할 수 있는 미술 기법인 마블링과 데칼코마니가 대표적인 강제결합법을 활용한 예라고 할 수 있다. 또한 연필과 고무를 결합하여 '고무 지우개 달린 연필'을 만들거나 튜브와 조끼를 결합하여 '구명조끼'를 발명한 사례도 있다(교육과학기술부, 2011; 최한경, 2014). 이렇듯 강제결합법은 아이디어 생성에 어려움을 느끼는 사람들에게 기대 이상의 아이디어를 이끌어낼 수 있고, 중심 문제와 관련성이 낮아도 다양한 아이디어를 생성하는 데 효과적이어서 개방적 사고력을 신장시키는 데 도움을 준다(정미선, 2014). 유아들을 대상으로 강제결합법을 적용한 전통놀이 활동계획안을 살펴보면 표 7-15, 표 7-16과 같다(문지현, 2020).

표 7-15. 강제결합법을 적용한 전통놀이 활동계획안 1

<table>
<tr><th colspan="2">차시</th><td>4/4차시</td><th>활동일자</th><td>2019년 12월 12일</td></tr>
<tr><th colspan="2">활동명</th><td colspan="3">'제기 찾으러 왔단다' 전통놀이하기</td></tr>
<tr><th colspan="2">활동목표</th><td colspan="3">• 강제결합법을 적용한 새로운 전통놀이 방법을 회상한다.
• 새로운 전통놀이 방법에 따라 전통놀이를 경험한다.
• 강제결합법을 적용한 새로운 전통놀이를 즐긴다.</td></tr>
<tr><th colspan="2">활동자료</th><td colspan="3">파란색 줄제기, 빨간색 줄제기, 신호악기</td></tr>
<tr><th>단계</th><th>활동 절차</th><th colspan="3">활동내용</th></tr>
<tr><td>도입</td><td>회상하기</td><td colspan="3">• 새로운 전통놀이와 놀이방법에 대해 회상한다.
- 어떤 전통놀이를 만들었었나요?
- 새롭게 만든 전통놀이는 어떻게 하는 것이었나요?</td></tr>
<tr><td>전개</td><td>새로운 전통놀이 하기</td><td colspan="3">• 유아들이 만든 새로운 전통놀이 방법으로 놀이한다.
- 우리들이 만든 새로운 전통놀이를 해 볼까요?

〈제기 찾으러 왔단다〉
1. 빨간색 제기 팀과 파란색 제기 팀으로 나누어 마주 보고 한 줄로 앉는다.
2. 각 팀별로 색깔(빨강, 파랑) 줄제기를 하나씩 가지고 있고, 앞 친구부터 한 명씩 나와 줄제기를 찬다.
3. 줄제기를 찰 수 있는 기회는 5번이고, 5번 중 줄제기를 찬 숫자만큼 앞으로 가는데 양 팀의 친구가 중간에서 만날 때까지 계속 줄제기를 차면서 앞으로 간다.
4. 중간에 만난 두 친구가 가위바위보를 해서 진 친구가 먼저 '우리 집에 왜 왔니' 노래를 부른다.
5. '무슨 제기 찾으러 왔느냐'라고 했을 때 상대팀 친구의 제기 색깔을 이야기한다.
6. 노래를 다 부른 뒤 마지막에 가위바위보를 해서 진 친구가 이긴 친구 줄제기를 가져간다.
7. 이 놀이는 이기고 지는 놀이가 아니므로 모든 친구들이 놀이에 참여할 수 있도록 2번째 친구에게 다시 줄제기를 돌려주고 놀이를 반복한다.</td></tr>
</table>

		– 시작은 어떻게 한다고 했나요? – 줄제기는 몇 번 찰 수 있나요? – '우리 집에 왜 왔니' 노래는 누가 부른다고 했나요?
마무리	평가하기	• 일반적인 전통놀이와 새롭게 만든 전통놀이를 해 본 후 느낌을 이야기 나누고 비교해 본다. – 두 가지의 전통놀이를 합쳐서 놀이를 해 보니 어땠나요? – 전통놀이를 따로 할 때보다 합쳐서 놀이를 해 보니 어떤 점이 재미있었나요(힘들었나요)? – 친구들과 놀이하면서 가장 기억에 남는 것은 무엇인가요?

출처: 문지현(2020). 강제결합법을 적용한 전통놀이가 유아의 창의성과 놀이성에 미치는 영향. 경인교육대학교 교육전문대학원 석사학위논문.

표 7-16. 강제결합법을 적용한 전통놀이 활동계획안 2

차시		4/4차시	활동일자	2019년 12월 27일
활동명		'여우 꼬리잡기' 전통놀이하기		
활동목표		• 강제결합법을 적용한 새로운 전통놀이 방법을 회상한다. • 새로운 전통놀이 방법에 따라 전통놀이를 경험한다. • 강제결합법을 적용한 새로운 전통놀이를 즐긴다.		
활동자료		스카프, 신호악기		
단계	활동절차	활동내용		
도입	회상하기	• 새로운 전통놀이와 놀이방법에 대해 회상한다. – 어떤 전통놀이를 만들었었나요? – 새롭게 만든 전통놀이는 어떻게 하는 것이었나요?		
전개	새로운 전통놀이하기	• 유아들이 만든 새로운 전통놀이 방법으로 놀이한다. – 우리들이 만든 새로운 전통놀이를 해 볼까요? 〈여우 꼬리잡기〉 1. 중간에 여우가 있고, 나머지 친구들은 엉덩이에 스카프를 붙여 여우 꼬리를 만들고 동그랗게 선다. 2. 여우 주변을 돌며 '여우야, 여우야' 노래를 부른다. 3. 마지막에 '죽었니? 살았니?' 했을 때 여우가 '살았다'라고 하면 여우는 두 발 모아 뛰기로, 나머지 친구들은 한 발 뛰기로 꼬리잡기를 한다. 4. 여우에게 꼬리(스카프)를 잡힌 친구는 여우가 되어 '여우야, 여우야' 노래를 부르며 놀이를 반복한다.		

		-친구들의 엉덩이에 무엇을 붙이기로 했나요? -엉덩이에 스카프를 붙이고 '여우야, 여우야' 노래를 부른 다음, 마지막에 어떻게 하기로 했나요? -친구들을 잡으러 갈 때 여우는 어떻게 뛰기로 했나요? -나머지 친구들은 어떻게 뛰기로 했나요?
마무리	평가하기	• 일반적인 전통놀이와 새롭게 만든 전통놀이를 해 본 후 느낌을 이야기 나누고 비교해 본다. -두 가지의 전통놀이를 합쳐서 놀이를 해 보니 어땠나요? -전통놀이를 따로 할 때보다 합쳐서 놀이를 해 보니 어떤 점이 재미있었나요(힘들었나요)? -친구들과 놀이하면서 가장 기억에 남는 것은 무엇인가요?

출처: 문지현(2020). 강제결합법을 적용한 전통놀이가 유아의 창의성과 놀이성에 미치는 영향. 경인교육대학교 교육전문대학원 석사학위논문.

7) 스캠퍼

인간의 상상력과 호기심은 인간행동의 출발점으로, 이것이 행동으로 이어지기 위해서는 질문이나 의문의 형태로 표출되어야 한다. 오스본(1963)은 이러한 점에 착안하여 아이디어를 자극할 수 있는 질문 유형을 약 75개로 정리한 후 9개로 간추려 유목화하였다. 이를 에버를(Eberle, 1971)이 다시 체계화하고 재조직하여 활용하기 쉬운 7가지 체크리스트 형식으로 제시하였는데, 이것이 스캠퍼(SCAMPER) 기법이다(이동원, 2009).

(1) 스캠퍼 기법의 개념

스캠퍼(SCAMPER)란 7개의 약자(Substitute, Combine, Adapt, Modify · Magnify · Minify, Put to other use, Eliminate, Reverse · Rearrange)로 구성된 체크리스트로서 각 체크리스트에 해당하는 질문에 따라 생각할 수 있도록 도와주는 창의적 사고 기법이다(김영채, 2013; 서현아 외, 2016). 스캠퍼 기법은 주어진 질문의 패턴에 따라 사고를 전개시키므로 초보자도 쉽게 활용할 수 있고, 문제인식을 습관화할 수 있다(전경원,

2013). 또한 스캠퍼 기법은 7가지 질문에 있는 핵심 단어들의 첫 철자를 따서 기억하기 좋게 만든 두문자어(頭文字語)이므로 각 철자를 보면 아이디어를 자극할 수 있는 질문을 쉽게 떠올릴 수 있다(김영채, 2013).

스캠퍼 기법을 이용할 때는 문제나 주제를 확인하고 스캠퍼 질문을 적용한 뒤에 새로운 아이디어가 나오는지 살펴보는 것이 필요하다. 그중에서 가장 활용 가능한 아이디어를 결정한다(문정화 외, 2019). 스캠퍼 기법의 7가지 질문은 특정한 단계나 절차가 없기 때문에 약어 철자의 순서대로 하지 않아도 되고, 동시에 두 가지 이상 적용할 수도 있다(전현진, 2017). 스캠퍼 기법 체크리스트 질문의 예와 내용은 표 7-17, 스캠퍼를 연필에 적용한 예는 그림 7-7과 같다.

표 7-17. 스캠퍼 기법 체크리스트 질문의 예와 내용

약자	구분		질문	내용
S	Substitute	대체하기	• 다른 누구? • 다른 무엇? • 다른 성분? • 다른 재료? • 다른 과정? • 다른 에너지?	기존의 것에서 다른 것으로 대체하면 어떨지에 대한 질문이다. 성분, 사람, 물건, 장소, 방법 등에 대해 다른 것으로 대신하면 어떻게 될지 사고함으로써 다양한 각도에서 사고할 수 있도록 도와준다. 종이컵, 나무젓가락, 전기자동차 등이 대체하기의 예에 속한다.
C	Combine	결합하기	• 혼합하면? • 조합하면? • 목적을 합하면? • 아이디어를 조합시키면?	두 가지 이상의 것을 결합하여 새로운 것을 생각해 내기 위한 질문이다. 서로 관련 있는 것부터 상이하게 다른 것까지 강제로 결합하게 되면 어떻게 될지 생각하게 한다. 복합기, 지우개가 달린 연필 등이 이에 해당한다.
A	Adapt	응용하기	• 맞도록 고치면? • 번안하면? • 이것과 비슷한 것은? • 베낄 수 있는 것은?	사물의 모양, 재료, 방법, 원리 등을 다른 아이디어를 빌려 응용할 수 있는가에 대한 질문이다. 다른 조건이나 목적에 맞도록 기존의 것을 바꾸어 적용하거나 다른 사물과 비슷한 속성을 찾아 응용하는 방법

약자	구분		질문	내용
				으로 장미넝쿨의 가시를 응용하여 만든 철조망이나 우엉가시가 옷에 붙어 잘 떨어지지 않는 성질을 응용하여 만든 벨크로가 응용하기의 예에 해당한다.
M	Modify	수정하기	• 의미, 색깔, 소리, 향기, 형태 등을 바꾸면?	수정하기는 사물의 색, 모양, 향기, 순서, 움직임 등을 바꿀 수 있는가에 대한 질문이다. 확대하기와 축소하기는 크기, 무게, 온도, 두께, 높이 등의 속성을 확대하거나 축소하는 방법을 제시한다. 휴대용 스피커는 축소하기의 예시로, 노인들을 위한 전화의 큰 다이얼은 확대하기의 예이다.
	Magnify	확대하기	• 확대시키면? • 빈도를 높이거나 더 길면?	
	Minify	축소하기	• 빼거나 간소화하거나 생략하면? • 분리하면?	
P	Put to other use	다른 용도로 사용하기	• 수정하고 다른 데 사용 가능? • 맥락을 바꾸면?	물건을 원래의 용도가 아닌 다른 용도에 사용할 수 없는지 생각하게 하는 질문이다. 그 모습 그대로 다른 용도에 사용하거나 약간의 수정을 거쳐 다른 용도로 사용할 수 있는지 살펴본다. 운송을 위한 트럭을 음식점으로 개조하거나 가마솥 뚜껑을 고기 굽기용 판으로 사용하는 것이 다른 용도로 사용하기의 예이다.
E	Eliminate	제거하기	• 부품 수를 줄이면? • 압축시키면? • 없어도 되는 것은?	어떤 특성을 없애거나 수를 줄이는 방법, 압축시키는 방법이다. 없어도 되는 것에 대한 고민을 통해 새로운 아이디어를 창출할 수 있다. 무선마우스와 오픈카 등이 제거하기의 예에 해당한다.
R	Rearrange	재배치하기	• 역할을 바꾸면? • 위치를 바꾸면?	재배치하기는 형식, 순서, 구성을 바꾸거나 원인과 결과를 재배열하는 방법이고 반대로 하기는 순서 또는 방향을 반대로 전환하는 방법이다. 이러한 역발상 질문을 통해 제작된 물건으로는 누드김밥, 왼손잡이용 가위 등이 있다.
	Reverse	반대로하기	• 거꾸로 하면? • 원인과 결과를 바꾸면?	

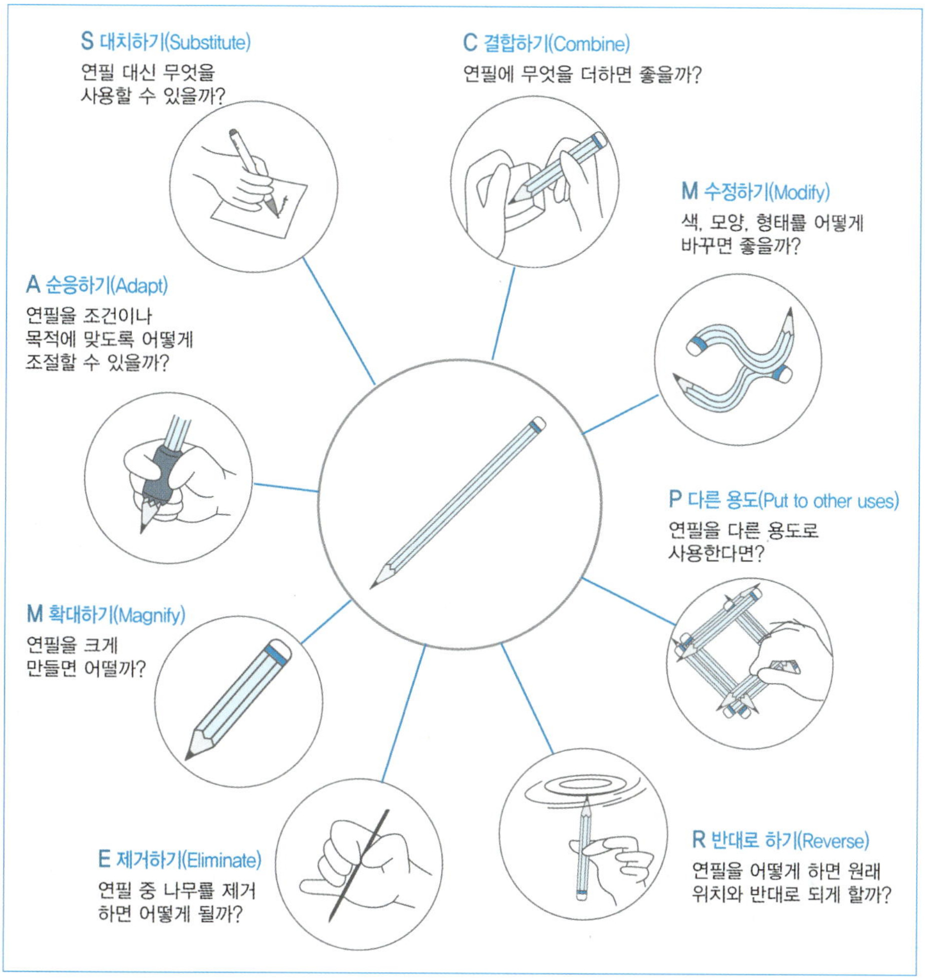

그림 7-7. 스캠퍼를 연필에 적용한 예

출처: 전경원(2021). 창의성 교육의 이론과 실제. 창지사.

(2) 스캠퍼 기법의 교육적 효과

스캠퍼 기법의 사고 기법과 특징을 토대로 얻을 수 있는 교육적 효과는 표 7-18과 같다(김용희, 2006; 백연경, 2005; 이경민, 2015; 정주영 외, 2012; 황경현, 2012).

표 7-18. 스캠퍼 기법의 교육적 효과

• 창작 활동에서 7가지의 체크리스트를 사용하여 학습자의 확산적 사고를 돕는다. 창의적 활동을 두려워하는 학습자에게 체크리스트를 그대로 따라 하면서 일단 시작해 볼 수 있도록 독려한다. 창의적 사고를 처음 시도하는 학습자에게는 광범위한 자유가 주어지는 것보다 아주 한정된 범위의 자유가 부여되는 것이 더 쉽게 느껴진다. 학습자는 발상의 방향을 고민하는 것에서 벗어나 독특하고 새로운 아이디어를 많이 생성할 수 있다. • 학습내용을 단계적으로 접근하여 변형함으로써 인지적, 정서적 발달을 촉진시킨다. 대상을 선정하고 스캠퍼 기법을 활용하여 생성한 아이디어를 검토, 평가하는 단계적 절차를 경험함으로써 학습자는 새로운 의미와 정보를 창출하는 능력을 기를 수 있다. 스캠퍼 기법의 활용을 통하여 학습자는 창의적 사고력, 표현력, 문제해결력, 상상력, 독창성 등의 인지적 발달과 자신감, 만족감, 성취감, 개성표현 등의 정서적 발달 효과를 모두 얻을 수 있다. • 독창적이고 새로운 아이디어를 위해 상상력을 자극하여 창의적인 사고를 형성함으로써 창의성을 계발시킨다. 스캠퍼 기법은 사물이나 대상을 아이디어와 상상력을 동원하여 새롭게 변형 및 보완함으로 주변의 사물이나 대상들을 개발, 개선하거나 실용성을 증진하는 등 새로운 아이디어 계발에 유용하고, 또한 모든 연령층의 다양한 사람들에게 각각 다른 상황에서의 적용이 가능하므로 창의적인 성취와 상상력의 개발을 위한 방법을 제공할 수 있다.

8) 육색사고모 기법

(1) 육색사고모 기법의 개념

육색사고모(six thinking hats) 기법은 영국의 심리학자인 드 보노(de Bono, 1985)에 의해 고안된 사고 기법으로, 이 기법에는 각각 다른 유형의 사고방식을 상징하는 여섯 가지 색깔의 모자가 등장한다. 육색사고모 기법에서 모자는 사고의 전환을 의미하는 상징적인 개념으로, 개인의 고정된 사고유형에서 벗어나 모자의 색깔이 의미하는 유형으로의 사고 전환을 유도하는 역할을 한다. 드 보노는 비창조적인 인간의 두뇌는 일정한 인식체계가 형성된 후에 발생하는 사건에 대하여 고정된 인식체계를 반복하여 적용한다고 주장하였다(박주영, 2008; 배공민, 황희숙, 2014). 즉, 육색사고모 기법은 고정화되어 무의식적으로 반복 사용하게 되는 개인의 사고방식을 '색깔 모자'라는 상징적인 개념을 통해 모자의 색깔이 의미하는 사고유형에 맞게 사고의 전환을 가능하게 하는 창의적 사고 기법의 하나이다.

육색사고모 기법에서는 여섯 가지의 색깔을 사용하고 있는데, 여기에서 핵심이 되는 것은 한 번에 한 가지의 색깔만을 사용한다는 것이다. 한 가지의 색깔을 사용한다는 것은 한 가지 유형으로 사고한다는 것을 뜻한다. 한 번에 한 가지의 사고만 하도록 함으로써 사고과정의 혼란을 방지하고 해당 사고에 대한 집중력을 높여 효율적인 사고를 가능하게 하는 것이다. 드 보노가 개발한 육색사고모에서 활용되는 여섯 가지의 색깔은 하얀색, 검은색, 빨간색, 노란색, 초록색, 파란색이며, 색깔의 상징과 의미를 간단히 제시하면 표 7-19와 같다(김다경, 2016; De Bono, 2001). 육색사고모 기법 활동의 예는 표 7-20에 제시되어 있다.

표 7-19. 육색사고모 기법에서 여섯 가지 색깔의 상징과 의미

모자 색	상징	사고유형	의미
하얀색	종이의 글자	객관적 사고	하얀색은 하얀 종이에 담긴 글자를 상징한다. 하얀색 모자는 객관적인 사실과 정보, 숫자, 데이터를 의미한다. 따라서 하얀색 모자를 썼을 때는 오로지 사실이나 정보에 근거하여 이야기해야 한다. 하얀색 모자는 일반적으로 회의나 토의를 시작할 때 화제에 대한 정보를 파악하고 회의나 토의의 목적을 명확하게 인지하기 위하여 사용된다. 또는 회의나 토의의 마무리 단계에서 평가를 위해 사용하여 지금까지 논의된 내용들이 사실에 부합하는지, 파악하고 있는 정보가 얼마나 반영되었는지 등을 확인한다.
검은색	판사의 법복	비판적 사고	검은색은 판사의 법복을 상징한다. 검은색 모자는 비판, 주의, 위험, 신중함, 어려움, 부정적, 문제점 등을 의미한다. 따라서 검은색 모자를 썼을 때는 사안에 대한 위험성, 잠재적인 문제점, 부정적인 측면에 대해 이야기해야 한다. 뿐만 아니라 활용하는 자료나 제시된 대안 등이 사회 또는 구성원들의 윤리관이나 가치 기준에 어긋나지는 않는지, 모순된 사항은 없는지 등을 점검한다.

모자 색	상징	사고유형	의미
빨간색	화로의 불	감정적 사고	빨간색은 화로의 불을 상징한다. 빨간색 모자는 느낌과 감정, 정서, 직관 등을 의미한다. 따라서 빨간색 모자를 썼을 때는 느낌과 감정, 직관들을 솔직하게 표현한다. 느낌, 감정, 직관들은 개인의 다양한 경험에 근거한다. 따라서 항상 옳다는 확실성은 없지만 비이성적인 부분에 관하여 공식적으로 표현할 수 있는 기회를 부여한다. 이로 인하여 어떤 상황에 대한 즉각적인 이해의 정도나 인식에 대하여 점검할 수 있게 하고 토의 운영 자체에 대한 느낌의 표현도 가능하게 한다.
노란색	햇빛	긍정적 사고	노란색은 햇빛을 상징한다. 노란색 모자는 이점, 이익, 장점, 긍정적인 가치 등을 의미한다. 따라서 노란색 모자를 썼을 때는 제시된 사안에 대하여 긍정적인 부분, 이익, 이점이나 장점에 대해 살펴야 한다. 많은 사람들은 자기가 제시한 아이디어가 자신에게 이익이 될 때 긍정적인 부분을 부각시키는 경우가 많다. 그러나 노란색 모자를 사용하면 이와 같은 전제 조건이 필요치 않기 때문에 긍정적인 부분에 대하여 보다 더 자세한 탐색이 가능하다.
초록색	생명, 창조	창의적 사고	초록색은 새싹과 생명을 상징한다. 초록색 모자는 창의, 대안, 가능성, 새로움, 독창적인 아이디어 등을 의미한다. 따라서 초록색 모자를 썼을 때는 아이디어를 제시하고, 새로운 대안, 가능성, 창의적인 방법에 대해 살펴야 한다. 새로운 아이디어를 제안하거나, 기존의 방식들과 다른 방식을 제안한다. 또한 논의되고 있는 기존의 대안을 수정 · 보완하거나 개선, 발전시키는 것도 가능하게 한다.
파란색	파란 하늘	종합적 사고	파란색은 파란 하늘을 상징한다. 파란색 모자는 계획, 통제, 지휘, 관리, 요약, 결론 등을 의미한다. 파란색 모자는 안건에 따라 회의의 방향을 결정하기도 하고, 회의의 목적을 설정하기도 한다. 모자를 쓰는 순서를 어떻게 할 것인지, 어떤 색깔의 모자를 사용할 것인지를 결정한다. 대화 참여자들이 모자가 의미를 정확히 인지하여 그에 맞게 이야기를 하는지 등 진행의 질서를 잡는 것이 파란색 모자의 역할이다.

표 7-20. 육색사고모 기법 활동의 예

활동	우리반의 토론 주제를 정하고 육색사고모 기법을 이용하여 토의해 봅시다.
주제	
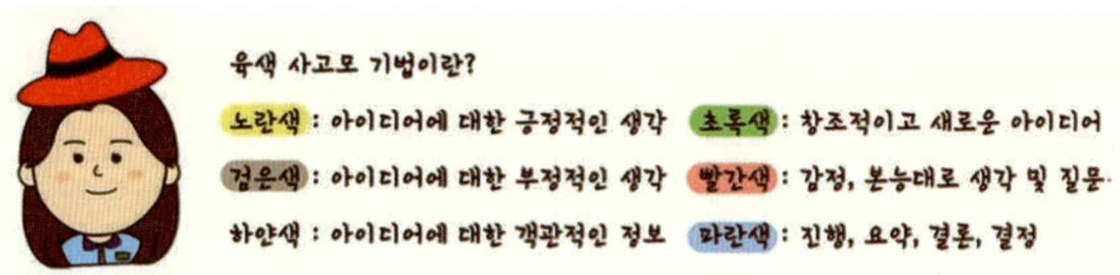	
나의 모자는?	
나의 생각	

육색사고모 기법은 역할 분담이 아니라 사고를 전환하는 훈련을 통하여 고정된 사고방식에서 벗어나 사고유형을 확장하는 것에 그 의의가 있다. 토의 구성원 모두가 동시에 일정한 사고에만 집중하여 효율적으로 사고의 결과를 얻어 내는 것이 육색사고모 기법의 가장 큰 장점이다.

(2) 육색사고모 기법의 특징

지난 수년 간 육색사고모 기법은 세계 곳곳의 기업들의 회의에서 활용되어 왔고 그 효과 또한 점차 명확해지고 있다. 드 보노(1986)는 기존의 사례들을 바탕으로 육색사고모 기법이 가진 특징에 대하여 효율성, 시간 절약, 자존심 문제의 해결, 한 번에 한 가지 일에만 집중할 수 있음을 언급하고 있다(De Bono, 2001). 이를 바탕으로 육색사고모 기법의 특징을 효율성, 경제성, 편의성 및 사고의 다양성 네 가지로 구분하여 살펴보면 다음과 같다(김다경, 2016).

① 효율성

육색사고모 기법은 구성원들의 지식이나 경험, 지적 능력을 최대한 손실 없이 활용할 수 있다. 왜냐하면 토의 구성원들이 한번에 동일한 유형의 사고로 이야기하기 때문이다. 상대방의 논리를 반박하여 자신의 논지를 강화시키는 논쟁이나 토론의 경우 충분히 타당한 관점이나 문제를 타계할 수 있는 대안이 생각나더라도 그것이 상대방에게 이점으로 작용할 경우에는 언급하지 않는다. 그러나 육색사고모 기법에서는 이런 비효율적인 상황이 발생되지 않는다. 구성원 모두가 동일한 방향으로 사고하여 해결 방안을 도출하기 위해 의견을 나누므로 어떤 방법보다도 간편하고 빠르게 결론을 찾는 것이 가능하다.

② 경제성

우리는 보통 대화 상황에서 청자의 반응을 필연적으로 확인하게 된다. 청자의 반응에 따라 말을 계속 이어 나가거나 그만두는 등 이야기를 진행함에 있어 많은 영향을 받는다. 문제는 이러한 청자의 반응이 항상 긍정적인 요인으로 작용하는 것이 아니라는 점이다. 청자의 사회적인 위치나 상황에 의해, 또는 대화 구성원 간의 관계 유지를 위해 반응할 가치가 없는 경우에도 반응을 해야 하는 경우가 빈번하다. 이것은 토의나 회의 상황에서도 마찬가지이다. 하지만 육색사고모 기법에서 이러한 상황은 문제가 되지 않는다. 왜냐하면 모든 사람이 동일한 방향으로 의견을 모으고 있기 때문이다. 따라서 각각의 과정에서 불필요한 논쟁의 시간과 의무적인 청자 반응 시간을 줄이고 사안에 대해서만 집중하여 빠른 검토가 가능하다.

③ 편의성

육색사고모 기법은 그 방법이 아주 간단하고 명료하다. 모자의 색깔이 의미하는 사고유형을 인지하고 모자를 바꿔 쓸 때마다 모자의 색깔이 요구하는 방향의 사고를 하면 된다. 복잡한 규칙이나 제약에 구애받지 않고 모자의 색깔에 의해 긍정적인 부분을 확인할 수 있고, 문제점을 파악할 수 있으며, 나의 감정을 거리낌 없이 표현할 수 있다. 활용 방법이 아주 간편하면서도 짧은 시간 안에 결론을 도출해 낼 수 있다는 특징으로 인해 유아교육에서부터 다국적 기업의 주요 토의 기법까지 폭넓게 활용되고 있다.

④ 사고의 다양성

육색사고모에서 여섯 기지 색깔의 모자는 사고를 전환하게 하는 스위치와 같은 역할로 작용하여 각자의 고정된 사고유형에서 벗어나게 해 준다. 모자를 쓰는 순간 모자의 색깔이 의미하는 방향의 사고에만 집중할 수 있게 하고 이렇게 순간적으로 발휘되는 집중력은 보통의 상황에서는 기대하지 않았던 결과를 도출하게 하는 힘을 지닌다. 한 방향으로 굳어진 사고의 틀에서 벗어나 전혀 다른 각도에서 현상을 바라보고 그에 대한 결과를 생산해 내는 시간을 통해 스스로에 대한 가능성을 확인할 수 있게 한다.

2. 수렴적 사고를 위한 창의성 사고 기법

수렴적 사고를 위한 창의성 사고 기법은 제안된 아이디어 가운데 가장 바람직한 방향의 아이디어를 찾아가는 사고의 유형으로 어떤 문제의 해법을 찾기 위해 동원되는 사고의 유형 중 하나이다. 수렴적 사고를 위한 창의성 사고 기법은 1950년대에 미국의 심리학자 길포드에 의해 제안되었다. 그는 사고의 유형으로 확산적 사고와 수렴적 사고를 제안했다. 이 두 가지는 서로 상보적이어서, 두 가지의 사고가 다 가능해야 가장 바람직한 결과를 만들어 낼 수 있다. 만일 수렴적 사고가 부족하다면, 실현 불가능한 아이디어만 늘어놓은 상태에 머무르게 되고, 만일 확산적 사고가 부족하다면 새로운 아이디어는 없이 기존의 관념 속에 매몰되어 헤어나지 못할 수가 있기 때문이다. 수렴적 사고를 체계적으로 수행하기 위한 기법으로는 역브레인스토밍, 하이라이팅, 매트릭스, PMI, PPC, 고든법 및 SWOT 기법 등이 있다.

1) 역브레인스토밍

역브레인스토밍(reverse brainstorming)은 확산적 사고 기법을 활용하여 생성한 아이디어의 수정이나 분석 · 평가를 위한 수렴적 사고 기법으로, 브레인스토밍과 비슷하지만 아이디어를 생성해 내는 것이 아니라 생성해 놓은 아이디어에 대한 비판을 생성하기 위해 사용되는 아이디어 창출 기법이다. GE의 자회사 Hotpoint가 고안한 발명 기법으로, 아이디어가 가질 수 있는 가능한 모든 문제점들을 찾아내고, 그 아이디어가 실행될 때 문제점이 무엇인지를 예상하여 아이디어를 보완하는 데 중점을 두는 기법이다. 즉, 브레인스토밍처럼 양적인 면을 중시하고 자유분방하게 한다는 점에서는 유사하지만 이미 생성해 놓은 아이디어에 대해 많은 양의 자유분방한 비판을 생성해 낸다는 점에서 차이를 보이는 사고 기법이다. 역브레인스토밍을 통한 아이디어 평가 진행과정은 표 7-21, 역브레인스토밍 운영사례는 표 7-22와 같다.

표 7-21. 역브레인스토밍 아이디어 평가 진행과정

- 아이디어를 낸 사람은 물론 참석자 모두가 아이디어를 평가할 수 있다.
- 선정된 아이디어의 목록과 목표 그리고 문제를 모두가 볼 수 있도록 차트를 만들어 제시한다.
- 리스트의 순서대로 아이디어를 비판하고 비판 내용을 모두가 볼 수 있도록 차트로 작성한다.
- 전체 비판이 끝나면 비판 내용을 검토하여 수정하고 적절한 해결책을 찾아낸다.
- 채택된 해결책의 실행 계획을 세운다.

표 7-22. 역브레인스토밍의 운영사례

구분	내용
문제 제시	'냉장고 문을 투명하게 만드는 것'에 대한 아이디어를 역브레인스토밍으로 비판해 보자.
아이디어 비판	• 지저분한 냉장고 속이 보일 것이다. • 냉장고 문이 잘 깨질 것이다. • 단열이 되지 않아 전기요금이 많이 발생할 것이다. • 제작비용이 더 많이 들 것이다. • 관리가 힘들 것이다. • 문 앞쪽에 음료수 병이 놓이면 냉장고 속이 보이지 않기는 기존 냉장고와 같은 것이다.

2) 하이라이팅

확산적 사고의 과정을 거쳐 생성된 아이디어들 중 타당하다고 판단되는 아이디어들을 골라 낸 다음, 공통적인 측면이나 요소에 따라 묶음을 만든다. 이를 적중영역(hot spot)이라고 한다. 하이라이팅(high lighting) 기법은 이러한 적중영역을 문제해결에 적합한 형태로 재진술하는 기법이다. 적중영역에 포함된 아이디어의 의미를 다시 한번 검토하고 문제해결에 가장 적절한 적중영역을 선택한다. 둘 이상의 영역을 조합하여 해결책을 강구할 수도 있다. 즉, 제시된 아이디어 중에서 적절한 것들을 선정하여 서로 관련된 것끼리 묶어 문제해결을 위한 대안들의 분류를 유도하는 사고 기법이다.

3) 매트릭스

매트릭스(Matrix) 기법은 변수 2개를 조합하는 것으로 가로축과 세로축에 두 가지 변수를 정하고 각 변수마다 요소를 추출하여 그것들을 조합해 현상을 분석하거나 해결 아이디어를 생각하는 방법이다. 주제가 너무 광범위한 경우, 매트릭스 기법을 사용하여 좁히고 적절한 방향성을 발견해 내는 것이 가능하며 새로운 동향과 변화에 대한 분석, 기존 또는 새로운 아이디어에 대한 기획을 할 때, 이 기법을 사용할 수 있다.

4) PMI(Plus, Minus, Interesting) 기법

제안된 아이디어의 장점(P), 단점(M), 흥미로운 점(I)을 따져 본 후, 그 아이디어를 평가하는 기법이다. 즉, 각각의 아이디어를 집중적으로 분석해 보고자 할 때, 간단하면서도 효과적으로 활용할 수 있는 기법이다. 장점을 논의할 때에는 장점만, 단점을 논의할 때에는 단점만 집중적으로 논의하며, 모든 분석이 끝난 뒤 결과를 모아 놓고 판단한다.

5) PPC(Positive, Possibilities, Concerns) 기법

선뜻 선명한 장단점을 구분하기 어려운 아이디어에 대해 긍정적인 면(P), 가능성이 있는 면(P), 염려스러운 면(C)으로 구분하여 이야기해 보는 대화 기법이다. 이 기법을 사용하면 너무 성급하거나 극단적으로 판단하는 것을 막을 수 있으며, 아이디어가 가지고 있는 모순점을 보완하여 문제해결을 위해 보다 완벽한 계획을 세울 수 있다.

6) 고든법

고든법(Gordon technique)은 문제에 대한 광범위한 접근에서 얻어진 해결책을 문제와 직접 관련지음으로써 구체적인 해결책을 강구하는 방법이다. 특히 리더가 유능하고 참가자들도 훈련되어 있을 때 매우 효과적이다. 브레인스토밍과 달리 문제를 바로 제시하지 않고, 그 문제와 직접적으로 관계가 없는 멀고 폭넓은 추상적인 문제를 제시하는 것으로부터 시작한다. 원래의 문제를 알고 있는 사람은 리더뿐이며, 리더는 크고 추상적인 문제로부터 작고 구체적인 문제로 구성원을 유도해 나간다.

7) SWOT 기법

SWOT 기법은 문제상황에서 학습자가 가지고 있는 강점(Strungths), 약점(Weaknesses)을 기록하고, 주변 환경에서 비롯되는 기회(Opportunities), 위협(Threats) 요인을 분석하는 기법으로서 학습자는 이 기법을 통해 자신의 장단점과 주변 환경의 기회요인과 위협요인을 고려하여 문제상황을 체계적으로 분석하고 이에 대한 문제해결방법과 대안을 찾을 수 있기 때문에 창의적 문제해결학습에 응용되어 사용될 수 있는 기법이다.

SWOT 기법은 1960년대 미국의 스탠포드 대학의 연구 프로젝트를 험프리(Humphrey) 교수가 처음 고안한 전략분석 도구이다. 그는 기업의 중장기 계획이 왜 실패를 하였는지를 분석하기 위해 SOFT 분석을 고안해 냈는데, 이것이 오늘날 SWOT 분석의 초석이 되었다〈그림 7-8〉.

그림 7-8. SOFT 분석과 SWOT 분석 및 TOWS 분석

SWOT 분석의 출발은 다음의 4가지 질문에서 출발한다. 첫째, 우리는 무엇을 할 수 있는가? 이것은 역량에 대한 질문으로써 강점과 약점을 의미한다. 둘째, 우리는 무엇을 하고자 하는가? 이것은 조직과 사업의 가치에 대한 질문으로써 기업 가치관과 철학에 관련된 것이다. 셋째, 우리는 무엇을 하게 될 것인가? 이것은 외부의 기회와 위협에 대한 질문이다. 넷째, 다른 사람들은 우리가 무엇을 하기를 기대하는가? 이것은 조직과 기업을 둘러싼 여러 이해관계자들이 우리 조직과 기업에 어떤 기대감을 가지고 있는지에 대한 질문이다. 즉, SWOT 분석은 이러한 4가지 질문들에 대한 의문점을 바탕으로 시작을 하게 된다.

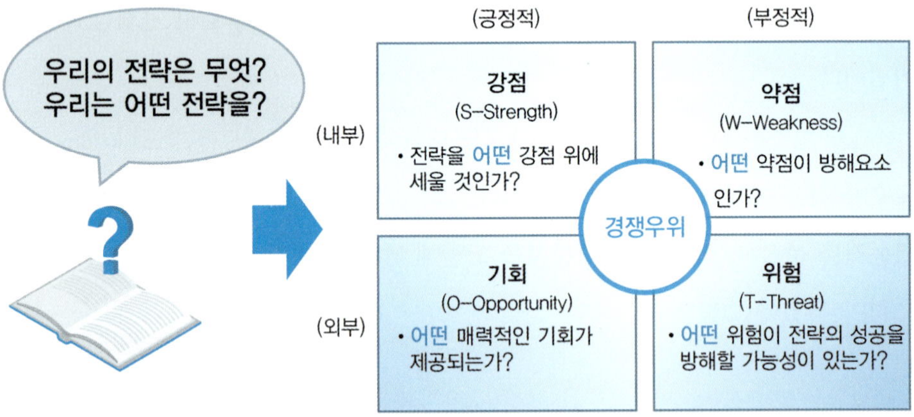

그림 7-9. SWOT 분석

다시 말해, SWOT 분석은 그림 7-9와 같이, 4개의 4분면을 각각 강점과 약점 그리고 기회와 위협으로 구분하고 내부적 요인과 외부적 요인 그리고 긍정적 요인과 부정적 요인으로 구성된다. 강점은 내부적으로 긍정적인 부분들의 결합을 말하고, 약점은 조직과 기업내부의 요소들 중 기업 목표달성에 방해가 되는 부정적인 요소들을 의미한다. 같은 원리로 기회와 위협은 조직과 기업 외부의 분석에 의해 긍정적인 요소는 기회가 되고, 부정적인 요소는 위협이 되는 것이다.

Chapter 08

영유아 창의성 교육의 활동 및 지원 사례

배울내용

1. 영유아 창의성 증진의 사례: 새롭게 만들어 가기
2. 예술경험을 통한 영유아 창의성 교육: 예술로 생각하기

학습목표

1. 사례를 통해 영유아 창의성 향상 방안을 모색해 본다.
2. 예술경험을 통한 영유아 창의성 교육을 숙지하고 활용방안을 모색해 본다.

Chapter 08

영유아 창의성 교육의 활동 및 지원 사례

영유아는 놀이를 하면서 놀이의 맥락을 만들기도 하고 놀이의 주도자로서 세상을 알아 간다. 또한 영유아는 공간 선택자로서 놀이공간을 만들고 새로운 놀이규칙이나 방법을 만들어 낸다. 이 과정에서 영유아의 창의성은 증진된다. 영유아교육기관에서 영유아의 창의적 사고능력과 태도를 위해 지원할 수 있는 방법 중 하나는 영유아가 스스로 새롭게 만들어 가는 기회를 제공하는 것이다. 놀이는 영유아의 호기심에서 시작되지만 이들은 곧 몰입하고 주도적으로 새로운 것들을 만들어 내기도 한다. 영유아는 주도적으로 놀이공간, 규칙, 방법 등을 만들어 내는 과정을 통해 아이디어를 제시하고 새롭고 적절한 것을 만들어 낼 수 있는 능력인 창의성을 발휘하게 된다. 따라서 본 장에서는 영유아 창의성을 증진할 수 있는 사례를 살펴보고 예술경험을 통한 영유아 창의성 교육을 살펴보고자 한다.

1. 영유아 창의성 증진의 사례: 새롭게 만들어 가기

1) 우리 유치원(어린이집) 둘러보기

(1) 배경

3월이 되어 새로운 교실에서 새로운 친구들을 만나게 된 유아들을 위해 교사는 유아들과 함께 유치원을 둘러보기로 한다. 몇 명의 유아를 제외하고 대부분 유아들은 지난해에도 ○○유치원에 다녔던 재원생들로 유치원의 내부 시설에는 익숙한 편이다.

(2) 전개

① 유치원 브레인스토밍

유아 1: (2층을 둘러보며) 여기 말고 3층에는 조리사 선생님이 계셔.
유아 2: 조리사 선생님은 4층에 계시는 거 아니야?
유아 1: 아닌데? 3층인데? 우리 저번에 강당 가다가 봤잖아.
유아 2: 그런데 교실에서 두 번 올라갔던 것 같은데? 그럼 4층 아닌가?
유아 1: 아니지. 3층이지.
유아 3: 야, 그러면 선생님한테 유치원 지도 보여 달라고 해 봐.
유아 1: 선생님, 조리실 3층이에요, 4층이에요?
교사: 조리실은 유치원 3층에 있어. 우리 교실에 가서 조리실이 어디에 있는지 그림으로 다시 볼까?

교사는 유아들의 대화를 통해 유치원을 둘러본 후, 유치원에서 봤던 것을 떠올리며 브레인스토밍을 할 수 있다는 생각을 하게 되었다. 교사는 유치원 실내·외 배치도를 화면에 띄워 유아들에게 제시한 후 유아들과 유치원을 둘러보며 봤던 것을 떠올리며 브레인스토밍을 한다.

표 8-1. '유치원 둘러보기'에 대한 교사의 지원

- 교사는 유치원을 둘러보면서 유아들이 대화하는 모습을 지켜보며 유치원 배치에 관심을 가지는 모습을 관찰함으로써 유아의 호기심에 귀 기울였다.
- 유치원 실내 · 외 배치도를 제시하여 유아가 궁금해하는 것을 해결하도록 도움을 주었다.

② 나와 연결시켜요

교사는 유치원에서 볼 수 있는 것을 그림카드로 만들어 두었으며 유아들이 등원하기 전 교실 곳곳에 숨겨 두었다. 유치원을 함께 둘러본 후, 교사는 유아들이 교실에 숨겨진 그림카드를 찾을 수 있도록 하였다. 유아들은 자신이 찾은 카드에 있는 그림에 대해서 관찰한 내용을 도화지에 표현한 후, 관찰한 내용과 자신의 공통점을 찾는다.

교사: 아, ○○이가 찾은 카드에는 신발장이 있었구나. 신발장은 ○○이와 어떤 점이 같을까?
유아 1: 유치원에 오면 신발 벗어서 이름 적힌 내 자리 신발장에 넣어요. 신발장이랑 저는 키가 같아요. 또 신발장도 많은 신발을 넣어도 튼튼한 것처럼 저도 튼튼해요!

표 8-2. '나와 연결시켜요'에 대한 교사의 지원

- 교사는 유아의 창의성 신장을 위해 유아들이 '유추'를 해 볼 수 있도록 하였다. 유추는 서로 다른 사물이나 현상 사이의 유사점을 찾아 결합하고 연결시켜 새로운 관점으로 생각해 볼 수 있도록 하는 생각 도구다.

③ 내가 만드는 우리 유치원

강당에서 볼풀공 던지기 게임을 하고 교실로 돌아온다. 교사는 볼풀공을 담아 놓은 상자를 강당에서 가지고 내려와 교실 입구에 둔다.

유아 1: 그런데 강당이 3층 말고 우리 교실 있는 2층에 있으면 더 좋겠다. 교실에서 엄청 가까우니까 왔다 갔다 할 수 있게.
유아 2: 강당에 왜 가게?
유아 1: 체육도 하고 축구하고 다 하려고. 교실에는 책상도 있고 의자도 있고 친구들도 있어서 공으로 놀이하기는 어려워.
유아 2: 강당을 옮길 수는 없잖아.
유아 3: 그런데 교실 밖에는 책상도 없고 의자도 없어.
유아 1: 선생님! 아까 강당에서 한 공 던지기 (교실 밖 로비를 가리키며) 여기서 해도 돼요?

유아들은 교실 밖 2층 로비에서의 놀이를 제안한다.

교사: 아무래도 공으로 놀이하는 건 교실 안보다는 밖에서 하는 게 좋긴 하겠다. 그런데 여기는 우리만 사용하는 공간이 아니라 다른 사람들이 지나갈 수도 있는 곳이야. 우리가 공놀이를 해서 방해가 되지는 않을까?
유아 2: 그러면 이만큼 안에서만 놀이하면 돼요.
교사: 그럼 우리 다른 사람들이 다닐 때 방해되지 않고, 또 안전하게 놀이할 수 있도록 이 공간 안에서 놀이하도록 하자.

유아들은 강당에서 놀이했던 볼풀공 상자를 2층 로비로 가져가서 놀이한다.

유아 3: 그러면 다른 사람이 다닐 때는 놀이 잠시 멈추자.
유아 1: 그래, 좋아!

표 8-3. '내가 만드는 우리 유치원'에 대한 교사의 지원

- 교사는 유아들의 이야기를 경청하고 놀이공간에 대한 유아들의 의견을 수렴하여 유아의 놀이공간을 교실 밖으로 확장하였다. 단, 교사는 유아의 안전을 고려하고 유아들의 놀이가 다른 사람들에게 방해가 되지 않도록 안내했다.
- 유아들은 그들이 직면한 문제를 융통성 있게 해결할 수 있는 방법을 창의적으로 생각하고 서로의 의견을 나누어 문제를 해결해 나갔다.

(3) 마무리

이후 교사는 유아들의 작품을 전시할 때 2층 로비를 활용하기도 한다. 2층 로비 창문에 유아들의 협동화를 붙이거나 책상을 로비 한쪽에 두고 유아들이 만든 미술

작품이나 블록으로 만든 작품을 전시해 두기도 한다. 2층 로비로 놀이 공간이 확장되는 사례를 통해 교사는 유아들과 함께 교실에서 지켜야 하는 약속이 필요하다고 생각하였다.

동시 〈재미있는 놀이영역 약속〉을 〈즐거운 ○○반 약속〉으로 유아들이 재구성하는 활동을 준비하여 유아들이 동시를 창의적으로 표현하면서 교실의 약속을 정할 수 있도록 하였다. 이런 활동을 통해 유아들은 스스로 동시를 창의적으로 재구성해 볼 수 있었으며 교실에 동시를 전시하여 친구들의 창의적인 동시도 공유해 볼 수 있었다.

표 8-4. **재미있는 놀이영역 약속**

조형영역에서는 제자리에 놓기로 약속하자. 쌓기영역에서는 던지지 않기로 약속하자. 음률영역에서는 바르게 연주하기로 약속하자. 재미있는 놀이영역에서는 놀이영역 약속을 지키자.

2) 우리가 만드는 게임

(1) 배경

높은 인기와 마케팅으로 드라마 '오징어 게임'에 대한 유아들의 관심이 매우 높아졌다. ○○반에도 최근 유행한 '오징어 게임'에 나오는 대사를 따라 하거나 장면을 흉내 내는 유아들이 많아졌다. 유아들은 '오징어 게임'에 나오는 게임을 따라 하며 게임에서 진 친구에게 벌칙을 주기도 하고, 등장인물들의 옷을 입고 오거나 소품을 가지고 오기도 한다.

○○반 교사는 드라마 속 이야기지만 유아들이 선정적이고 폭력적인 장면에 노출되는 위험성을 우려하였다. 교사는 아침 모임 시간에 유아들에게 '오징어 게임'에

대한 관심을 충분히 이해하지만 유아에게 적합하지 않다는 것을 설명하고 유치원에서 '오징어 게임'에 관해 이야기하지 말자고 하였다. 그러나 '오징어 게임'에 대한 유아들의 관심은 좀처럼 사그라들지 않았다. 유아들은 교사의 눈을 피해 더욱 자극적이고 정교하게 '오징어 게임' 놀이를 이어갔다. ○○반 교사는 유아들에게 이 놀이를 금지하는 것만이 적절한 방법이 아니라고 생각하고 유아들과 의견을 나누었다.

(2) 전개

① 놀이 방법 바꾸기

유아 1: 그런데 오징어 게임 너무 재밌어요. '무궁화 꽃이 피었습니다!' 이렇게 하고 (얼굴을 돌리며) 봤는데 누가 걸리면 총을 '탕!' 하니까요.
교사: '무궁화 꽃이 피었습니다' 놀이는 정말 재밌지. 그런데 게임에서 걸렸을 때 총을 사용하지 않고 다른 방법으로 바꿀 수는 없을까?
유아 2: 맞아요. 총 맞으면 죽어서 다시 '무궁화 꽃이 피었습니다' 못 해요.
교사: 그럼 다른 방법으로 우리 ○○반 친구들과 함께 놀이할 수는 없을까?

유아들은 '무궁화 꽃이 피었습니다!'의 방법을 바꾸기 위한 이야기를 나누기 시작한다. 유아들은 술래가 돌아봤을 때 움직이는 친구가 있으면 술래 옆에 가서 서고 게임에 참여할 수 있는 기회를 한 번 더 주거나 술래 정하는 방법 등에 대해 이야기를 나누어 그들만의 '무궁화 꽃이 피었습니다!' 방법을 정한다.

○○반 유아들은 무궁화 꽃이 피었습니다, 구슬치기, 딱지치기에 대해 이야기 나누며 각 게임의 세부 방법을 정한다. 그리고 실제 '오징어 게임'에 나오듯 총을 쏘는 행동을 하거나 밀어서 넘어뜨리는 벌칙 대신 친구와 함께 게임을 끝마칠 수 있도록 '1. 실수해도 괜찮아. 2. 다시 하면 돼. 3. 같이 하자'의 응원 메시지를 정한다. 유아들은 게임 중 친구가 틀릴 경우 응원 메시지를 같이 외쳐 주기로 약속한다.

표 8-5. '놀이 방법 바꾸기'에 대한 교사의 지원

- 교사는 유아들이 스스로 문제 상황을 인식하고 해결방안에 대한 아이디어를 제시해 볼 수 있도록 함으로써 주도적으로 놀이의 방법을 변경할 수 있도록 하였다.
- 교사는 유아들이 놀이의 방법을 변경하는 주제에 대해 이야기 나누도록 충분한 시간을 제공하였다.

② 새로운 놀이 이름

유아 1: 그럼 오징어 게임이 아니네. 방법이 다르잖아. 벌칙도 다르고.
교사: 그렇네. 우리가 정한 이 게임은 원래 '오징어 게임'과는 조금 다르네.
유아 2: 선생님, 그럼 오징어 게임 말고 다른 이름 정해요.
교사: 그럼 게임 이름을 어떻게 하면 좋을지 한 번 생각해 볼까?

'오징어 게임' 대신 다른 게임 이름을 정하기 위해 교사는 브레인스토밍 기법을 활용하여 유아들이 새로운 게임 이름에 대한 의견을 자유롭게 말하도록 한다. 교사는 유아들의 의견을 칠판에 쓰고, 이후 유아들은 칠판에 적힌 게임 이름에 대해 이야기를 나눈다.

유아들은 ○○반 유아들이 정했기 때문에 '○○반 게임'으로 게임 이름을 정하기로 한다. 이후 교사는 유아들에게 종이, 필기구 등을 제시했으며 각 유아별로 종이에 자신의 이름과 그들이 정한 응원 메시지를 적고 네모 칸을 만들어 '무궁화 꽃이 피었습니다, 구슬치기, 딱지치기' 세 가지 게임 이름을 적는다. 그들이 정한 게임을 할 때 친구들과 정한 방법을 잘 지키고 친구 응원을 한 경우 스티커를 붙이기로 정한다. 이후 각 유아는 자신의 종이에 그림을 그리거나 스티커를 붙여 원하는 대로 꾸민 후 교실 벽면에 게시한다.

표 8-6. '새로운 놀이 이름'에 대한 교사의 지원

• 유아들이 새로운 게임 이름에 대한 자신의 의견을 자유롭게 제시할 수 있도록 브레인스토밍 기법을 활용했으며 수용적인 분위기를 마련하였다. • 유아들이 새로운 게임 이름과 응원 메시지 등을 적을 수 있도록 관련 자료를 제공했으며 교실 벽면에 게시하여 학급의 유아들이 공유할 수 있도록 하였다.

(3) 마무리

○○반 교사는 유아들과 협의하여 '○○반 게임' 하는 날을 정하고 교실, 강당, 놀이터 등에서 함께 놀이한다. '○○반 게임'을 하면서 새롭게 생겨나는 문제가 있을 경우 함께 다시 의견을 나누어 게임의 방법을 변경하기도 하였다. '○○반 게임' 뿐 아니라 유아들은 스스로 놀이를 만들어 보고 변형하는 과정을 반복하며 그들만의 창의적인 놀이를 만들어 나간다. ○○반 유아들은 문제를 해결하기 위해 새로운 아이디어를 제시하고 친구들과 함께 협의하는 모습을 보인다.

3) 팽이 놀이를 통한 도전

(1) 배경

유아들은 다양한 방법으로 이루어지는 팽이 놀이에 매우 즐거워한다. 팽이 놀이에 대한 관심은 한 유아가 완성품으로 판매되는 팽이를 유치원에 가져오면서부터 시작되었다. 그러나 팽이 놀이에 관심 있는 유아들이 모두 같은 팽이를 구매해 올 수는 없었다. 유아들은 쌓기영역에 있는 색깔 블록을 끼워서 팽이를 만들기 시작하였다. 쌓기영역에 있는 블록으로 팽이를 만들었기 때문에 자연스럽게 ○○반의 팽이 놀이는 쌓기영역에서 이루어졌다.

(2) 전개

① 매트 위에서 팽이를?

쌓기영역에는 매트가 있고 두 유아는 그들이 만든 팽이를 함께 돌린다.

유아 1: 아, 팽이 잘 안 돌아간다. 그치?
유아 2: (매트가 없는 다른 곳을 가리키며) 저기 가자.
유아 3: 야, 여기 오지마. 여기 지금 우리가 그림 그리잖아. 너희 있으면 우리가 다니기 어려워.

블록으로 만든 팽이는 두께감이 있는 매트에서 잘 돌아가지 않았고 자연스럽게 유아들은 쌓기영역을 벗어나기 시작한다. 평소 유아들은 주로 동시에 팽이를 돌렸고 가장 오래 돌아가는 팽이를 가진 사람이 이기는 방법으로 놀이를 하였다. 유아들이 자신의 유능함을 드러내면서도 팽이를 돌리는 경쟁에서 이기기 위해서는 팽이가 오래 돌아갈 수 있도록 해야만 했다. 유아들은 팽이가 잘 돌아가지 않는 문제를 해결하기 위해 매트가 아닌 다른 곳으로 자리를 옮겨서 팽이를 돌린다. 그러나 팽이를 돌리기 위해서는 꽤 넓은 공간이 필요했기 때문에 놀이하던 유아들이 방해받기도 한다.

교사는 팽이 놀이를 하는 유아가 많기 때문에 놀이공간의 수정이 필요하다고 생각했고 학급의 유아들과 의견을 나누기로 하였다. 교사는 유아들에게 팽이 놀이로 인해 다른 친구들의 놀이가 방해받을 때가 있으며 쌓기영역 매트 위에서는 팽이가 잘 돌아가지 않는다는 문제점을 제시한다. 유아들과 충분히 이야기 나눈 후, ○○반 내 팽이 놀이 공간을 따로 만들기로 결정한다. 쌓기영역 매트를 안으로 접어 만들어진 빈 공간을 팽이 놀이 공간으로 정하고 바닥에 노란 테이프를 붙여 새로운 구획을 짓기로 한다.

표 8-7. 매트 위에서 팽이에 대한 교사의 지원

• 교사는 유아들이 직면한 문제상황의 해결방안에 대한 아이디어를 자유롭게 표현할 수 있도록 하였다. • 교사는 유아들이 제시하는 다양한 아이디어를 수용하고 인정하는 태도를 갖고 유아들이 최종적으로 결정한 아이디어에 따라 바닥에 노란 테이프를 붙여 팽이 놀이공간을 만들었다.

② 더 잘 돌아가는 팽이를 만들고 싶어!

○○반 유아들은 집에 있는 팽이를 유치원에 가져와서 놀이하였다. 그러나 집에서 가져올 수 있는 팽이의 종류와 개수는 한정적이었고 점차 유아들은 교실의 쌓기 영역에 있는 블록으로 팽이 만들기를 시작하였다. 유아들은 블록으로 만든 팽이로 다양한 놀이를 했다. 블록으로 만든 팽이로 하는 놀이가 익숙해진 유아들은 점차 원하는 재료를 찾아나선다. 교사는 미술영역에 다양한 미술재료 및 도구, 재활용품 등을 제시하였다.

유아들은 다양한 재료를 탐색하고 자신만의 방법으로 팽이로 만들어 보기도 한다. 색종이로 접은 딱지, 오전 간식으로 먹는 우유의 뚜껑 모두 유아들에게 팽이로서 매우 적합하였다. 즉, 유아들은 놀잇감을 스스로 만들기 시작한다.

유아 1: 근데 색종이로 접은 건 잘 안 돌아가.
유아 2: 우유 뚜껑은 잘 돌아갈 때도 있고 안 돌아갈 때도 있어. 근데 한 번 잘 돌리면 계속 세게 돌아가.

유아 3이 유치원 가방에서 보석 스티커를 붙인 우유 뚜껑과 보석 스티커를 가지고 온다.
유아 3: 보석 스티커 붙이면 더 잘 돌아가.

세 유아는 우유 뚜껑 윗부분 중앙에 보석 스티커를 붙인 후 팽이를 돌린다.

유아 1: 그러면 색종이로 접은 팽이에도 보석 스티커 붙여서 돌려 볼게.
유아 2: 보석 스티커 붙이니까 더 잘 돌아간다!

유아들은 우유 뚜껑 안쪽을 색연필로 색칠하고 뚜껑 윗부분 중앙에 보석 스티커를 붙여 자신만의 팽이를 만든다.

교사: 와, 정말 보석 스티커를 붙이니까 더 잘 돌아가네. 왜 그럴까?
유아 2: 보석 스티커가 있으면 팽이가 안 넘어져요.
교사: 그럼 팽이가 넘어지지 않고 오래 돌아갈 수 있도록 할 수 있는 다른 방법은 없을까?

표 8-8. '더 잘 돌아가는 팽이를 만들고 싶어'에 대한 교사의 지원

- 교사는 유아들이 팽이에 흥미를 가지고 있고, 새로운 팽이 재료를 찾는 것을 파악한 후 팽이를 만들 수 있는 다양한 재료를 제시하였다.
- 교사는 유아의 사고를 자극, 유지, 발전시키기 위해 확산적인 질문을 하였다.

(3) 마무리

유아들은 지속적으로 다양한 재료를 활용하여 팽이를 만들고, 팽이가 더 잘 돌아갈 수 있는 방법에 대한 고민을 한다. 교사는 유아들의 놀이를 면밀히 관찰하고 새로운 재료를 제시하거나 팽이를 잘 돌릴 수 있는 방법에 대해 함께 고민한다. 이후 ○○반에서는 팽이 돌리기 대회를 열기로 했으며 팽이에 대한 유아들의 놀이는 계속 이어진다.

2. 예술경험을 통한 영유아 창의성 교육: 예술로 생각하기

다양한 예술경험은 영유아의 창의성 증진에 영향을 미친다. 구체적으로 예술경험 활동을 통해 영유아의 표현력, 감상력 등을 향상할 수 있으며 정서 공유, 자신감 향상 등에 긍정적인 도움을 준다(안지영, 최미숙, 2014; 정다운, 2016). 이런 맥락에서 그림책[1], 동화, 신체표현, 미술 등 다양한 예술경험이 영유아의 창의성 증진에 긍정적인 영향을 미친다는 연구들이 지속적으로 진행되어 왔다(문세라, 2005; 신유진, 2009; 최혜원 외, 2013). 특히, 예술경험은 언어적 수단만이 아니라 비언어적 수단으로도 충분히 표현할 수 있기 때문에 영유아의 창의적인 사고를 자극할 수 있다. 자신의 사고를 다양한 방법으로 표현하는 과정을 통해 영유아의 창의성은 증진될 수 있다.

1) 브레인스토밍 동시 짓기

브레인스토밍 동시 짓기에 대한 활동의 예는 표 8-9와 같다.

표 8-9. 브레인스토밍 동시 짓기 활동의 예

창의성 요소	유창성, 정교성
활동방법	1. 유아들이 관심 갖고 있는 강아지 주제의 브레인스토밍 동시 짓기 활동을 제시한 후, 강아지 그림을 제시한다. 2. 유아들이 강아지에 대해 알고 있는 것에 대해 이야기 나눈다. 3. 브레인스토밍 규칙을 설명하고 유아들이 자유롭게 아이디어를 낼 수 있도록 한다. 4. 유아들이 주제에 대해 제시한 아이디어를 기록한다. 5. 다양한 아이디어에 대해 이야기를 나누며 평가한 후, 주제인 강아지와 관련된 글이나 그림을 모아 본다. 6. 동시의 내용을 중심으로 거미줄 형태로 확장하여 아이디어를 쓰고 그림을 그린다.

1) 그림책은 시각적 이미지와 언어라는 두 수준의 유기적인 통합체로 연결된 종합예술이다(Nikolajeva & Scott, 2001). 그림책은 일상생활 속에서 친숙하고 흥미를 유발하는 효과적인 매체로, 유아들은 그림책을 통해 자유롭고 창의적인 생각을 하고 의미를 구성하며, 여러 관계를 통합적으로 파악하고, 문제해결방법을 배워 나간다. 따라서 그림책은 유아의 성장에 중요한 매체로, 유아는 그림책을 통해 다양한 세계를 경험함으로써 옳고 그름 모두 자신의 한 부분이라는 것을 배우며, 자신의 부정적인 감정을 수용하고 정서를 순환시키게 된다(고문숙 외, 2014; 김민경, 2019). 또한 그림책은 유아가 성장함에 따라 자신이 해결해야 하는 여러 심리적 문제에 대해 의식적, 무의식적으로 다루는 치료적인 가치를 갖고 있다(김춘경 외, 2004). 유아는 그림책 속 시각적 언어를 통해 기본적인 욕구를 충족시키며, 다양한 사고와 표현을 통해 긍정적이고 바람직한 가치들을 내면화하게 된다(조기영, 2012; 홍은주 외, 2008). 이러한 그림책의 폭넓고 다양한 간접 경험의 기회는 창의성, 인지, 언어, 정서, 사회, 예술 등의 지식 기반을 심화하고 확대하는 귀중한 자원이 된다(정남미 외, 2009). 이처럼 그림책은 인지, 언어, 정서, 사회, 창의성 발달 등 전인발달을 이룰 수 있는 좋은 매체로(이하나, 2017), 이를 활용한 다양한 연구들이 진행되고 있다.

7. 제시된 아이디어로 짧은 문장을 만든 후, 느낌이 연결될 수 있는 동시를 짓는다.
8. 제목을 정하고 동시를 감상해 본다.

브레인스토밍	브레인스토밍 동시
	우리 집 강아지 귀여운 우리 강아지 산책을 좋아하는 강아지 토끼처럼 뛰어다니고 고양이처럼 귀여운 강아지 장난감을 주면 멍멍하는 강아지

참고

브레인스토밍 기법을 활용한 동시 짓기는 유아가 타인의 의견을 듣고 존중하는 경험을 할 수 있으며 더불어 자신의 생각이나 경험을 자연스럽게 표현할 수 있도록 하는 활동이다(안경숙, 장연희, 1998). 뿐만 아니라 브레인스토밍 동시 짓기는 유아들에게 일상의 다양한 대상과 자연현상의 특징을 탐색할 수 있는 기회를 제공할 수 있으며 이야기 이해력과 창의성 증진에 도움을 줄 수 있다(심성경 외, 2003). 이처럼 브레인스토밍 동시 짓기는 유아들이 자유롭게 자신의 사고를 표현할 수 있도록 하며 동시를 짓는 과정을 통해 언어의 이해와 문제를 창의적으로 해결할 수 있는 창의성 증진에 도움이 된다. 브레인스토밍 동시 짓기 활동은 5단계로 진행할 수 있다(최미숙 외, 2009).

• 브레인스토밍 동시 짓기 5단계 활동

활동과정	단계	내용
사전활동	1단계: 경험 나누기	• 유아 흥미에 적합한 주제를 단어와 그림으로 소개하기 • 주제에 따른 이야기 나누기 • 경험한 것과 알고 있는 것에 대해 표상하기
본 활동	2단계: 생각 모으기(브레인스토밍)	• 브레인스토밍 규칙을 쉬운 용어로 설명하고 수용적이고 허용적인 분위기 조성하기 • 많은 아이디어를 자유롭게 발표할 수 있도록 유도하기 • 구어로 발표한 내용을 비판 없이 기록하기 • 발표한 내용들을 결합해 보고 개선할 수 있도록 격려하기 • 소극적인 유아를 위해 글과 그림을 함께 적용하기
	3단계: 글과 그림 표현하기	• 발상한 글들을 읽고 무슨 뜻인지 서로 이야기 나누기 • 관심주제와 관련된 글이나 그림 모아 보기

			• 동시의 내용을 중심으로 해서 거미줄 모양으로 확장시키기
		4단계: 동시 구성하기	• 단어를 선정해서 짧은 문장 만들기 • 선택한 짧은 문장을 읽고 느낌이 연결될 수 있는 동시 짓기 • 제목 만들기
	마무리	5단계: 감상하기	• 시 낭송하기 • 동시의 느낌 나누기 • 전시하기

2) 이어지는 이야기 짓기

이어지는 이야기 짓기에 대한 활동의 예는 표 8-10과 같다.

표 8-10. 이어지는 이야기 짓기 활동의 예

창의성 요소	융통성, 정교성
활동방법	1. 「꼬마 악어 타코」의 표지, 제목 등에 대해 이야기를 나누고, 어떤 내용의 이야기일지 예상해 본다. 2. 그림책을 함께 읽어 본 후 느낌에 대해 이야기 나눈다. 3. 그림책의 내용을 회상해 본다. 4. 이야기 짓기 활동이 이어지도록 단서와 발문을 제시한다. 5. 다양한 이야기가 전개될 수 있도록 유아의 경험과 상상력을 자극하여 뒷이야기를 만들어 본다. 6. 소집단 또는 개별로 지은 이야기를 함께 공유한다. 7. 그림책의 뒷이야기에 적절한 그림을 그려 본다. 8. 이야기 짓기 내용에 적합한 제목을 정하고 교실에 전시하여 공유한다.  전이수, 꼬마 악어 타코

참고	영유아는 그림책을 통해 흥미를 느끼며 이를 바탕으로 다양한 창의적인 활동을 해 볼 수 있다. 그림책은 영유아의 상상력, 창의력 그리고 사고력을 길러 주고 이들의 경험을 확장시키며 세상을 이해하는 데 도움이 된다. 그림책을 통해 영유아는 자유롭게 상상하게 되고 상상력은 끊임없는 연상작용을 일으켜 참신한 생각을 창출하게 된다(김민성, 2009). 이 과정에서 영유아의 창의성은 증진된다. 특히, 그림책을 활용한 이어지는 이야기 짓기 활동은 그림책에서 아이디어를 찾고 사건의 인과관계를 추리할 수 있는 활동으로서 영유아의 창의성 증진에 영향을 미칠 수 있다. 이야기 짓기 활동을 위해 교사는 유아의 창의적이고 자유로운 표현을 위해 허용적인 분위기를 마련하고 유아가 만들어 내는 이야기를 있는 그대로 인정하고 수용해야 한다.

3) 몸으로 글자 만들기

몸으로 글자 만들기에 대한 활동의 예는 표 8-11과 같다.

표 8-11. 몸으로 글자 만들기 활동의 예

창의성 요소	유창성, 융통성, 정교성
활동방법	1. 「요렇게 해봐요, 내 몸으로 ㄱㄴㄷ」을 함께 살펴본다. 2. 그림책에 제시된 다양한 그림을 보면서 몸으로 자음을 표현해 본다. 3. 그림책에 제시된 다양한 그림과 다른 방법으로 자음을 표현할 수 있는 자세를 만들어 본다. 새로운 방법으로 자음을 표현하면 다른 친구들이 어떤 자음인지 맞춰 볼 수도 있다. 4. 단어를 정해 친구들과 함께 몸으로 글자를 만들어 본다. 같은 단어라도 각자 다른 방법으로 표현할 수 있으므로 몸으로 만든 글자를 함께 공유한다. • 교사는 유아들이 몸으로 만든 글자를 사진이나 영상으로 남겨서 학급의 모든 유아들이 공유할 수 있도록 한다. • 전지, 흰색 천 등을 바닥에 깔고 활동을 하면 몸으로 만든 글자를 명확하게 볼 수 있다.  요렇게 해봐요, 내 몸으로 ㄱㄴㄷ

<table>
<tr><td>참고</td><td>영유아는 상상력이 풍부하고 끊임없이 신체를 움직이며 주변을 탐색하며 자신감, 성취감 등을 기른다. 영유아는 자신의 느낌, 의사 등을 언어적, 비언어적 등 다양한 방법으로 표현하기 때문에 신체표현은 유아에게 창의적이면서도 비언어적인 소통 수단이 된다. 유아의 신체표현을 통해 사고와 감정, 정신과 신체 간 관계를 표상할 수 있다는 점에서 영유아 창의성 함양에 신체표현은 필수적이다(Goleman, Kaufman & Ray, 1992). 창의적 신체표현을 통해 영유아는 자신의 독특한 표현을 드러낼 수 있으므로 시범과 설명을 통해 다른 사람의 신체표현을 모방하기보다 영유아가 스스로 상상하여 신체표현할 수 있도록 격려할 필요가 있다. 창의적 신체표현을 통해 영유아는 새가 날아다니는 모습, 동물의 움직임 등을 표현할 수 있으며 적절한 음악과 소도구 등을 활용함으로써 영유아 창의성 증진에 도움이 된다.

• 창의적 신체 표현의 사례

신문지처럼 움직이기
1. 신문지를 가지고 어떤 놀이를 할 수 있을지 이야기 나눈다.
2. 신문지 접기, 구기기, 찢기 등 다양한 방법으로 신문지를 탐색한다.
3. 교사의 신문지 흔들기, 찢기 등을 보고 유아는 신문지처럼 몸을 움직여 본다.
4. 음악에 맞추어 신문지처럼 움직여 본다.
5. 소그룹을 구성하여 한 명의 유아씩 번갈아 가며 신문지 흔들기, 찢기 등을 하면 다른 유아들은 신문지처럼 자신의 몸을 움직인다.</td></tr>
</table>

4) 빗방울 되어 보기

빗방울 되어 보기에 대한 활동의 예는 표 8-12와 같다.

표 8-12. 빗방울 되어 보기 활동의 예

창의성 요소	융통성, 정교성, 상상력
활동방법	1. 비가 오는 날의 경험과 느낌에 대해 이야기 나눈다. 2. 비가 오는 소리를 흉내 내 보거나 비가 오는 모습을 몸으로 표현해 본다. 3. 쇼팽의 전주곡 제15번 '빗방울'을 감상한다. 4. 음악을 듣고 난 후 느낌에 대해 이야기 나눈다. 5. 소그룹별로 '빗방울' 음악을 신체로 표현할 수 있는 방법에 대해 이야기 나눈다. 6. 소그룹별로 신체 표현해 보고 함께 공유한다.

	7. 「빗방울 이야기」를 함께 살펴본다. 8. 그림책에 나오는 빗방울의 움직임을 신체로 표현해 본다.  **입 스팡 올센, 빗방울 이야기**
참고	• 음악감상 후 신체표현 활동과 그림책 감상 후 신체표현 활동은 2차시로 나누어 진행할 수 있다. • 영유아가 창의적으로 사고할 수 있는 확산적 질문(예: 손을 어떻게 움직였나요? 어떻게 걸어갔나요?)을 통해 신체표현에 대한 이해를 높일 수 있다. • 영유아가 편안한 마음으로 자유롭게 신체표현할 수 있는 수용적인 분위기를 마련하도록 한다. • 영유아가 신체표현을 어려워할 경우 교사가 시범 동작을 보일 수 있으며, 영유아가 창의적으로 표현할 경우 충분히 격려하도록 한다.

5) 글 없는 그림책을 활용한 음악 만들기

글 없는 그림책을 활용한 음악 만들기에 대한 활동의 예는 표 8-13과 같다.

표 8-13. 글 없는 그림책을 활용한 음악 만들기 활동의 예

창의성 요소	유창성, 융통성, 독창성
활동방법	1. 교사가 제시한 풍선의 움직임을 관찰한다. 2. 「빨간 풍선의 모험」의 표지, 간지 등을 탐색하고 그림책의 내용을 예측해 본다. 3. 그림책 감상 후, 각 장면을 다시 보며 이야기를 상상해 본다. 4. 그림책의 내용을 회상해 보고 풍선의 다양한 소리에 대해 이야기 나눈다. 5. 풍선을 다양하게 탐색해 본다.

	6. 사과(나비)로 변한 풍선의 기분을 상상하며 창의적으로 소리를 만들어 본다. 7. 자신이 만든 소리를 친구들에게 들려주고 함께 공유한다.  **옐라 마리, 빨간 풍선의 모험**
참고	• 그림책 감상과 소리 만들기 활동은 2차시로 나누어 진행할 수 있다. • 확장 활동으로 '빨간 풍선' 대신 '초록 색종이', '노란 신발' 등의 주제를 제시하여 유아가 직접 이야기를 짓고 음악을 만들어 보는 활동을 진행할 수 있다.

6) 악기 벤다이어그램

악기 벤다이어그램에 대한 활동의 예는 표 8-14와 같다.

표 8-14. 악기 벤다이어그램 활동의 예

창의성 요소	유창성, 융통성, 정교성
활동방법	1. 다양한 종류의 악기를 탐색한 후 다양한 소리가 나는 이유에 대해 이야기 나눈다. 2. 악기와 같은 재질로 만들어진 놀잇감을 교실에서 찾은 후, 벤다이어그램에 분류해 본다. 3. 여러 재질로 만들어진 악기를 직접 연주해 보고 비슷한 소리가 나는 악기끼리 벤다이어그램에 분류해 본다. 4. 자신이 정한 기준에 따라 악기를 분류해 본다. 5. 친구들과 함께 악기를 분류하게 된 기준을 서로 예측해 본다.
참고	• 악기와 놀잇감을 직접 벤다이어그램에 분류해 볼 수 있도록 종이에 그려진 벤다이어그램뿐 아니라 훌라후프를 활용하거나 교실 바닥에 마스킹테이프를 붙여 벤다이어그램을 구성해 둔다.

	• 어떤 기준으로 분류했는지 알 수 있도록 벤다이어그램 옆에 분류 기준을 기재한 안내판을 제시한다. • 유아 창의성 증진을 위해 악기 벤다이어그램 외 유아가 정한 주제로 벤다이어그램을 구성할 수 있는 기회를 제공한다.

7) 점으로 표현하기

점으로 표현하기에 대한 활동의 예는 표 8-15와 같다.

표 8-15. 점으로 표현하기 활동의 예

창의성 요소	융통성, 독창성
활동방법	1. 김환기 작품 '우주(5-Ⅳ-71 #200)'를 감상한다. 2. 작품을 감상한 자신의 느낌을 발표하고 함께 공유한다. 3. 작품의 미술적 요소에 대해 탐색한다. 4. 자신이 작가가 된다면 어떤 형태로 그리고 싶은지 생각해 본다. 5. 점을 표현할 수 있는 재료에 대해 생각해 본다. 6. 물감의 색을 선택하고 재료를 활용하여 자신의 그림에 맞는 점을 찍어 본다. 또는 점 외의 다른 형태로 표현할 수 있다. 7. 그림의 제목을 지어 본다. 8. 그림을 친구들과 공유하고 감상해 본다.  **김환기, 우주(5-Ⅳ-71 #200)**
참고	• 종이의 크기와 모양을 다양하게 활용할 수 있으며 협동작품을 구성해 볼 수 있다. • 백업, 면봉, 스펀지 봉 등 다양한 굵기의 재료를 활용할 수 있다.

8) 자연물로 구성하기

자연물로 구성하기에 대한 활동의 예는 표 8-16과 같다.

표 8-16. 자연물로 구성하기 활동의 예

창의성 요소	유창성, 융통성, 정교성
활동방법	〈자연물 작품 만들기〉 1. 산책 중 모아 온 자연물을 탐색한다. 2. 계절의 변화에 따른 자연물의 변화에 대해 이야기 나눈다. 3. 자연물로 어떤 작품을 만들 수 있을지 생각해 본다. 4. 우드락이나 코팅지에 자연물과 다양한 재료를 활용하여 작품을 만들어 본다. 5. 자신의 자연물 작품을 친구들과 공유한다. • 개인뿐 아니라 소그룹별로 진행할 수 있다. • 작품 위에 투명시트지를 붙여 보관할 수 있다. 〈친구의 옷은 나무껍질 옷〉 1. 숲에 떨어진 나무껍질을 모은다. 2. 친구에게 아스테이지 옷을 걸쳐 주고 그 위에 나무껍질을 다양하게 붙여서 옷을 만들어 준다. 3. 나무껍질 옷을 꾸밀 수 있는 다양한 자연물을 붙여서 옷을 완성한다. 4. 나무껍질 옷을 친구들과 공유한다. 〈나뭇잎 놀이〉 1. 산책을 하며 다양한 종류의 나뭇잎을 탐색한다. 2. 다양한 종류의 나뭇잎을 수집한 후, 각자가 수집한 나뭇잎을 소개한다. 3. 나뭇잎을 이용할 수 있는 놀이에 대해 생각해 보고 나만의 나뭇잎 놀이를 만들어 본다.
참고	• 나뭇잎 오래 버티기 – 안내자의 신호에 따라 균형을 잡고 나뭇잎을 머리 위에 올린다. – 안내자의 지령에 따라 움직인다(한쪽 발 들고 중심 잡기, 박수 두 번 치기, 제자리에서 앉았다 일어서기 등). • 나뭇잎 퍼즐 맞추기 – 퍼즐 맞추기를 해 본 경험을 회상한다. – 자신이 만들 나뭇잎 퍼즐 모양을 계획하고 원하는 모양의 나뭇잎을 선택한다. – 가위로 나뭇잎을 잘라 퍼즐을 만든다. – 만든 퍼즐을 맞춰 나뭇잎을 완성한다.

9) 그림책을 활용한 창의성 교육

그림책을 활용한 창의성 교육에 대한 활동의 예는 표 8-17과 같다.

표 8-17. 그림책을 활용한 창의성 교육 활동의 예

구분	내용	활동	목표 및 기대효과	준비물
 미스반하우트, 행복한 물고기	스물 한 마리의 여러 색감의 물고기 그림을 통해 다양한 감정들을 보여 준다.	• 물고기들의 여러 감정들을 탐색하고, 동작으로 표현해 본다. • 나만의 물고기를 그려 본다.	다양한 감정을 가진 물고기들을 통해 여러 감정들을 탐색해 본다.	사포, 크레파스, 스티커, 비닐, 아세테이지
 앤서니브라운, 겁쟁이 빌리	걱정이 많은 주인공 '빌리'와 '걱정인형'을 통해 '불안한' 감정에 대해 표현하고 있다.	• 음악을 듣고 선을 따라 걸어 본다. • 종이컵 쌓기 놀이를 한다. • 나만의 걱정인형을 만든다.	그림책과 활동을 통해 '불안'의 감정을 탐색해 보고 표현해 본다.	양말, 털실, 고무줄, 솜, 색지, 매직, 마스킹테이프, 테이프, 종이컵, 가위
 스티븐크롤, 정말정말 화가 나요	주인공 '니나'와 다양한 상황들을 통해 '화'라는 감정을 표현하고 있다.	• 동작과 소리로 화를 표현해 본다. • 신문지 찢기와 신문지 공을 만들어 놀이를 해 본다.	그림책과 활동을 통해 '분노'의 감정을 탐색해 보고 표현해 본다.	신문지, 마스킹테이프, 가위, 매직

구분	내용	활동	목표 및 기대효과	준비물
 안에르보, 내 얘기를 들어주세요	고양이를 잃어 슬픔에 빠진 주인공 '브루'와 '강아지'를 통해 '슬픈' 감정에 대해 알아볼 수 있다.	• 말이 담긴 주머니에서 공을 집어 이야기를 나눠 본다. • 실전화기를 만들어 서로의 마음에 대해 이야기해 본다.	그림책과 활동을 통해 '슬픔'의 감정을 탐색해 보고 표현해 본다.	투명컵, 실, 매직, 테이프, 주머니, 공
 티투스애커맨, 난 토라져	자주 토라지는 주인공을 통해 삐짐, 심술, 토라지는 감정에 대해 탐색해 볼 수 있다.	• 친구의 변화하는 표정과 동작을 따라 해 본다. • 내 마음속 고슴도치를 만들어 본다.	그림책과 활동을 통해 '토라짐'의 감정을 탐색해 보고 표현해 본다.	큰 천, 클레이, 이쑤시개, 눈알, 우드락판
 레모니스니켓, 그날 어둠이 찾아왔어	어둠을 통해 두려움의 감정에 대해 탐색해 보고 '두려움'에 대한 감정을 전환해 볼 수 있다.	• 어두운 곳에서 공을 가져온다. • 자신만의 비밀상자를 만들어 본다.	그림책과 활동을 통해 '두려움'의 감정을 탐색해 보고 표현해 본다.	상자, 골판지, 색지, 목공풀, 가위, 테이프, 공

구분	내용	활동	목표 및 기대효과	준비물
 신혜은, 마음아 작아지지마	각각의 상황에 따라 마음의 크기가 커지고, 작아지는 주인공의 감정의 변화에 대해 탐색해 본다.	• 확성기를 만들어 자신의 감정에 대해 표현해 본다.	그림책과 활동을 통해 감정의 변화에 대해 탐색하고 표현해 본다.	색지, 테이프, 가위, 사인펜, 스티커
 밥 라즈카, 보이니? 내가 그린 느낌이!	주인공이 자신의 느낌을 그림으로 표현하고 다른 사람과 그 느낌을 공유하는 과정에 대해 알아본다.	• 음악에 맞춰 리본막대와 신체를 자유롭게 움직여 본다. • 그림으로 자신의 생각과 감정을 자유롭게 표현해 본다.	그림책과 활동을 통해 감정을 자유롭게 표현하고 조절해 본다.	도화지, 사인펜, 물감, 스펀지, 붓, 리본막대
 베아트리체 알레마냐, 조금 부족해도 괜찮아	부족하지만 행복한 다섯 친구의 이야기를 통해 다른 사람과 자신에 대해 이해해 볼 수 있다.	• 등장인물과 소품을 만들고, 역할을 정해 역할극을 해 본다.	그림책과 활동을 통해 서로 다른 주인공의 감정들을 표현하고 조절하여 활용해 본다.	색지, 도화지, 사인펜, 색연필, 가위, 부직포머리띠, 벨크로

구분	내용	활동	목표 및 기대효과	준비물
 엘리자베스 베넷, 내가 도와줄게	곰과 생쥐가 서로 돕는 이야기를 통해 서로 도움을 주고받는 것이 행복한 것임을 알게 해 준다.	• 등장인물과 소품을 만들고, 역할을 정해 역할극을 해 본다.	그림책과 활동을 통해 서로의 감정을 이해하고, 조절하며 활용해 본다.	색지, 도화지, 사인펜, 색연필, 가위, 부직포머리띠, 벨크로

참고문헌

강충인(2015). **STEAM 교육의 이론과 실제.** 서울: 한국이공학사.

고문숙, 권도하, 권민균, 김수향, 임영심(2014). **영유아를 위한 언어지도.** 경기: 양서원.

곽영숙, 이새롬, 조민희, 최정현(2020). **유아 융합(STEAM) 교육.** 경기: 어가.

교육과학기술부(2008). 유치원 교육과정 해설 총론.

교육과학기술부(2010). 창의인재와 선진과학기술로 여는 미래 대한민국. 2011년 업무보고.

교육과학기술부(2011). 과학기술예술 융합 STEAM 교육 활성화 방안 발표 보고서.

교육과학기술부(2011). 유치원 기본과정 내실화를 위한 창의성교육 프로그램.

교육부(2015). 2015 개정 교육과정 교육부 고시 제2015-80호.

교육부, 보건복지부(2019). 2019 개정 누리과정 놀이이해자료.

교육부, 보건복지부(2020). 2019 개정 누리과정 놀이운영사례집: 놀이를 지원하는 교사의 역할 (유아의 발현적 놀이에 리듬을 맞추는 교사).

국립국어원 표준국어대사전(2022). 예술(2022년 12월 08일 인출).

국립국어원 표준국어대사전(2022). 융합(2022년 12월 08일 인출).

국립국어원 표준국어대사전(2022). 창의성(2022년 10월 28일 인출).

김경숙, 최인숙(1993). **유아발달심리.** 서울: 형설출판사.

김경화, 장기범(2015). 음악교육의 융합교육 접근을 위한 융합 개념 논의. **서울대학교 한국초등교육, 26**(4), 211-234.

김나래(2022). 유아 놀이몰입 검사 개발 및 타당화 연구. 전남대학교 대학원 박사학위논문.

김다경(2016). 육색사고모 기법을 활용한 한국어 말하기 수업 연구: 토의 활동을 중심으로. 부산외국어대학교 대학원 석사학위논문.

김덕현(2011.02.23.). [오픈칼럼] 통섭 · 융합 · 컨버전스 제대로 알자. 매일경제 오피니언.

김문희(2009). 유아 놀이유형이 창의성에 미치는 영향. 성균관대학교 생활과학대학원 석사학위논문.

김민경(2019). 그림책을 활용한 집단표현예술치료가 유아의 창의성과 정서지능에 미치는 영향. 명지대학교 사회교육대학원 석사학위논문.

김민성(2009). 동화를 활용한 창의적 통합활동이 유아의 창의성에 미치는 영향. 숭실대학교 교육대학원 석사학위논문.

김선덕(2016). 강제결합법 교육활동이 유아의 영재성 발달에 주는 교육적 의미에 대한 해석학적 이해: 창의성을 중심으로. 한국국제대학교 대학원 박사학위논문.

김설아(2012). 창의적 사고 방법을 활용한 상상 표현 지도 방안 연구: 초등학교 고학년을 중심으로. 한국교원대학교 교육대학원 석사학위논문.

김성숙(2013). 유아교육의 텍스트로서 교수매체의 창의적 융합에 관한 연구. **미래유아교육학회지, 20**(4), 283-305.

김영랑(2022). 자기효능감의 매개를 통한 유아 창의적 성향의 놀이성에 대한 효과. 군산대학교 대학원 석사학위논문.

김영채(2004). **창의적 문제해결**. 서울: 교육과학사.

김영채(2013). **창의력의 이론과 개발**. 서울: 교육과학사.

김예향(2022). 정형화되지 않은 놀잇감을 활용한 자유놀이가 유아의 주도성과 창의성에 미치는 영향. 인천대학교 교육대학원 석사학위논문.

김용희(2006). 음악적 창의성 신장을 위한 초등 창작 학습전략들. **한국음악학회논문집 음악연구, 37**, 59-81.

김은영, 이우언, 김영아, 김영희, 김이영, 노미라, 이종화, 장현철(2021). **4차 산업혁명 시대의 인성과 리더십**. 경기: 양성원.

김정섭, 강승희, 강순희(2004). **동화를 통한 창의성 교육**. 경기: 서현사.

김준경(2009). 음악과 효과적인 창작활동을 위한 창의성 기법을 적용한 수업 지도안 연구: 중학교 1학년을 대상으로. 성신여자대학교 교육대학원 석사학위논문.

김준희(2000). 유아의 놀이성과 창의성과의 관계. 경원대학교 교육대학원 석사학위논문.

김지윤, 장영숙(2015). 비구조적 놀잇감을 활용한 구성놀이가 유아의 놀이성과 창의성에 미치는 영향. **열린부모교육연구, 7**(2), 15-31.

김진수(2011). STEAM 교육을 위한 큐빅 모형. **한국기술교육학회지, 11**(2), 124-139.

김진수(2012). **STEAM 교육론**. 경기: 양서원.

김진수, 김방희, 김진옥(2020). **융합 STEAM교육의 이해**. 서울: 공감북스.

김진용, 남주헌, 박경영, 손상철, 이해권, 조성태, 홍길희(2017). **창의적 문제해결기법**. 서울: 아트하우스출판사.

김춘경, 박정순, 최윤정, 김성혜, 이정은, 고경남(2004). **아동 집단상담 프로그램**. 서울: 학지사.

김현경(2002). 유아를 위한 비판적 사고 교수모형의 구성 및 그 적용효과에 관한 연구. 중앙대학교 대학원 박사학위논문.

문가영(2019). 뚝딱뚝딱 만들기로 문제를 해결하는 Making-STEAM 활동. 한국유아교육협회 제54회 영유아교육 교사연수(과학으로 놀며 창의적으로 생각하기: 유아 STEAM 교육)자료집.

문세라(2005). 통합적 미술감상활동이 유아의 미술표현력 및 창의성에 미치는 영향. 연세대학교 대학원 석사학위논문.

문정화, 하종덕, 박경빈, 김선진(2019). (또 하나의 교육) **창의성**(3판). 서울: 학지사.

문지현(2020). 강제결합법을 적용한 전통놀이가 유아의 창의성과 놀이성에 미치는 영향. 경인교육대학교 교육전문대학원 석사학위논문.

미래창조과학부(2017). **10년 후 대한민국 미래 일자리의 길을 찾다**. 경기: 지식공감.

박민정(2009). 마인드맵(mind map)과 강제결합법(forcedrelation)을 활용한 발상지도법 연구. 부산대학교 교육대학원 석사학위논문.

박병기(1998). **창의성 교육의 기반**. 서울: 교육과학사.

박소연(2016). 다문화 흥미영역 활동이 유아의 비판적 사고와 마음이론에 미치는 영향. 중앙대학교 교육대학원 석사학위논문.

박영림(2022). 유아의 놀이성, 가상놀이 수준이 확산적 사고에 미치는 영향: 창의적 가정환경의 조절효과. 연세대학교 대학원 박사학위논문.

박영태, 하수연(2010). **창의성과 문제해결력**. 서울: 창지사.

박웅현, 강창래(2009). **인문학으로 광고하다**. 경기: 알마.

박은선(2018). 현대미술감상, 표현활동을 통한 유아창의성교육 수업의 교육적 의미탐색. **유아교육학논집**, 22(5), 83-109.

박주영(2008). 여섯 색깔 사고 모자 기법의 이론과 적용. 경북대학교 대학원 석사학위논문.

배공민, 황희숙(2014). 창의적 사고기법을 활용한 이야기 나누기 활동이 유아의 창의성 및 언어표현력에 미치는 효과. **동북아시아문화학회 국제학술대회 발표자료집**, 28, 318-323.

백연경(2005). 스캠퍼 기법을 활용한 발상지도가 디자인 수업에서 중학생들의 학습동기와 표현력에 미치는 효과. 이화여자대학교 대학원 석사학위논문.

백윤수, 김영민, 노석구, 박현주, 이주연, 정진수, 최유현, 한혜숙, 최종현(2012). 융합교육(STEAM) 실행방향 정립을 위한 기초연구(연구보고 2012-12). 한국과학창의재단.

보건복지부(2020). 제4차 어린이집 표준보육과정 해설서.

사이언스올 과학사전(2022). 수학(2022년 12월 12일 인출).

서현아, 임희수, 최남정, 하선혜, 한희정, 허수윤(2016). **창의적 사고와 문제해결**. 경기: 공동체.

성은현(2000). 심상적 사고 능력과 심상적 사고 횟수 및 창의성간의 관계. **교육심리연구**, 14(1),

19-44.

송민서, 김형재(2016). 과학 중심 융합인재교육(S-STEAM) 프로그램이 유아의 창의성 및 다중 지능에 미치는 영향. **한국산학기술학회논문지, 17**(4), 361-372.

송민영(1998). 유아의 창의성과 놀이성과의 관계. 이화여자대학교 교육대학원 석사학위논문.

송인섭, 한윤영(2014). 창의성 구인의 타당성과 창의성교육 활성화를 위한 교육심리학의 역할과 과제. **영재와 영재교육, 13**(1), 5-20.

신유진(2009). 명화를 활용한 이야기 꾸미기 활동이 유아의 언어표현력 및 창의성에 미치는 영향. 전남대학교 대학원 석사학위논문.

신재한, 최은경(2018). **STEAM 융합교육을 위한 교육 과정설계 및 적용.** 경기: 교육과학사.

심성경, 이희자, 임선옥, 허은주, 이영희, 박순이, 박지애, 이효숙(2003). 동시 짓기 및 관련 활동이 유아의 창의성에 미치는 영향. **유아교육연구, 23**(2), 5-27.

안경숙, 장연희(1998). **프로젝트 접근법의 활용.** 서울: 다음세대.

안범희(1977). 창의성의 성격적 요인에 관한 일 연구. 연세대학교 대학원 석사학위논문.

안지영, 최미숙(2014). 예술적 경험을 통한 유아과학교육 프로그램 개발 및 효과. **유아교육학논집, 18**(4), 431-455.

양유진, 한유진, 정가윤, 김진욱, 천연미(2021). **놀이 혁명과 창의성.** 서울: 학지사.

오은순, 김윤희(2019). 4차 산업혁명 시대 유아 핵심역량과 유아교육 방향. **한국디지털콘텐츠학회논문지, 20**(5), 1011-1021.

유애열(1994). 유아의 상상놀이와 교사개입에 관한 관찰연구. 연세대학교 교육대학원 박사학위논문.

유연옥(2018). **창의성교육의 이론과 실제.** 서울: 학지사.

윤옥한(2002). 다원적 접근에 기초한 창의성 훈련 프로그램의 효과. 국민대학교 대학원 박사학위논문.

은평구청(2022). (학생 · 학부모 · 교사가 함께 만드는) 내가 그린 공감학교 2021.

이경민(2015). 스캠퍼(SCAMPER) 기법을 활용한 음악수업이 고등학생의 학습동기와 학업적 자기효능감에 미치는 영향. 이화여자대학교 대학원 석사학위논문.

이경화(2002). 4, 5세 유아의 창의적 능력과 창의적 성격. **교육심리연구, 16**(3), 147-160.

이경화(2014). **유아용 통합창의성검사**(K-ICT). 서울: 인사이트.

이경화, 유경훈(2016). **창의성.** 서울: 동문사.

이경화, 태진미(2015). 민사고를 통해 본 한국형 융합영재교육의 가능성과 과제. **영재와 영재교육, 14**(2), 145-169.

이동원(2009). **창의성 교육의 실천적 접근.** 경기: 교육과학사.

이상금(1987). 한국 유아교육의 본질. 유아교육세미나: 한국유아교육의 현황과 개선방향, 5-15.

이숙재(2008). **유아를 위한 이론 놀이의 이론과 실제.** 서울: 창지사.

이신동, 기순신, 김복영, 성은현, 박현옥, 이정아, 김현미, 이영희, 박미경, 송명숙, 김진, 이현옥, 최승일(2016). **유아 창의성 교육.** 경기: 양서원.

이양숙, 한정운, 전홍주(2021). 유아교사의 창의성과 놀이성이 유아 창의성 교육에 미치는 영향. **유아교육학논집, 25**(1), 61-86.

이옥(1985). 창의적 사고 과정에서의 imagery. 목포대학생활과학연구소 논문집 제2집.

이정은(1999). 창의성의 정의적 특성 측정을 위한 중학생용 검사 개발. 이화여자대학교 대학원 석사학위논문.

이정현(2019). 확산적 · 수렴적 사고기법 유형을 통한 디자인 문제해결 향상 연구. 한양대학교 대학원 박사학위논문.

이진아(2021). 원격연합이론기반 문제해결 및 문제발견형 창의성 검사도구 개발 및 타당화. 인천대학교 대학원 박사학위논문.

이하나(2017). 움직임 요소가 포함된 그림책 활용 극놀이가 유아의 신체활동 즐거움과 정서지능 및 기본운동능력에 미치는 영향. 중앙대학교 대학원 석사학위논문.

이희주(2005). 초등학생을 위한 인지적 창의성 훈련 프로그램의 개발 및 적용. 부산대학교 대학원 박사학위논문.

임선하(1993). **창의성에의 초대.** 서울: 교보문고.

전경옥(2008). 유아의 놀이성이 창의성과 학습행동에 미치는 영향. 위덕대학교 대학원 석사학위논문.

전경원(1995). 유아용 종합 창의성 검사. 한국유아교육원.

전경원(2004). **창의학.** 서울: 학문사.

전경원(2006). **창의성 교육의 이론과 실제.** 서울: 창지사.

전경원(2013). **창의력 콤플렉스.** 서울: 아주 좋은 날.

전경원(2021). **창의성 교육의 이론과 실제**(3판). 서울: 창지사.

전경원, 박인영, 김경숙, 오한나(2020). **발문 중심의 유아 창의성 교육.** 경기: 정민사.

전은수(2017). 초등학교 무용수업을 위한 브레인스토밍 적용 방안 연구. 신라대학교 일반대학원 석사학위논문.

전현진(2017). 스캠퍼 기법과 ARCS 학습동기이론을 적용한 음악수업지도안 개발. 경희대학교 대학원 석사학위논문.

정남미, 안은정, 이용숙(2009). **영유아를 위한 그림책과 놀이지도.** 서울: 창지사.

정다운(2016). 3~5세 누리과정 예술경험 영역 교육내용 및 활동에 대한 유치원 교원들의 이해도 분석. 경상대학교 대학원 박사학위논문.

정미경, 권재기, 안혜진(2022). **창의성을 창의하다.** 경기: 공동체.

정미선(2014.08.01.). 고정틀을 깨는 생각의 혁명, '강제연결법'. 한국교육신문.

정민자(2005). 유아의 창의성과 어머니의 양육신념, 창의적 특성 변인 간의 구조모형. 경희대학교 대학원 박사학위논문.

정주영, 홍광표, 이정아(2012). **술술 풀리는 PBL과 액션러닝.** 서울: 학지사.

조기영(2012). 그림책을 활용한 토의활동이 유아의 정서지능과 마음이론 발달에 미치는 영향. 이화여자대학교 대학원 석사학위논문.

조대현(2015). 2015 개정 교육과정에 대한 융합교육적 관점에서의 고찰: 독일 음악 중점 김나지움의 사례를 중심으로. **예술교육연구, 13**(4), 141-156.

조순기(2003). 초등학생들의 문제해결 활동을 위한 확산적 사고 및 수렴적 사고 전략이 창의에 미치는 효과. 경인교육대학교 교육대학원 석사학위논문.

조연순, 성진숙, 이혜주(2008). **창의성 교육: 창의적 문제해결력 계발과 교육 방법.** 서울: 이화여자대학교출판부.

조형숙(2014). Bernstein 생각 도구를 활용한 창의성 교육이 예비유아교사의 창의적 사고 및 창의적 인성에 미치는 효과. **어린이미디어연구, 13**(1), 247-276.

조형숙, 김진수, 김낙홍, 김남연, 김명정, 최재원, 신유정, 문가영, 유효인, 정우영, 박명희(2018). **누리과정 내실화를 위한 유아 STEAM 교육 프로그램.** 서울: 서울특별시교육청유아교육진흥원.

조희형(1996). 과학 개념의 특성과 학습지도 방법에 관한 연구의 분석. **한국과학교육학회지, 16**(1), 77-86.

주상윤(2007). **창의적 발상의 원리와 기법: 당신의 두뇌를 업그레이드하라.** 경북: 울산대학교출판부.

지은림, 주언희(2012). 창의적 인재역량 측정을 위한 구인 탐색 및 척도 개발. **교육평가연구, 25**(1), 69-92.

지혜련(1980). 한국 취학 전 어린이들의 사회적 행동에 관한 연구Ⅱ: 3세와 5세 어린이들에 있어서 시기와 장소의 효과. **연세논총, 17**, 235-248.

차현정(2016). 시네틱스 기법을 활용한 그리기 활동이 유아의 미술 표현력에 미치는 영향.

한국교원대학교 대학원 석사학위논문.

최미숙(1994). 유아 놀이 행동에 관한 연구. 전남대학교 대학원 박사학위논문.

최미숙, 김미영, 민순옥(2009). 브레인스토밍을 통한 동시 짓기 활동이 유아의 이야기 구성력 및 창의성에 미치는 영향. **유아교육 · 보육복지연구, 13**(1), 133-152.

최석민(2004). 창의성 교육의 원리탐색: 몰입의 원리. **교육철학, 26**, 197-214.

최윤지, 유연옥(2020). 유아기 지속가능발전지향 환경교육을 통한 환경보전지식과 환경친화적 태도의 질적 변화. **한국사회과학연구, 39**(1), 269-293.

최인수(1998). 창의적 성취와 관련된 제요인들: 창의성 연구의 최근 모델인 체계모델을 중심으로. **미래유아교육학회지, 5**(2), 133-166.

최한경(2014.06.19.). 창의과학: 창의적 사고기법(강제결합법, 카탈로그 기법). 전북도민일보.

최혜원, 서현아, 박소윤(2013). 명화감상과 연계된 확장활동이 유아의 창의성 및 정서지능에 미치는 영향. **한국보육지원학회지, 9**(4), 5-29.

하주현(2015). **빽셈의 창의성**. 경기: 양서원.

한국과학창의재단(2015). 융합인재교육(STEAM) 평가 모델 개발 연구.

한국과학창의재단(2017). STEAM 프로그램 활용 가이드북.

한은영(2016). 창의적 사고기법을 활용한 창작무용 학습지도안 개발 연구: 브레인스토밍, 스캠퍼, 마인드맵을 기반으로. 성균관대학교 일반대학원 석사학위논문.

홍경윤(2011). 하나로 체육 수업의 참여와 비참여와의 정의적 창의성의 차이분석에 대한 연구. 경희대학교 교육대학원 석사학위논문.

홍은주, 박희석, 김영숙(2008). **아동예술치료의 이론과 실제**. 서울: 청목출판사.

홍혜정(2012). 과학교과에 적용되는 창의 · 인성교육과 평가방법에 대한 교사들의 인식. 이화여자대학교 교육대학원 석사학위논문.

황경현(2012). 스캠퍼(SCAMPER)기법을 활용한 아동창작무용 교육 지도안. 숙명여자대학교 대학원 석사학위논문.

황정규(2010). **인간의 지능**. 서울: 학지사.

Amabile, T. M. (1989). *Growing up creative: Nurturing a lifetime of creativity*. Buffalo, N.Y.: Creative Eduction Foundation.

Amabile, T. M. (1996). *Creativity in context: Update to "he Social Psychology of Creativity."* Colorado: Westview Press.

Amabile, T. M. (1998). **창의성과 동기 유발**. [Growing up creative nurturing a lifetime of creativity] (전경원 역). 서울: 창지사(원저출판: 1989).

Amabile, T. M. (1999). *Creativity in context.* Boulder. CO: Westview.

Barron, F., & Harrington, D. M. (1981). Creativity, Intelligence, and Personality. *Annual Review of Psychology, 32*, 349-376.

Bauer, P. J., Schwade, J. A., Wewerka, S. S., & Delaney, K. (1999). Planning ahead: Goal-directed problem solving by 2-year-olds. *Developmental Psychology, 35*(5), 1321-1337.

Carson, D. K., & Runco, M. A. (1999). Creative problem solving and problem finding in young adults: Interconnections with stress, hassles, and coping abilities. *Journal of Creative Behavior, 33*(3), 167-190.

Cropley, A. J. (1999). Education. In M. A. Runco & S. R. Pritzker(eds.), *Encyclopedia of creativity: Vol.1*(pp. 629-642). San Diego, CA: Academic Press.

Cropley, A. J. (2001). *Creativity in Education & Learning: A Guide for teachers and educators.* London: Kogan Page.

Csikszentmihalyi, M. (1989). Society, culture, and person: A systems view of creativity, The nature of creativity. Cambridge University.

Csikszentmihalyi, M. (1996). *Creativity: Flow and the psychology of discovery and invention.* New york: Harper Collins.

Dansky, J., & Silverman, I. (1973). Effects of play on associative fluency in preschool-aged children. *Developmental Psychology, 9*, 38-43.

Davis, G. A. (1996). Measuring and predicting creativity: Issues and strategy. Paper presented at the conference entitled The role of the school, the family, and society in the development of creativity. Qatar. Doha.

De Bono, E. (1986). *Six thinking hats.* London: Penguin Books.

De Bono, E. (2001). **생각이 솔솔 여섯 색깔 모자.** [Six thinking hats] (정대서 역). 서울: 한언 (원저출판: 1986).

Eberle, B. (1971). *Scamper.* Buffalo, NY: D.O.K. Publisher, Inc.

Feldhusen, J. F., & Treffinger, D. J. (1986). *Creative thinking and problem solving in gifted education.* Dubuque, IO: Kendall/Hunt.

Feldman, D. H. (1999). The development of creativity. In R. J. Sternberg(Ed.), *Handbook of Creativity*(pp. 169-186). New York: Cambridge University Press.

Fogarty, R. (1991). Ten ways to integrate curriculum. *Educational Leadership, 49*(42), 61-65.

Forman, G. E., & Hill, F. (1980). *Constructive play: applying Piaget in the preschool.* Monterey, CA: Brooks.

Fromm, E. (1947). *Man for himself.* NYC: Holt, Rimehart.

Fumoto, H., Robson, S., Greenfield, S., & Hargreaves, D. (2012). *Young children' creative thinking at home and at school*. London: SAGE.

Gardner, H. (1993). *Multiple intelligences: The theory of multiple intelligence.* New York: Basic Books.

Gardner, H. (2008). **미래 마인드: 미래를 성공으로 이끌 다섯 가지 마음 능력.** [Five minds for the future]. (김한영 역). 서울: 재인(원저출판: 2005).

Goleman, D., Kaufman, P., & Ray, M. (1992). *The creative spirit.* New York: Penguin Books.

Gordon, W. J. J. (1961). *Synectics: The development of creative capacity.* New York, NY: Harper.

Guilford, J. P. (1950). Creativity. *American Psychology, 5*, 444-454.

Guilford, J. P. (1959). Three faces of intellect. *American Psychologist, 14,* 469-479.

Guilford, J. P. (1967). *The Nature of human intelligence.* New York: McGraw-Hill.

Guilford, J. P. (1970). Traits of creativity In P. E. Vernon(Ed.), *Creativity*(pp.167-188). Middlesex, England: Penguin.

Guilford, J. P. (1986). *Creative talents: Their nature, uses and development.* Buffalo. NY: Bearly Limited.

Hughes, F. P. (1999). *Children, play, and development.* Boston, MA: Allyn and Bacon.

Hutt, C. (1971). Exploration and Play in Children. In R. E. Herron and B. Book Sutton-Smith(Eds.), *Child' Play*(pp.231-251). New York: JohnWiley & Sons.

Isaacs, S. (1972). Social development in young children. New York: Schoken Books.

Isaksen, S. G., & DeSchyver. J. (2000). Making a difference with CPS: A summary of the evidence. In S. G. Isaksen(Ed.), *Facilitative leadership: Making d difference with Creative Problem Solving*(pp. 187-248). Dubuque, IA: Kendall Hunt.

Jacobs, H. H. (1989). *Interdisciplinary Curriculum: Design and Implementation.* Alexandria, VA: Association for Supervision and Curriculum Development.

Kanter, R. M. (1995). Change-Master companies: Environments in which innovations flourish. In Joyce, M., Isaksen, S., Puccio, G., Davidson, F., Coppage, C. (Eds.),

Introduction to creativity(pp 200-203). Action, Mass: Copley Publishing Group.

Kapur, M. (2016). Examining Productive Failure, Prodective Success, Unproductive Failure, and Unproductive Success in Learning. *Educational Psychologist, 51*(2), 289-299.

Kaufman, J. C., & Beghetto, R. A. (2009). Beyond big and little: The four C model of creativity. *Review of General Psychology, 13*(1), 1-12.

Kaufman, S. B. (2013). The real neuroscience of creativity. Scientific American.

Keller, J. M. (1987). Development and use of the ARCS model of instructional design. *Journal of instructional development, 10*(2), 307-308.

Kosslyn, S. M. (1980). *Image and mind.* Cambridge: Harvard University Press.

Kris, E. (1951). On Preconscious Mental Process. *Psychoanalytic Explorations in Art*. NYC: International Universities Press.

Levy, J. (1978). *Play Behavior.* New York: John Wiley & Sons.

Lieberman, J. N. (1965). *Play and Development.* Boston: Allyn and Bacon.

Maslow, A. H. (1962). *Vicissitudes of Creativity and its Cultivation.* NY: Harper & Row.

Mednick, S. A. (1962). The Associative basis of the creative process. *Psychological Review, 69*(3), 220-232.

Michael, R. I. (1999). Hidden impacts: The influence of regulation on the creative individual. Unpublished doctoral dissertation, Walden University.

Nikolajeva, M., & Scott, C. (2001). *How Picture books Work.* New York: Garland Publishing.

Noller, R. B., Parnes, S. J., & Biondi, A. M. (1976). *Creative Action Book*. New York: Scribners.

Ochse, R. (1990). *Before the gates of excellence: The determinants of creative genius.* Cambridge: Cam-bridge University Press.

Osborn, A. F. (1953). *Applied Imagination.* New York: Charles Scribner's Sons.

Osborn, A. F. (1963). *Applied Imagination: Principles and procedures of creative thinking.* New York: Scribners.

Parten, M. B. (1932). Social participation among preschool children. *Journal of Abnormal and Social Psychology, 27*, 243-269.

Parten, M. B. (1933). Social participation among preschool children. *Journal of Abnormal and Social Psychology, 28*, 136-147.

Pepler, D. (1986). Play and Creativity. In G. Fein & M. Rivkin(Eds.), *Young Child at*

Play(pp.143-153). Washington DC: NAEYC.

Piaget, J. (1962). *Play, dreams, and imitation childhood.* New York: Norton.

Plucker, J. A., & Renzulli, J. S. (1999). Psychometric approaches to the study of human creativity. In R. J. Sternberg(Ed.), *Handbook of creativity*(pp.35-61). Cambridge: Cambridge University Press.

Poltrock, S., & Brown, P. (1984). Individual differences in visual imagery and spatial ability. *Intelligence, 8*, 93-138.

Rhodes, M. (1961). An analysis of creativity. *Phi Delta Kappan, 42*, 305-310.

Rimm, S. (1983). *Preschool and Kindergarten Interest Descriptor.* Watertown, WI: Educational Assessment Service Inc.

Riquelme, H. (2002). Creative Imagery in the East and West. *Creativity Research Journal, 14*(2), 281-282.

Robinson, K., & Aronica, L. (2015). **학교혁명.** [Creative schools] (정미나 역). 경기: 21세기북스(원저출판: 2015).

Rogers, C. R. (1959). Toward a theory of creativity. In H. H. Anderson. *Creativity and its cultivation.* New York: Harper.

Root-Bernstein, M., & Root-Bernstein, R. (1999). **생각의 탄생.** [Spark of genius: The thirteen thinking tools of the world' most creative people] (박종성 역). 서울: 에코의 서재(원저출판: 1999).

Root-Bernstein, M., & Root-Bernstein, R. (2014). Tools for thinking applied to nature: An inclusive pedagogical framework for environmental education. *Oryx, 48*, 584-592.

Rubin, K. H. (1980). Fantasy play: Its role in the development of social skills and social cognition. In K. H. Rubin(Ed.), *New directions in child development: Children' play*(pp. 69-84.). New York: Wiley.

Rubin, K. H., Fein, G. G., & Vandenberg, B. (1983). Play. In. E. M. Hetherington(Ed.) & P. H. Mussen(series Ed.), *Handbook of child psychology: vol 4, Socialization, personality, and social development*(pp.698-774). New York: Wiley.

Ryle, G. (2009). *The concept of nine.* London: Routledge.

Sapp, D. D. (1992). The point of creative frustration and the creative process: A new look at an old mode. *Journal of Applied Psychology, 52*(1), 42-48.

Sarsani, M. R. (2008). Teachers'perceptions of creative thinking in India. In T. Cremin and

P. Burnafd (Eds.), *Creative learning 3-11 and how we document it*(pp. 43-52). Stroke-on-Trent: Trentham Books.

Schachtel, E. G. (1959). *Metamorphosis*. New York: Basic Books.

Schwab, K. (2016). **제4차 산업혁명.** [The fourth industrial revolution] (송경진 역). 서울: 메가스터디북스(원저출판: 2016).

Singer, D., & Rummo, J. (1973). Ideational creativity and behavioral style in kindergarten-age children. *Development Psychology, 8*, 154-161.

Smilansky, S. (1968). *The effects of sociodramatic play on disadvantaged preschool children.* New York: Wiley.

Sponseller, D. (1974). Introduction: Why is play a learning medium? In D. Sponseller(Ed.), *play as learning medium.* Washington DC: NAEYC.

Sternberg, R. J., & Lubart, T. I. (1991). An investment theory of creativity and its development. *Human Development, 34*, 1-31.

Sternberg, R. J., & Lubart, T. I. (1995). *Defying the crowd.* New York: The Free Press.

Sylvia, L. M., & Gary, S. (2013). Invent to Learn: Making, Tinkering & Engineering in the Classroom. Torrance, CA: Constructing Modern Knowledge Press.

Torrance, E. P. (1957). Psychology of survival. Unpublished manuscript, Air Force Personnel Research Center. Lackland Air Force Base, TX.

Torrance, E. P. (1965). *Rewarding creative behavior.* Englewood Cliffs, NJ: Prentice Hall.

Torrance, E. P. (1981). *Thinking creatively in action and movement.* Illinois: Scholastic Testing Service, Inc.

Torrance, E. P., Ball, O. E., & Safter, H. T. (1992). *Torrance tests of creative thinking streamlined scoring guide figural A and B.* Bensonville, IL: STS.

Vygotsky, L. S. (1976). Play and its role in the mental development of the child. In J. S. Bruner, A. Jolly & K. Sylva(Eds.). *Play Its role in development and evolution*(pp.537-554). New York: Basic Books.

Wallas, G. (1926). *The art of thought.* New York: Harcourt Brace.

Ward, T. B. (1991). Structured imagination: The role of conceptual structure in exemplar generation. Paper presented at the meeting of Psychonomic Society, San Francisco.

Weber, R. J., & Perkins, D. N. (1992). *Inventive minds: Creativity technology.* New York: Oxford University Press.

Weisberg, R. W. (2009). **창의성: 문제해결, 과학, 발명, 예술에서의 혁신.** [Creativity: Understanding innovation in problem solving, science, invention, and the arts](김미선 역). 서울: 시그마프레스(원저출판: 2006).

Whiting, C. S. (1955). Operational Techniques of Creative Thinking. *Advanced Management*, October, 26.

Willatts, P. (1984). Stages in the development of intentional search by young infants. *Developmental Psychology, 20*(3), 389–396.

Wilson, R. C., Guilford, J. P., & Christensen, P. R. (1954). The measurement of individual differences in originality. *Psychological Bulletin, 50*(5), 362–370.

Witkin, H. A. (1954). *Personality through Perception: An Experimental and Clinical Study.* Westport, CT: Greenwood Press.

Woodman, R., & Schoenfeld, L. F. (1990). An inter-actionist model of creative behavior. *Journal of Creative Behavior, 24*, 279-280.

http://www.mindmapart.com/how-to-focus-mind-map-jane-genovese/

https://news.koreaherald.com/

찾아보기

ㅍ

ㅎ

기타

저 / 자 / 소 / 개

■ **정서연**

영남대학교 대학원 교육학박사(유아교육 전공)
현, 수성대학교 유아교육과 교수
〈저서〉 유아사회교육 외 다수

■ **김이영**

계명대학교 대학원 심리학박사(임상 및 상담심리 전공)
현, 수성대학교 유아교육과 교수
〈저서〉 유아교육개론, 아동생활지도, 인간이해를 위한 심리학 외 다수

■ **문가영**

중앙대학교 대학원 문학박사(유아교육 전공)
현, 대구대학교 유아교육과 교수
〈저서〉 유아교사론, 유아미술교육 외 다수

■ **이인원**

한국교원대학교 대학원 교육학박사(유아교육 전공)
현, 계명문화대학교 유아교육과 교수
〈저서〉 유아사회교육, 교육방법 및 교육공학 외 다수

■ **최윤지**

계명대학교 대학원 교육학박사(유아교육 전공)
현, 대구과학대학교 유아교육과 교수
〈저서〉 아동생활지도, 유아사회교육, 아동건강교육 외 다수

■ **한은숙**

중앙대학교 대학원 문학박사(유아교육 전공)
베를린 자유대학교 한국학과 한국의 유아교육과 비교연구 교환교수
현, 경민대학교 유아교육과 교수
〈저서〉 영유아자아발달의 이론과 실제, 유아교육개론 외 다수

영유아 창의성 교육

1판 1쇄 인쇄 — 2023년 2월 6일
1판 1쇄 발행 — 2023년 2월 10일

저　　자 - 정서연 김이영 문가영 이인원 최윤지 한은숙
발 행 인 - 강철원
발 행 처 - 양성원
주　　소 - 경기도 파주시 검산로 173번길 29-12
전　　화 - 031-946-3861(代)
팩　　스 - 031-946-3864
이 메 일 - tnwpub@naver.com
홈페이지 - tnwpub.co.kr
출판등록 - 2015년 8월 31일 제 2015-000211 호

ISBN 979-11-6126-494-3

정가 20,000원